GÜTERSLOHER
VERLAGSHAUS

Gütersloher Verlagshaus. Dem Leben vertrauen

MARTIN LUTHER

Katharina Kunter

500 Jahre Protestantismus

Eine Reise von den Anfängen bis in die Gegenwart

Gütersloher Verlagshaus

Bild S.2:
Lutherdenkmal vor der Ruine der Dresdener Frauenkirche, 1992.

Bibliografische Information der Deutschen Nationalbibliothek

Die Deutsche Nationalbibliothek verzeichnet diese Publikation in der Deutschen Nationalbibliografie; detaillierte bibliografische Daten sind im Internet über http://dnb.d-nb.de abrufbar.

FSC Mix
Produktgruppe aus vorbildlich bewirtschafteten Wäldern, kontrollierten Herkünften und Recyclingholz oder -fasern
www.fsc.org Zert.-Nr. SGS-COC-004278
© 1996 Forest Stewardship Council

Verlagsgruppe Random House FSC-DEU-0100

Lizenzausgabe 2011 für das Gütersloher Verlagshaus

Karten: Peter Palm, Berlin
Layout und Satz: Felgner & Zierke, Berlin
Umschlagbild: Anton von Werner (1843–1915), Luther auf dem Reichstag zu Worms, © der Bildvorlage: akg-images
Druck: Druckhaus Gera
Bindung: Leipziger Kunst- und Verlagsbuchbinderei
Printed in Germany 2011
ISBN 978-3-579-08097-0

www.gtvh.de

Inhaltsverzeichnis

Vorwort

Dieses Buch möchte Sie, liebe Leserin und lieber Leser, zu einer Reise in die Welt des Protestantismus einladen. Es ist keine versunkene und keine verstaubte Welt, wie es vielleicht im ersten Moment erscheinen mag, sondern eine, die viel mit unserer heutigen Art zu denken und zu handeln zu tun hat. „Du bist protestantischer, als du denkst", heißt beispielsweise das Motto einer Öffentlichkeitskampagne des niederländischen Protestantismus. Damit ist gemeint, dass der Protestantismus nicht nur eine Sache des persönlichen Glaubens ist, sondern auch unsere Wertvorstellungen, unsere Gesellschafts- und Wirtschaftsstrukturen sowie unsere Kultur mitgeprägt hat. Es ist also kein Zufall, dass Länder wie die Niederlande, Schweden, Norwegen, Dänemark oder die Schweiz und Kanada zu den „globalen Samaritern" gehören, in denen sich mehr Menschen als andernorts ehrenamtlich für die Einhaltung der Menschenrechte engagieren und in denen die höchsten Beiträge an Menschenrechtsorganisationen gezahlt werden.

Wer die Welt von heute begreifen will – und das gilt besonders für Europa und Nordamerika –, muss sich ihrem inneren Kompass nähern. Unsere Reise beginnt daher mit der Reformation in Deutschland und in Europa. Sie verfolgt, wie sich die von Martin Luther angestoßene Bewegung an verschiedenen Knotenpunkten der Geschichte zu einer weltweit verbreiteten christlichen Konfession entwickelte. Ihr besonderes Merkmal ist die Vielfalt. Denn der Protestantismus ist mehr als nur die Institution der evangelischen Kirche in den verschiedenen Ländern oder ihre leitenden Bischöfe. Er umfasst neben dem Luthertum, dem Calvinismus oder Teilen des Anglikanismus auch Gruppen und Bewegungen, die sich abseits des traditionellen reformatorischen Bekenntnisses entwickelt haben – gegenwärtig sind dies etwa 30 000 Gemeinschaften. Und obwohl sie alle die Bibel als einzige religiöse Autorität akzeptieren, gibt es beinahe genauso viele Auslegungen wie Richtungen oder sogar Einzelpersonen.

Eine solche Entwicklung hatte der Mönch Martin Luther im 16. Jahrhundert natürlich nicht vorhersehen können. Doch enthielt seine innere Suche nach Gottes Gnade und Erlösung bereits jenen Funken an Individualität, der im Verlauf der Geschichte zu einem weiteren Wesensmerkmal des Protestantismus werden sollte. Denn als Luther vor dem Kaiser und den Fürsten auf dem Reichstag in Worms 1521 ablehnte, seine Thesen zu widerrufen, nahm er als einer der ersten die Freiheit des Einzelnen, der sich nur vor Gott alleine verantwortlich weiß, in Anspruch. Man möge ihn durch die Heilige Schrift und vernünftige Argumente überzeugen, aber nicht durch Päpste und Konzilien, denn diese können irren und hätten sich oft genug selbst widersprochen, begründete Luther seine Entscheidung.

Die neue, direkte Beziehung des Menschen zu Gott, die allein durch die Bibel gestiftet wurde und keine Vermittlung mehr durch Priester oder Reliquien brauchte, bildete seitdem das geistliche und geistige Fundament des Protestantismus. Jeder und jede Gläubige war nun sein bzw. ihr eigener Priester vor Gott und musste für sich selbst vor Gott einstehen. Die Freiheit von der allmächtig erscheinenden Institution Kirche, von Dogmen und vom Druck der Umgebung ermutigte so zu eigenem Denken und zu eigenverantwortlichem Handeln. Das ließ im Verlauf der vergangenen 500 Jahre bei Protestanten und Protestantinnen ein besonderes, individuelles Verantwortungsgefühl gegenüber Gott, der Welt und sich selbst entstehen. Häufig führte dieses zu konkretem gesellschaftlichem und politischem Engagement. In seiner berühmten Rede 1967 vor dem Lincoln-Denkmal in Washington drückte Martin Luther King diese protestantische Verantwortung mit den Worten aus: „Now is the time to make justice a reality for all of God's children" (Jetzt ist die Zeit, um Gerechtigkeit zu einer Realität für alle Kinder Gottes werden zu lassen).

Freilich bestand diese Beziehung immer in beide Richtungen: vorwärts und rückwärts, in die Moderne und in die Antimoderne, in den Frieden ebenso wie in den Krieg. Darin glich der Protestantismus den anderen Religionen und Konfessionen. Luthers Einsicht, dass der Mensch immer zugleich Sünder wie auch von Gott Gerechtfertigter ist, erlaubt allerdings ausdrücklich einen kritischen Blick zurück in die eigene Vergangenheit und ermutigt zum Neuaufbruch.

Die von Luther propagierte Selbstverantwortung konnte jedoch ebenso zu einer Last werden. Denn wer seine Entscheidung nicht mehr von einer übergeordneten kirchlichen Instanz abhängig machen konnte, war schneller versucht, auf eine neue weltliche Autorität zu setzten: den Staat, eine Ideologie, die Nation oder die Gesellschaft. Die starke Orientierung an der Welt wiederum barg die Gefahr, dass der Protestantismus selbst zu einer rein weltlichen Sache wurde. So mag der Protestantismus manchmal sehr als vom Zeitgeist getrieben erscheinen.

Bemerkenswert ist jedoch, dass der Protestantismus im Laufe seiner 500-jährigen Geschichte Gegenreden und Abspaltungen, Proteste und Kontroversen aushalten konnte. Häufig wurde dadurch sogar etwas Neues geschaffen und konnten Menschen für den Glauben an Gott gewonnen werden – bis hin ins 21. Jahrhundert, in dem sich der Thesenanschlag Luthers zum 500. Mal jährt.

Am Ende der Reise steht ein persönlicher Dank an meine Familie. Anko und unsere beiden kleinen Töchter Thyra und Alva mussten viele, viele Stunden auf mich verzichten – und auf viel Schönes, was wir gemeinsam hätten machen können. Dass sie mir trotzdem diese Freiräume zum Schreiben geschenkt haben, erfüllt mich mit großer Dankbarkeit.

17 Jahre nach dem Mauerfall: Dresdener Frauenkirche mit Lutherdenkmal, 2006

MARTIN LUTHER

I.

Europa, die alte Kirche und die neuen Ideen

Die mittelalterliche Kirche konnte sich auf die Frömmigkeit des Volkes stützen. Auf diesem Gemälde von Sir Lawrence Alma-Tadema von 1864 sind Gläubige im 15. Jahrhundert beim Verlassen der Kathedrale Notre Dame in Paris zu sehen.

Kirche und Christentum vor der Reformation

Wie kommt es zu Veränderung in der Geschichte? Wann fängt etwas Neues an und wo lässt sich etwas als „alt“ erkennen? Das ist eine der grundsätzlichsten Fragen für alle, die versuchen, die Vergangenheit zu bündeln und zusammen zu fassen – sie als „Geschichte“ zu schreiben. Laien und professionelle Historiker deuten dabei immer aus ihrer eigenen Zeit heraus und von ihrem jeweiligen Standpunkt her das Geschehene. Und je nachdem, wie sie selber die Gegenwart erleben und einschätzen, werden sie die Vergangenheit mit besonderen Fragen bedenken und abschließend beurteilen.

Im 19. Jahrhundert wurden viele Lutherstatuen errichtet. Dieses Gipsmodell für das Reformationsdenkmal in Worms wurde vermutlich von Ernst Rietschel geschaffen.

Das gilt auch für die Zeit vor, während und nach der Reformation im 16. Jahrhundert. Ein bekenntnistreuer Lutheraner, für den Luther der Held der Kirchengeschichte ist, wird sich dieser Zeit anders nähern als ein Wissenschaftler mit Interesse für soziale Fragen oder europäische Kulturgeschichte. Wer in Luther und der Reformation die entscheidende „Zeitenwende“ vom Mittelalter zur frühen Neuzeit sieht, kann die Kirche und das Christentum vor der Reformation glaubwürdig als alt, erstarrt und in der Krise schildern. Die Reformation leuchtet dann für ihn als Ereignis, das die Wende zum Besseren gebracht hat. In Geschichtsbüchern lassen sich für diese Sicht viele symbolträchtige Bilder finden: Der Übergang vom Dunklen ins Helle oder von der Nacht in den Tag. „Im Morgenrot der Reformation“ lautete zum Beispiel der Titel eines Buches, das zum 400. Jubiläum der Reformation 1912 herausgegeben wurde.

Die Wirklichkeit *in* der Geschichte ist jedoch vielschichtiger und komplexer als die meisten eingängigen Deutungen *über* die Geschichte. Die Moderne kam nicht über Nacht zu Luther und nach Wittenberg, sondern es gab schon im späten Mittelalter Aufbrüche und Reformen in Kirche, Gesellschaft und Politik.

KGR. SCHWEDEN
Wisby
Gotland
Kalmar
Edinburgh
Viborg
KGR. DÄNEMARK
Kopenhagen
Roskilde
Nordsee
Ostsee
Riga
Livland
Kurland
Samogitien
York
ENGLAND
Schleswig
Hzm. Holstein
Lübeck
Hamburg
Bremen
Mecklenburg
Pommern
Stettin
Danzig
Königsberg
HZM. PREUSSEN
Litauen
Wilna
Minsk
GRFSM. LITAUEN
Coventry
Cambridge
Oxford
London
Canterbury
Amsterdam
Utrecht
NIEDERLANDE
Osnabrück
Münster
Braunschweig
Braunschweig
M. Brandenburg
Berlin
Elbe
Oder
Thorn
Weichsel
Bug
Posen
Warschau
Brest
Lausitz
KGR. POLEN
Lublin
Calais
Antwerpen
Brüssel
Lüttich
Aachen
Cambrai
HEILIGES RÖMISCHES REICH
Leipzig
Sachsen
Schmalkalden
Frankfurt
Breslau
Hzm. Schlesien
Krakau
Przemysl
Lemberg
Rouen
Paris
Luxemburg
Metz
Worms
Speyer
Würzburg
Nürnberg
Prag
Kgr. Böhmen
Mgft. Mähren
Brünn
Rhein
Toul
Straßburg
Regensburg
Hzm. Bayern
Donau
Augsburg
Ulm
Orléans
Loire
Tours
Langres
Frgft. Burgund
Bourgogne
Besançon
Freiburg
Bodensee
Zürich
München
Salzburg
Wien
Preßburg
Kaschau
Theiß
Erzhzm. Österreich
Gran
Ofen
R. FRANKREICH
Bern
LAND DER EIDGENOSSEN
Genfer See
Innsbruck
Tirol
Kärnten
Steiermark
KGR. UNGARN
Plattensee
Klausenburg
Fsm. Siebenbürgen
Hermannstadt
Clermont
Genf
Lyon
Trient
Laibach
Krain
Agram
Hzm. Savoyen
Mailand
REP. VENEDIG
Triest
Venedig
Guyenne
Rhône
Turin
Po
Parma
Kroatien
Save
Belgrad
Fsm. Walachei
OSMANISCHES REICH
Donau
Bologna
Ravenna
Toulouse
Avignon
Genua
Rep. Genua
Narbonne
Marseille
Lucca
Florenz
San Marino
Zara
Bosnien
Sarajewo
Serbien
Nisch
Bulgarien
Dalmatien
Rep. Andorra
Perpignan
Grhzm. Toskana
KIRCHENSTAAT
Sofia
ARAGONIEN
Barcelona
Elba
Ragusa
Montenegro
Philippopel
Korsika
Pescara
Adria
Rumelien
Tarragona
Rom
Durazzo
Ochrida
Makedonien
Saloniki
Benevent
Neapel
KGR. NEAPEL
Tarent
Otranto
Albanien
Menorca
Palma
Mallorca
KGR. SARDINIEN
Balearen
Tyrrhenisches Meer
Janina
Cagliari
Ionisches Meer
Negroponte
Livadien
Mittelmeer
Kephalonia
Athen
Palermo
Messina
Reggio
Korinth
Morea
KGR. SIZILIEN
Bona
Tunis
ALGIER
0 100 200 300 km

Das tägliche Leben im 15. Jahrhundert war durch die Frömmigkeit der Menschen geprägt. Dieses Gemälde von Friedrich Herlin, das um 1465 entstanden ist, zeigt die Frau und die Töchter eines Altarstifters.

Blicken wir vor diesem Hintergrund nun auf Europa um 1500, so lassen sich Wandlungen und Veränderungen ebenso ausmachen wie Krisenanzeichen oder Stagnationen. Würde man es als ein Gemälde malen – es würde deshalb kein Schwarz-Weiß-Gemälde, sondern ein Bild mit bunten Farben, unterschiedlichen Schattierungen und verschieden starken Kontrasten werden. Ungefähr so viele Einwohner wie in der heutigen Bundesrepublik, also 80 Millionen, lebten damals in Europa; die allermeisten auf dem Land. Sie bewohnten ein Gebiet, das mit den heutigen Staaten in Europa nur wenig gemeinsam hatte. Zu den größeren Königreichen gehörten im Westen die Königreiche Frankreich, England und Schottland, im Süden die Königreiche Kastilien, Aragon und Portugal, Neapel und Sizilien, im Osten das Königreich Polen, das Großfürstentum Litauen und das Osmanische Reich.

Im Norden erstreckten sich die Königreiche Dänemark, Norwegen und Schweden. In der Mitte Europas erstreckte sich schließlich das Heilige Römische Reich Deutscher Nation, kurz das Reich. An der Spitze des Reiches stand zwar der Kaiser. Doch die jeweiligen Herrscher der Fürstentümer, die Landesherren, besaßen die eigentliche Macht im Reich. Die Reichsbewohner waren also zuerst Untertanen ihrer Landesherren.

Gegenüber diesen weltlichen Herrschaften hatte sich im Mittelalter das westliche Christentum in Gestalt der (katholischen) Kirche mit ihrem Oberhaupt, dem Papst, als eine weitere Machtsphäre etabliert. Zwar verstand die Kirche ihre Autorität als „geistlich“, sie war aber ebenso eine reale politische und wirtschaftliche Macht. Und sie war darüber hinaus die mentale und kulturelle Kraft, die die Lebenswege der Menschen im Mittelalter lenkte und ihre Vorstellungen prägte. Gleichzeitig hielt die Kirche mit ihren Riten und ihrer Volksfrömmigkeit als eine Art sozialer Kitt die verschiedenen Gruppen und Schichten zusammen. Sie bot ihnen also als Heimat Raum und Zeit. Denn Religion begleitete das Leben des mittelalterlichen Menschen vom Anfang bis zum Ende; von der Taufe über die kirchliche Hochzeit hin bis zur Beerdigung auf dem Kirchhof. Klöster und Kirchen, Priester auf den Straßen, aber auch der Glaube an Dämonen und das Fegefeuer gehörten zum Alltag und machten die christliche Kirche zu einer allumfassenden Autorität.

Doch bekam dieses Bild im Verlauf des 14. Jahrhunderts Risse. Zunächst wurde das makellose Bild der ewigen Stadt Rom angekratzt, des Ortes, an dem von Beginn an mit dem Papst der Stellvertreter Christi residierte. Denn 1309 verlegte der französische Papst Clemens V. den Papstsitz in das südfranzösische Avignon. Nicht nur, dass dort einige Päpste in der Folgezeit in Saus und Braus lebten: Auf einmal beanspruchten gleich drei Päpste die Macht: Gregor XII. (1335–1417, Papst 1406–1415), Benedikt XIII. (1342/3–1423, Papst 1394–1423) und Johannes XXIII. (1370–1419, Papst 1410–1415). Erst das Konzil von Konstanz (1414–1418) konnte diesen Konflikt lösen, indem es die Gegenpäpste zum Rücktritt zwang und schließlich 1417 Martin V. (1368–1431) zum neuen Oberhaupt der Kirche wählte.

Damit war zwar zunächst das Papsttum wieder stabilisiert und das westliche Christentum zusammengeführt. Doch stand mit dieser Entwicklung auch die Frage im Raum, ob denn ein von Bischöfen geleitetes Konzil letztlich nicht mehr kirchliche Macht besäße als der Papst selber. Das war natürlich keine Frage, die sofort einen unmittelbaren Einfluss auf die Gläubigen hatte. Sie deutete aber an, dass sich die Kirche und die Wahrnehmung von Kirche veränderten. Das galt auch für die spirituelle Praxis vor Ort. Es wurden weiterhin Messen gelesen, Kinder beerdigt, seelischer Beistand gegeben oder Wallfahrten unternommen. Besonders in den Städten, die vom Aufblühen verschiedener Wirtschaftszweige profitierten und dadurch eine Art neue bürgerliche Mittelschicht hervorbrachten, zeigte sich das Christentum in vielen neuen Formen. Es wurden

Jan Hus

Der Nachname des Reformators (um 1370–1415) verweist auf seinen Geburtsort: Husinec (dt. Hussinetz) in Südböhmen. Zum Theologiestudium machte sich Hus nach Prag auf, wo er 1396 den Grad des Magister Artium erwarb und ab 1402 als Professor der Theologie an der Universität lehrte. Wie Wyclif, dessen Schriften in Böhmen bekannt waren, kritisierte er den weltlichen Besitz der Kirche, stellte die Autorität des Papstes in Frage und bezweifelte die Realpräsenz Christi im Abendmahl. Zusätzlich predigte er noch als Priester an der Prager Bethlehemkapelle auf Tschechisch anstatt wie sonst üblich auf Lateinisch. Damit wurde er Teil der böhmischen Nationalbewegung, welche die eigene Identität Böhmens im Reich unterstrich. 1410 verlor er seine Professur und wurde aus Prag verbannt. Unruhen brachen aus. Als sich Hus dann noch weigerte, den Inhalt seines Hauptwerkes „Über die Kirche" von 1413 zu widerrufen, wurde er als Ketzer, zusammen mit seinen Schriften, auf dem Konstanzer Konzil 1415 auf dem Scheiterhaufen verbrannt.

Die Verbrennung von Jan Hus auf einem kolorierten Holzschnitt aus dem 16. Jahrhundert.

neue Kirchen, Klöster und Kapellen gestiftet, neue religiöse Gemälde in Auftrag gegeben oder besondere Reliquien, wie die Windel Jesu, öffentlich ausgestellt. Viele dieser Aktivitäten gehörten in den Sog

John Wyclif auf einem Stich aus dem 18. Jahrhundert.

des beginnenden Frühkapitalismus. Wer Geld hatte, konnte seine eigene Frömmigkeit und Kirchenverbundenheit großzügig ausdrücken und machte damit aus Religiosität einen Wirtschaftsfaktor. Geld machte das Christentum präsent, und in gewisser Weise konnte man sagen, es machte auch die Tiefe der Gläubigkeit und Volksfrömmigkeit sichtbarer.

Kirchenkritik, neue Frömmigkeit und Humanismus

Diese Entwicklung führte jedoch auch zu Kritik an der Kirche und ihren Lehren: Priester, Bischöfe und andere kirchliche Amtsträger sollten sich von weltlichem Besitz und weltlicher Herrschaft lossagen und in Armut das Evangelium verkünden, forderte etwa der englische Theologe John Wyclif. Er wurde um 1330 in der nordenglischen Grafschaft Yorkshire geboren, war Priester und seit 1369 Doktor der Theologie an der Oxforder Universität. Nebenbei übernahm er seit 1368 kleinere Pfarrstellen. Vor diesem breiten Hintergrund kritisierte er die starke Weltlichkeit und Besitzorientierung der Kirche. Sie solle in urchristlicher Armut leben, lautete eine seiner Forderungen. Zudem bestritt er die politische Autorität des Papstes und sprach sich für die Besteuerung von Kirchenbesitz aus. Dafür wurde er 1377 von Papst Gregor IX. gebannt. Doch blieb er kirchenkritisch und stellte unter anderem die Abendmahlslehre von der Umwandlung von Brot und Wein in Leib und Blut Christi in Frage. Daraufhin distanzierte sich 1380 auch die Universität Oxford von ihm. Als Ketzer stigmatisiert, zog sich Wyclif zurück. Bis zu seinem Tod 1384 arbeitete er an der Übersetzung der lateinischen Bibel ins Englische.

In ähnlicher Weise formulierte eine Generation später der böhmische Theologe Jan Hus seine Kritik an der Kirche. Hus musste seinen Einsatz für eine ärmere und zugleich volksnähere Kirche mit dem Scheiterhaufen bezahlen.

Neben den theologischen und dogmatischen Gesichtspunkten, die bei Wyclif und Hus (vgl. S. 77–80) eine wichtige Rolle spielten, war es einer anderen spätmittelalterlichen Reformbewegung vor allem um spirituelle Erneuerung zu tun. ihre männlichen Ableger, die „Brüder vom gemeinsamen Leben". Wie bei den Frauen fanden sich hier Männer zusammen, die sich im Hier und Jetzt der inneren Nachfolge Christi stellen wollten und dazu meditierten, beteten und die Bibel lasen.

Die Bergkirche in Deventer stammt aus dem 13. Jahrhundert. In Deventer wirkte der Prediger Geert Grote.

Hier ging es um eine „neue Frömmigkeit", die auf Lateinisch als *Devotio Moderna* bezeichnet wurde. Sie ging auf den niederländischen Prediger Geert Grote (1340–1384) zurück. Er gründete 1379 im niederländischen Deventer ein Haus für unverheiratete Frauen, die als Laien ein gottesfürchtiges und besitzloses Leben führen wollten. Später entwickelte sich daraus die verbindliche religiöse Gemeinschaft der „Schwestern vom gemeinsamen Leben", die allerdings keine Klostergelübde hatte. Ähnlich erfolgreich verbreiteten sich auch Zwar lebten auch sie nach den Idealen der Mönche in Keuschheit, Armut und im Gehorsam. Sie legten aber kein lebenslanges Klostergelübde ab. Die Bruder- und Schwesternschaften der Devotio Moderna wuchsen schnell aus ihrem niederländischen Ursprungsgebiet heraus und verbreiteten sich über weite Landstriche Deutschlands, vor allem im Rheinland und im Elsass.

Ihre Ideen zu einer persönlichen, auf Erfahrung fußenden Frömmigkeit wurden von Grotes Schüler Thomas von Kempen (um 1380–1471) aufgegriffen. Er schrieb die einflussreiche Schrift *Von der Nachfolge Christi (De imitatione Christi)*, eine spirituelle Anleitung zu einem geistigen, christlichen Leben, die bis weit in das 20. Jahrhundert hinein neben der Bibel als das meist gelesene Buch weltweit galt. Die Devotio Moderna beeinflusste schließlich auch Denker wie den Theologen Erasmus von Rotterdam (1466/69–1536), der in Deventer von Lehrern der Devotio Moderna unterrichtet wurde, oder auch Martin Luther, der in Magdeburg ebenfalls Kontakt mit Brüdern vom gemeinsamen Leben gehabt haben soll.

Breiter und nachhaltiger als die Devotio Moderna veränderte aber schließlich die Bildungsbewegung des Humanismus das spätmittelalterliche Europa und mit ihm das westliche Christentum. Zunächst galt Italien, und insbesondere Florenz, als das Zentrum des Humanismus. Seine Vertreter waren vor allem junge Gelehrte und Wissenschaftler, die sich als Vorhut einer neuen Zeit und

Erasmus von Rotterdam

Desiderius Erasmus, wie er sich auf Lateinisch nannte, wurde ursprünglich als Geert Geerts 1466 (oder 1469) in Rotterdam geboren. Er war ein Universalgelehrter und gilt als der bedeutendste Vertreter des christlichen Humanismus.
Nachdem er 1487 in das Augustinerchorherrenstift Steyn bei Gouda eingetreten und 1492 zum Priester geweiht worden war, studierte er von 1495 bis 1499 in Paris, England und Italien. Dort wurde er 1506 in Turin zum Doktor der Theologie promoviert. Schon in dieser Zeit entwickelte er sich zu einer international hoch geschätzten Persönlichkeit. In England etwa erhielt er Zugang zum Königshaus und lernte den Humanisten und späteren Lordkanzler Thomas Morus kennen. Ihm widmete er seine 1511 veröffentlichte Satireschrift *Lob der Torheit (Encomium Moriae)*, in der er die scholastische Theologie und kirchliche Missstände aufs Korn nahm. Erasmus war aber nicht nur ein Kritiker von Kirche und Theologie der damaligen Zeit, sondern auch ein sorgfältiger Sprachwissenschaftler. So gab er 1515/16 die erste kritische Textausgabe des griechischen Neuen Testaments mit lateinischer Übersetzung heraus, die später Martin Luther als Vorbild diente. Mit Luther stand Erasmus seit 1519 in Briefkontakt. Bereits zuvor hatte er sich sogar mehrfach für ihn eingesetzt. Beide einte etwa die Kritik am Ablasswesen und der scholastischen Theologie. Doch schnell wurde Trennendes sichtbar: So war Erasmus ein Verfechter der religiösen Toleranz und betonte 1524 in seiner Schrift *Vom freien Willen (De libero arbitrio)* gegen Luther die Entscheidungsfreiheit des Einzelnen. Damit kam es zum Bruch zwischen Luther und Erasmus bzw. zwischen der Reformation und dem Humanismus. Erasmus ließ sich von 1524 bis 1529 in Basel nieder. Dann siedelte er 1529 ins katholische Freiburg über, kam aber 1535 nach Basel zurück, wo er ein Jahr später an Typhus starb.

Erasmus von Rotterdam auf einem Gemälde von Hans Holbein (1520).

eines neuen Denkens verstanden. Sie wollten das finstere Mittelalter hinter sich lassen und im Rückgriff auf das Erbe der Antike die europäische Gesellschaft grundlegend erneuern. Im Mittelpunkt ihrer Bemühungen stand die umfassende Bildung des Menschen, wobei Sprache und Literatur einen besonders hohen Stellenwert hatten. Neben Latein und der lateinischen Literatur wurden nun in den Humanistenkreisen intensiv die griechischen Denker und Schriften gelesen, studiert und diskutiert. Das lag unter anderem auch daran, dass nach der Eroberung Konstantinopels 1453 durch den osmanischen Sultan Mehmed II. (1432–1481) viele griechische und jüdische Gelehrte nach Italien fliehen mussten, weil nun ihre Heimat, das Byzantinische Reich, zerstört war. Sie brachten nicht nur ihre Sprache, sondern auch lange verschollen geglaubte oder erstmals zugängliche Handschriften auf Griechisch mit. Das weckte ein neues literarisches Interesse an den antiken Werken und an der Bibel. Denn die Bibel war im Mittelalter zwar schon mit der Büchereinteilung, wie wir sie heute kennen, bekannt, aber nur in ihrer lateinischen Version (Vulgata). Doch schon mittelalterliche Theologen, wie zum Beispiel Petrus Abaelardus (1079–1142), waren bei ihrem Bibelstudium immer wieder auf unverständliche oder widersprüchliche Aussagen der Bibel gestoßen und hatten sich dafür eingesetzt, diese Stellen im Zweifel aus dem Zusammenhang des Textes zu erklären und zu interpretieren – und nicht mit der damals an den Universitäten üblichen logischen Methode der Scholastik. Der Humanismus motivierte nun mit seinem Motto „Zurück zu den Quellen“ (Ad Fontes) viele Gelehrte, sich intensiv mit dem griechischen und hebräischen Originaltext der Bibel zu beschäftigen. Mit sorgfältigen Übersetzungen, gründlicher Textkritik und von der Antike inspirierten Interpretationen machten sich die Humanisten jetzt daran, die Bibel besser zu verstehen und zu erklären. Sie versuchten, das neue Menschenbild der Renaissance mit einer geistigen Erneuerung der Kirche zu verbinden. Man bezeichnete sie deshalb auch als christliche Humanisten. Der bekannteste Vertreter dieses christlichen Humanismus in Europa wurde der niederländische Theologe Erasmus von Rotterdam.

Von Italien aus gelangte der Humanismus seit dem Ende des 15. Jahrhunderts nach Mitteleuropa. Es waren häufig wandernde Gelehrte und Lehrer, die sich buchstäblich mit den neuen Gedanken auf den Weg machten und dafür sorgten, dass diese Schritt um Schritt an verschiedenen Orten Gehör fanden. Dabei hielten die Humanisten auch über die Grenzen hinweg zusammen. Sie bildeten persönliche und briefliche Netzwerke, trafen sich in Diskussionsgruppen und standen sich in Konflikten bei. Manchmal waren sie auch eine Art Geheimbund, denn weil sich ihre Ideen und Vorstellungen gegen die an den Universitäten herrschende und von der Kirche getragene Scholastik richteten, mussten sie vorsichtig sein. Für die mittelalterliche Kirche waren die neuen Ideen des Humanismus gefährlich.

II.

Aufbruch, Widerspruch und Umbruch: Die Reformation in Deutschland

1529 disputierten Martin Luther und Ulrich Zwingli im Marburger Schloss über ihre unterschiedlichen Verständnisse des Abendmahls. Kolorierte Radierung, 1847.

Erster Protestant Deutschlands: Martin Luther

Der Humanismus war ein Beispiel für die vielfältigen Aufbrüche in Kultur, Kirche und Gesellschaft, die den Übergang vom 15. zum 16. Jahrhundert prägten. Er umfasste zwar nur eine kleine, bildungsorientierte Gruppe. Doch die Kritik an der Kirche, die in diesen Kreisen geübt wurde, konnten viele Menschen in Europa nachvollziehen.

Insofern bildete der Humanismus eine wichtige Voraussetzung für die spätere Reformation. Spannt man den Bogen noch weiter und betrachtet auch Kirchenkritiker wie John Wyclif und Jan Hus, so wird deutlich, dass Martin Luther nicht der erste war, der Missstände und Fehlentwicklungen in der Kirche sah und entsprechend scharf kritisierte. Vielleicht hätten sich auch ohne Luther Kräfte der Erneuerung in Reich und Kirche durchgesetzt und dadurch politische, soziale und religiöse Veränderungen in Gang gebracht. Die Geschichte lief nicht direkt auf Luther als ihren Erlöser zu; sie ist auch ohne ihn denkbar.

Und doch machte der Bergmannssohn aus dem Mansfelder Land im heutigen Bundesland Sachsen-Anhalt in einem entscheidenden Moment den Schritt aus der Kirche in die Öffentlichkeit hinaus und trug damit dazu bei, dass sich das westliche Christentum seit dem 16. Jahrhundert langfristig veränderte. Damit stieg Luther zum ersten Protestanten und zu einer herausragenden religiösen Symbolfigur der evangelischen Kirche, insbesondere in Deutschland, auf.

Darüber hinaus wurde er wie kaum eine andere Person in der deutschen Geschichte zur Projektionsfläche von Deutungen und Sinnstiftungen. Als eine „riesenhafte Inkarnation deutschen Wesens“ bezeichnete ihn Thomas Mann. Für Hermann Hesse repräsentierte Luther „in seiner Stärke und

KÖNIGREICH DÄNEMARK
Ostsee
Bornholm
Königsberg
Hzm. Preußen
Danzig
Bm. Kammin
Hzm. Schleswig
Fehmarn
Rügen
Stralsund
Greifswald
Rostock
Usedom
Wollin
Kammin
Dithmarschen
Hzm. Holstein
Lübeck
Hamburg
Ratzeburg
Hzm. Lauenbg.
Schwerin
Hzm. Mecklenburg
Hzm. Pommern
Kulm
Gft. Oldenburg
Erzbm. Bremen
Bm. Verden
Bremen
Verden
Hzm. Braunschweig-Lüneburg
Elbe
Havelberg
Kfm. Brandenburg
Oder
Bug
Weichsel
Gft. Hoya
Drakenburg
Minden
Gft. Schaumburg
Hannover
Braunschweig
Brandenburg
Lebus
Frankfurt/Oder
KÖNIGREICH POLEN
Herford
Hildesheim
Magdeburg
Mgr. Niederlausitz
Paderborn
Höxter
Goslar
Halberstadt
Wittenberg
1536
Einbeck
Fm. Anhalt
Lippstadt
Soest
Calenberg
Mansfeld
Hzm. Sagan
Göttingen
Nordhausen
Eisleben
Torgau
Fm. Wohlau
Hzm. Westfalen
Frankenhausen
Merseburg
Leipzig
Mühlberg
Mgr. Oberlausitz
Hzm. Liegnitz
Fm. Öls
Gft. Wittgenstein
Meißen
Breslau
Lgft. Hessen
Erfurt
Weimar
Leisnig
Rochlitz
Dresden
Hzm. Brieg
Marburg
1527
Eisenach
Altenburg
Hzm. Sachsen
Gft. Henneberg
Schmalkalden
Orlamünde
Abtei Fulda
Kfm. Sachsen
Fm. Münsterberg
Hzm. Schlesien
Weichsel
Hzm. Nassau
Gft. Solms
Frankfurt
Coburg
Isenburg
Erzbm. Mainz
Bm. Würzburg
Würzburg
Bm. Bamberg
Bamberg
Prag
Leitomischl
Hzm. Teschen
KÖNIGREICH BÖHMEN
Olmütz
Heidelberg
Königshofen
Windsheim
Nürnberg
Oberpfalz
Mgft. Mähren
Speyer
Rothenburg
Weinsberg
Mgr. Ansbach
Heilbronn
Hall
Bretten
Dinkelsbühl
Weißenburg
Regensburg
1541
Nikolsburg
Pforzheim
Eichstätt
Nördlingen
Hzm. Württemberg
Eßlingen
Donauwörth
Ingolstadt
Tübingen
Reutlingen
Dillingen
Passau
Ulm
1530
Augsburg
Freising
Hzm. Bayern
Donau
Wien
Biberach
Erzherzogtum Österreich
Wasserburg
Memmingen
Ravensburg
Salzburg
Theiß
Isny
Kempten
KÖNIGREICH UNGARN
Konstanz
Bodensee
Lindau
St. Gallen
Füssen
Zürich
1523
Erzbm. Salzburg
Vorarlberg
Hzm. Steiermark
Plattensee
Gft. Tirol
Chur
Hzm. Kärnten
Brixen
Drau
Save
Bm. Trient
Gft. Görz
Hzm. Krain
Hzm. Mailand
Mailand
REPUBLIK VENEDIG
Venedig
Adria
Donau

In der Erfurter Universitätsmatrikel von 1505 wird „Martinus Luder ex mansfelt“ als Magister der Philosophie geführt (linke Spalte, zehnte Zeile von unten).

seiner Schwäche, in seinem Guten und Bösen" ein „Urbild deutschen Wesens, deutscher Genialität, deutscher Zerrissenheit, deutscher Hemmungen". Ganz unprotestantische Heldenverehrung zeigte sich im Umgang mit Luthers Spuren. Sein Geburtshaus in Eisleben wurde schon rasch zum Ziel eifriger Lutherpilger. Im 19. Jahrhundert setzte dann ein regelrechter Lutherboom ein. Das Lutherhaus wurde zum Museum ausgebaut, viele weitere authentische und nichtauthentische Lutherorte putzten sich heraus, weihten Lutherdenkmäler ein und stellten „Lutherkitsch", wie Lutheruhren oder Lutherteller, her. Wittenberg wurde zum Wallfahrtsort. Daneben gruben sich Bilder und Legenden wie der einsame Luther und sein Gewissen vor Kaiser und Reich, der mit dem Teufel ringende Junker Jörg, der genussfreudige Tafelherr oder der Spruch „Und wenn morgen die Welt unterginge, so würde ich heute noch mein Apfelbäumchen pflanzen" tief in das kollektive Gedächtnis der Deutschen ein. Sie alle bilden den „Mythos Luther". Mit dem Menschen Martin Luther im 16. Jahrhundert haben sie jedoch wenig zu tun.

Geboren wurde Martin Luther am 10. November 1483 in Eisleben. Sein Vater Hans, verheiratet mit Margarethe, stammte aus dem hübschen Dorf Möhra, das heute in Thüringen, zwischen Bad Salzungen und Eisenach, liegt. Er hatte sich zunächst als Bergmann im benachbarten Kupfererzbergbau bei Kupfersuhl niedergelassen und war dann 1483 nach Eisleben gegangen; damals ein Zentrum des Kupferbergbaus. Schon ein Jahr später zog die Familie Luther in das etwa zwölf Kilometer von Eisleben liegende Städtchen Mansfeld. Luthers Vater erarbeitete sich im Laufe der Zeit als Hüttenpächter eine gute bürgerliche Position, so dass der kleine Martin in einem sozial und wirtschaftlich stabilen und aufstiegsorientierten Umfeld aufwuchs. Von 1488 bis 1497 besuchte er die Mansfelder Stadtschule, wo er die mittelalterliche Ausbildung in Grammatik, Logik und Rhetorik erhielt. 1497 wechselte er auf eine weiterführende Schule in Magdeburg sowie 1498 nach Eisenach. Anfang Mai 1501 schrieb sich der 17-jährige Luther dann als „Martinus Luder ex mansfelt" (aus Manfeld) an der Erfurter Universität ein. Erfurt galt damals als eine sehr gute Adresse, denn sie war durch den Handel mit dem Blaufärbemittel Waid reich geworden. Die Stadt hatte 20 000 Einwohner und eine humanistisch geprägte Universität mit 2000 Studenten. Dieser dynamische Ort bildete die Kulisse für Luthers intellektuellen und geistigen Aufbruch der kommenden Jahre. Er absolvierte das mittelalterliche Trivium, eine Art Grundstudium, das aus Grammatik, Dialektik und Rhetorik bestand, und das Quadrivium (Arithmetik, Geometrie, Astronomie, Musik) und legte seine Abschlüsse 1502 als Baccalaureus und 1505 als Magister ab. Auf Wunsch seines Vaters nahm er am 19. Mai 1505 das Studium der Rechtswissenschaften auf.

Das alles war bis zu diesem Punkt der ganz normale Weg eines ganz normalen, nicht weiter auffallenden jungen Mannes aus einem aufstrebenden Elternhaus gewesen. Dann aber geriet Luther am 2. Juli 1505 in Stotternheim, kurz vor Erfurt, in ein heftiges Sommergewitter. Als kurz vor ihm der Blitz einschlug, rief er in Todesangst die Heilige Anna, die als Mutter Marias und Schutzpatronin der Bergwerke und gegen Gewitter verehrt wurde, um Hilfe an mit den berühmten Worten: „Hilf[st] du, St. Anna, [dann] ich will ein Mönch werden". Die Erfahrung von eigener Ohnmacht, die Luther bei diesem Gewitter machte, seine religiöse Deutung des Geschehens und sein abgelegtes Gelübde zusammen stoppten seinen vorgezeichneten Lebensweg. Nach Erfurt zurückgekommen, bereute er zwar sein Gelübde. Trotzdem brach er sein Jurastudium ab und trat am 17. Juli 1505 – allen Überredungskünsten der Freunde zum Trotz und gegen den ausdrücklichen Willen seines Vaters – in das Kloster der Augustiner-Eremiten in Erfurt ein.

Martin Luthers neues Leben fand nun bei den Augustinern statt, einem Bettelorden, der dafür bekannt war, besonders gelehrsam und streng zu sein. Diese beiden Elemente entsprachen Luthers Persönlichkeit besonders. Denn tief im Innersten fragte Luther nach einem Gott, der ihn nicht im Staub verkümmern ließ, weil er so viele Sünden begangen hatte, sondern der es ihm erlaubte, aufrecht zu gehen. Danach suchte er, hart gegen sich selbst, mit jeder Faser seines Geistes und Körpers.

1507 wurde er, wahrscheinlich in der Kilianskapelle im Erfurter Dom, zum Priester geweiht. Anschließend studierte er zwei Jahre lang Theologie im Erfurter Augustinerkloster und lehrte 1508/09 als Aushilfsdozent bereits an der Universität der kleinen, abgelegenen Provinzstadt Wittenberg. Nach seiner Promotion 1512 zum Doktor der Theologie wurde er Professor für biblische Theologie. Da er bereits 1511 auf Lebenszeit an das Wittenberger Augustiner-Eremiten-Kloster versetzt worden war, bedeutete diese neue Stelle das Ende seiner Erfurter Zeit. Wittenberg wurde nun zum lebenslangen Wirkungsort Luthers. Seine Universität, die Leucorea, gehörte zu den jüngsten im Reich und war erst 1502 durch den Kurfürsten Friedrich III. von Sachsen, der auch Kurfürst Friedrich der Weise genannt wurde, als kursächsische Landesuniversität gegründet worden.

Das Lesen, Studieren und Auslegen der Bibel, was man wissenschaftlich als „Exegese" bezeichnet, genügte dem jungen Professor aber nicht. Denn so wie seine Suche nach einer befreienden Theologie ganz existenziell zu seinem Wesen gehörte, so sehr war er davon überzeugt, dass jede mögliche Antwort dem biblischen Text standhalten müsse. Mit den konventionellen Antworten von Theologie und Kirche gab er sich dabei nicht zufrieden, im Gegenteil: Je mehr sich Luther auf die Suche nach dem gnädigen Gott machte, desto stärker bezweifelte er die gängigen religiösen Praktiken seiner

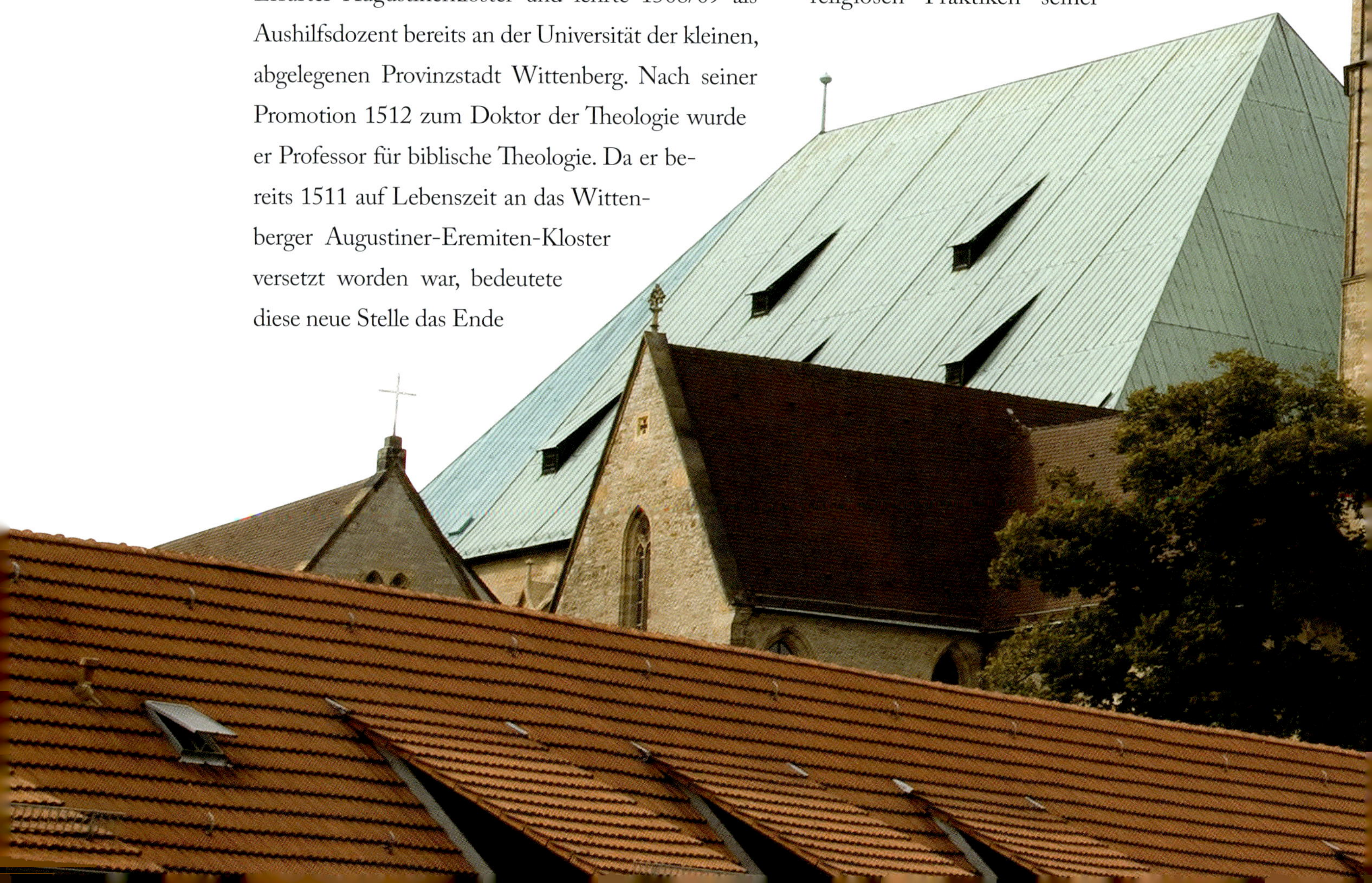

Zeit. Ein besonderer Dorn im Auge war ihm der Ablass.

Das war eine Art Nachlass, mit dem sich die Gläubigen – zumindest teilweise – von den Strafen für ihre Sünden freikaufen konnten. Auch für Verstorbene wurde der Ablass gewährt, was für den mittelalterlichen Menschen große Bedeutung hatte: Denn so konnten zum Beispiel die Dauer und die Qualen im Fegefeuer verkürzt werden. Luther kritisierte den kirchlichen Ablass, aus dem zu Beginn des 16. Jahrhunderts eine richtige „Marktindustrie" geworden war. Dass die Kirche mit dem eingenommenen Geld prestigeträchtige Projekte finanzierte, wie den Bau des Petersdoms in Rom, war die eine Kehrseite des Ablasswesens. Viel problematischer fand Luther jedoch das

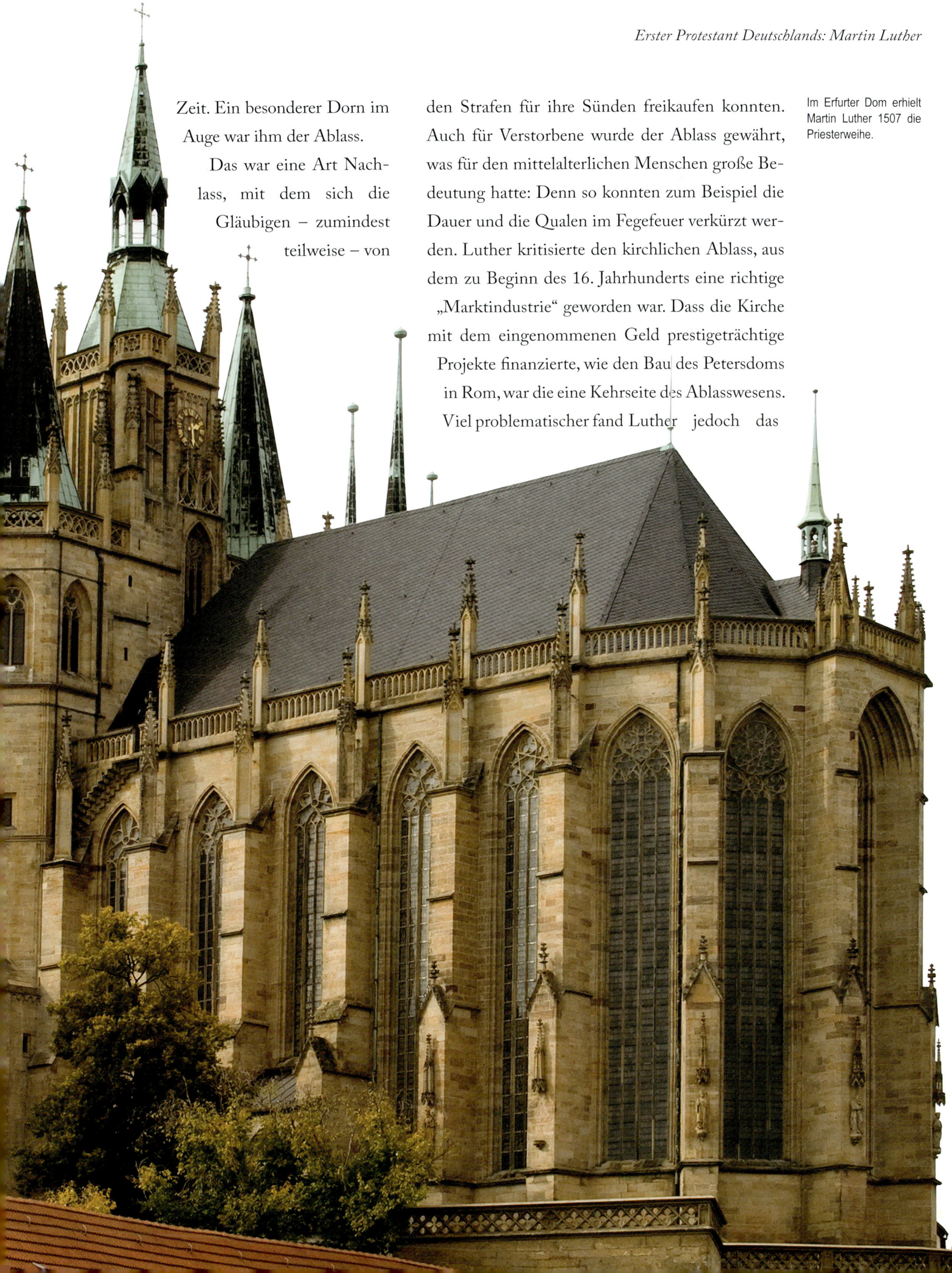

Im Erfurter Dom erhielt Martin Luther 1507 die Priesterweihe.

Im 19. Jahrhundert wurde das Leben Luthers in vielen Historiengemälden idealisiert dargestellt. Dieses Gemälde des vermutlich nie stattgefundenden Thesenanschlags hat Ferdinand Pauwels 1872 geschaffen.

Menschen- und Gottesbild, das mit dem Ablass verknüpft war: Denn seiner Meinung nach konnte der Mensch mit dem Ablass auf eine relativ bequeme Weise durch eigene finanzielle Anstrengung Anteil an Gottes Heil bekommen. Dieser Gedanke widersprach allem, was er in seinem intensiven Bibelstudium als Kern der Beziehung zwischen Gott und Mensch ausgemacht hatte: Dass nämlich der Mensch nur durch den Glauben an Christus Heil finden könne, und dass diese Gnade Gottes geschenkt werde, ohne menschliches Hinzutun, weder durch Priester, noch durch gekaufte Buße. Dieser Zusammenhang war Luther vor allem beim Lesen einer Stelle im Römerbrief des Apostel Paulus klar geworden. So begriff er nun, dass Sünde nicht einfach nur moralische Verfehlungen wie Eifersucht, Gier oder, noch schlimmer, Diebstahl oder Mord meinte, sondern viel umfassender auf die egoistische und narzisstische Orientierung des Menschen abzielte. Deshalb stand für ihn fest, dass der Mensch in seiner Beziehung zu Gott immer Sünder ist, weil er sich zu weit von Gott entfernt hat. Trotzdem aber wird der Mensch von Gott mit seiner Liebe und Zuwendung bedacht, obwohl er es eigentlich nicht verdient – allein aus Gnade. Der Mensch ist immer Sünder und gleichzeitig „gerechtfertigt“, drückte Luther diesen ambivalenten Vorgang aus, den man theologisch als „Rechtfertigung“ bezeichnet. Es kam also entscheidend auf die Gerechtigkeit Gottes an, erkannte Luther. Diese neue Einsicht gab ihm einen festen, theologischen Halt für seine Kritik an der scholastischen Theologie und der kirchlichen Praxis des Ablasses. So schrieb er am 31. Oktober 1517 Briefe an seine kirchlichen Vorgesetzten, in denen er den Umgang mit dem Ablass anprangerte und zu einer Lösung der Missstände aufrief. Diesen Briefen legte er 95 theologisch ausgearbeitete Thesen bei, mit denen er das große Thema Ablass gründlicher zu diskutieren gedachte. Doch Luthers Thesen verbreiteten sich schneller, als die Antworten auf seine Briefe eintrafen. Ob er dabei seine 95 Thesen tatsächlich mit lauten Hammerschlägen an die Wittenberger Schlosskirche nagelte, wie Bilder vor allem im 19. Jahrhundert zeigten, ist in der Forschung umstritten. In jedem Fall wurden seine Thesen in Windeseile bekannt, und nachdem Luther Anfang 1518 zwei weitere Schriften mit seinen Argumenten zum Thema Ablass herausgebracht hatte, war der Eklat da: Die Autorität der Kirche als eine Instanz, die ewiges Heil versprach und vermittelte, war grundsätzlich in Frage gestellt.

Luthers Kritik am Ablass war also nicht nur eine Kritik an äußeren Fehlentwicklungen in der Kirche, wie ihre starke Geldorientierung oder auch ihre Ämterhäufung. Nein, sie zielte mitten in das Herz ihres Selbstverständnisses und ihrer

Lehre, mitten hinein in Dogmatik und Theologie. Denn Luthers Idee von der Rechtfertigung brach mit der mittelalterlichen Vorstellung, dass die einfachen Gläubigen Zwischeninstanzen wie die Bischöfe oder die Sakramente brauchten, um mit Gott in Beziehung zu treten. Stattdessen stand die individuelle Beziehung zwischen Gott und Mensch im Zentrum des Glaubens. Das war neu und radikal.

Kein Wunder, dass Luthers 95 Thesen vor allem von den Humanisten aufgegriffen und begrüßt wurden. Sie schlugen sich auch auf Luthers Seite, als im Sommer 1518 in Rom offiziell der Ketzerprozess gegen Luther eröffnet wurde. Dafür musste er sich auf dem Reichstag in Augsburg im Oktober 1518 dem Verhör mit dem vom Papst beauftragten „Chefankläger", dem Kardinal Thomas Cajetan, stellen. Zurücknehmen wollte Luther seine Thesen dort aber

Wittenberg im 16. Jahrhundert

Auf der Wartburg bei Eisenach verbrachte Martin Luther zehn Monate von Mai 1521 bis März 1522.

nicht, und er blieb dabei, dass die Heilige Schrift der Maßstab aller Deutungen sein müsse – und nicht der Papst. Um die Autorität des Papstes ging es ebenfalls bei einer Disputation an der Leipziger Universität im Juni/Juli 1519, an dem der katholische Theologe Johannes Eck und die führenden Wittenberger Reformatoren, Martin Luther, Andreas Karlstadt und Philipp Melanchthon teilnahmen. Auch hier war Luther nicht bereit, von seinem Standpunkt abzurücken. Nur die Bibel könne als unfehlbare Autorität für den Gläubigen gelten, betonte Luther. Konzilien könnten irren, sagte er, und Wyclif und Hus (vgl. S. 15) hätten durchaus christlich gedacht. All das war genug, um Luther als Ketzer zu verurteilen.

Rom reagierte entsprechend. Mit einem Brief vom 15. Juni 1520 drohte Papst Leo X. Luther den Bann an, wenn er nicht innerhalb von 60 Tagen seine Thesen widerrufe. Luther aber, der mittlerweile im ganzen Land viel Zuspruch und Solidarität erfahren hatte und als „Star" einer neuen Bewegung gefeiert wurde, ließ sich nicht einschüchtern. Stattdessen lief er zu literarischer Höchstform auf. Im

Philipp Melanchthon

Geboren als Philipp Schwartzerdt in Bretten bei Karlsruhe, schloss sich der hochbegabte Philipp (1497–1560) den Humanisten an und latinisierte daher, wie das in diesen Kreisen üblich war, seinen Namen zu Melanchthon. 1518 kam der 21-Jährige als Professor für Griechisch an die Wittenberger Universität Leucorea. Schon in seiner Antrittsrede begeisterte er mit klugen und mutigen Vorschlägen zur Reform der Universität. Auch Luther fand großes Lob für den „kleinen Griechen" und akzeptierte ihn schnell als Gleichgesinnten. Melanchthon wiederum öffnete sich bald der reformatorischen Theologie. Er studierte zusätzlich Theologie und setzte sich gemeinsam mit Luther für die Verringerung der scholastischen Tradition und für eine klassisch-humanistische Ausbildung an der Universität ein. Er blieb aber an der philosophischen Fakultät, wo seine Vorlesungen enorm beliebt waren. Doch war er weit über die Universität und die akademische Welt hinaus daran beteiligt, dass sich die Reformation auf breiter Ebene durchsetzte: Er schrieb 1521 die erste systematische Entfaltung der reformatorischen Lehre, die *Loci Communes rerum theologicarum (Grundlagen der Theologie)*, vertrat Luther 1530 auf dem Reichstag zu Augsburg und schrieb einen Großteil des Augsburger Bekenntnisses. Schließlich erhielt er den Beinamen „Lehrer Deutschlands" (lat. Praeceptor Germaniae), weil er aktiv an der Gründung von neuen Schulen beteiligt war und dafür Schulordnungen und didaktische Konzepte entwarf. Sowohl in seiner Geburtsstadt Bretten als auch in seiner Wirkungsstätte Wittenberg können noch heute seine Wohnorte, die beiden „Melanchthonhäuser", besichtigt werden.

Philipp Melanchthon auf einem Tempera-Gemälde aus der Werkstatt von Lucas Cranach d. J., 1551.

Laufe des Jahres 1520 entfaltete und bekräftigte er seine Einsichten in mehreren kleinen und drei großen Reformschriften. *An den christlichen Adel deutscher Nation von des christlichen Standes Besserung*, *Von der babylonischen Gefangenschaft der Kirche* und *Von der Freiheit eines Christenmenschen* lauteten die Titel, die zum Fundament des frühen Protestantismus wurden und wesentliche evangelische Gedanken formulierten. Dazu gehörte, dass Luther den Unfehlbarkeitsanspruch von Kirche und Papst bestritt. Er setzte sich für eine Kirche ein, in der sich Laien und das ausgebildete kirchliche Personal, der Klerus, nicht mehr darin unterschieden, dass nur der Klerus direkten Zugang zu Gott hatte. Luther brachte das auf die Kurzformel, dass alle Gläubigen Priester sind. In der Literatur und in der Theologie wird dieser Gedanke häufig als „Priesterschaft aller Gläubigen“ bezeichnet.

Überzeugt davon, dass seine Annahmen richtig seien, und in tiefer Glaubensgewissheit, verbrannte er daher an dem Tag, an dem der Kirchenbann in Kraft treten sollte, dem 10. Dezember 1520, vor dem Wittenberger Elstertor den päpstlichen Bannbrief, das Kirchenrecht und einige scholastische Schriften. Das war eine hochsymbolische Handlung, denn indem er die kirchlichen Schriften dem Feuer übergab, vernichtete er die Grundlagen der Papst-Kirche. Die päpstliche Antwort ließ nicht lange auf sich warten – am 3. Januar 1521 wurde Luther ganz offiziell aus der Kirche verbannt und als Ketzer verdammt. Aus römisch-katholischer Sicht gilt dieses Urteil bis heute.

Die Reformation setzt sich durch

Luthers Verbannung aus der Kirche (lat. Exkommunikation) wirkte sich ebenfalls auf seine Stellung im Reich aus. Nach dem damaligen Reichsrecht war es nämlich so, dass einem Kirchenbann die Reichsacht folgte – und dieser Ausschluss aus dem Gemeinwesen konnte die gesamte soziale und wirtschaftliche Existenz des Geächteten vernichten. Zuvor musste der Beschuldigte jedoch vor dem Reichstag und den dort anwesenden Reichsständen, also vor Fürsten, Grafen, Rittern und Vertretern der freien Reichsstädte, angehört werden. Daher lud der im Juni 1519 zum Kaiser gewählte Karl V. (1500–1556) Luther im März 1521 zur Anhörung vor den Reichstag in Worms ein. Doch auch auf dem Reichstag weigerte sich Luther, seine Thesen zurück zu nehmen, und bekannte sich klar zu dem, was er geschrieben hatte. Er sei nur seinem Gewissen und Gott gegenüber verantwortlich, und solange ihn die Heilige Schrift nicht widerlege, lehne er es ab, seine Schriften zu widerrufen, erklärte er am 18. April 1521 vor dem Kaiser und den anwesenden Reichsvertretern. Luthers mutiges und entschiedenes Eintreten wurde später zu dem Satz „Hier stehe ich. Gott helfe mir. Ich kann nicht anders“ verdichtet und steht seitdem als Symbol für den einsamen, allein seinem Gewissen unterworfenen, aber standfesten Protestanten in der Anfechtung. Was uns heute allerdings ganz selbstverständlich als ethische Haltung erscheinen mag, hatte zunächst auch für Luther wohlgesinnte Zeitgenossen etwas Befremdliches an sich. Erasmus von Rotterdam zum Beispiel, der große Humanist, warf Luther eine viel zu starke Selbstbezogenheit und Subjektivität in Worms vor, die sich nicht mehr rational erklären und mit den Maßstäben der religiösen Toleranz begründen lasse.

Während Luther in Worms zu seiner Kritik an Papst und Kirche stand, bekannte sich der junge Kaiser ebenso leidenschaftlich und bestimmt zur katholischen Kirche und verhängte mit dem Wormser Edikt vom 18. April 1521 die Reichsacht

In der Wittenberger Marienkirche fand 1521 der erste evangelische Gottesdienst in deutscher Sprache statt.

über Luther. Luther war nun ein vogelfreier Professor und Ketzer. Er war also vogelfrei und konnte von jedem an Rom ausgeliefert werden. Zusätzlich wurden alle seine Schriften verboten; sie durften weder gelesen noch verbreitet werden.

Auf dem Rückweg von Worms wurde sein Wagen am 4. Mai 1521 in der Nähe des Schloss Altenstein in Thüringen überfallen und Luther auf die bei Eisenach gelegene Wartburg in „Schutzhaft" gebracht. Eingefädelt hatte diese Aktion der Kurfürst Friedrich der Weise (1463–1525), der damit ein rasches Vorgehen der Reichsstände gegen Luther verhinderte. Als Junker Jörg mit Bart und langen Haaren getarnt, blieb Luther zehn Monate lang auf der Wartburg. Obwohl es ihm teilweise gesundheitlich und psychisch nicht gut ging und er sich mehrfach vom Teufel versucht sah, schrieb er in dieser Zeit wichtige Werke: Die Kritik am Mönchtum *Von den Mönchsgelübden* oder die Weihnachts- und Adventpostillen. Seine herausragende

Die Lutherin: Katharina von Bora

Respektvoll nannte man sie „die Lutherin", womit nicht nur ihr durchsetzungsfähiges Wesen, sondern auch ihre Ebenbürtigkeit gegenüber Martin Luther zum Ausdruck kam. Geboren wurde sie am 29. Januar 1499 als Tochter einer verarmten Landadelsfamilie, vermutlich in Lippendorf, etwa 25 Kilometer südlich von Leipzig. Wegen des frühen Todes ihrer Mutter besuchte sie bereits mit sechs Jahren die Klosterschule in Brehna. Mit zehn Jahren kam sie dann in das Zisterzienserinnenkloster Marienthron bei Grimma und wurde nach ihrem Gelübde 1515 Nonne. Hier kam sie mit Luthers reformatorischen Gedanken in Berührung. In der Nacht von Karsamstag zu Ostersonntag (6./7. April 1523) floh Katharina mit elf weiteren Nonnen aus Marienthron und dann weiter nach Wittenberg. Dort heiratete sie am 13. Juni 1525 Martin Luther. Das Paar bewohnte ein Haus im ehemaligen Augustinerkloster, wo sich Katharina um das immer volle Haus und den Hof mit Knechten und Mägden kümmerte. Sie richtete ein Backhaus ein, betrieb Viehzucht und Obstanbau und braute sogar eigenes Bier.

1526 wurde der erste Sohn Johannes geboren. Fünf weitere Kinder folgten, von denen allerdings zwei Mädchen starben. Hinzu kamen elf verwaiste Kinder aus der Verwandtschaft.

Nach Luthers Tod 1546 geriet Katharina in wirtschaftliche Schwierigkeiten. Sie wurde zwar, wie von Luther gewünscht, Alleinerbin. Weil ihre Besitztümer aber durch die Pest und den Schmalkaldischen Krieg verwüstet worden waren, musste sie Schulden machen und das Lutherhaus verkaufen. Als 1552 wieder einmal die Pest in Wittenberg ausbrach, packte sie ihre Kinder in die Kutsche und floh nach Torgau. Vor den Toren scheuten die Pferde, und Katharina sprang, um ihre Kinder zu schützen, vom Wagen. Sie starb an den Folgen des Unfalls am 10. Dezember 1552 in Torgau und wurde anschließend in der dortigen St. Marienkirche beigesetzt.

Lucas Cranach d. Ä. malte Katharina von Bora mehrere Male. Dieses Gemälde ist um 1526 entstanden.

Leistung war jedoch die Übersetzung des Neuen Testaments vom Griechischen ins Deutsche. Das schaffte er in nur elf Wochen und beeinflusste damit nachhaltig die Entwicklung der deutschen Hochsprache. Die Wartburg ist seitdem ein wichtiger Erinnerungsort der deutschen Geschichte geworden, der neben Luther außerdem eng verbunden ist mit Elisabeth von Thüringen, Goethe und dem Wartburgfest der Burschenschaften 1817. Touristisches Highlight bleibt aber nach wie vor Luthers Stube im Obergeschoss der Vogtei. Dabei zieht die Stelle neben dem Ofen, an der der Putz an der Wand abgeblättert ist, nach wie vor die meisten Blicke auf sich. Bis nach der Wiedervereinigung befand sich hier ein blauer Tintenfleck. Hier soll Luther beim Übersetzen des Neuen Testaments vom Teufel gestört worden sein und ein Tintenfass nach ihm geworfen haben. Das hat sich allerdings längst als Legende erwiesen, worauf im Raum noch einmal ausdrücklich hingewiesen wird.

Doch obwohl Luther auf der Wartburg versteckt saß, und trotz Kirchenbann und Reichsacht, ließen sich die neuen, reformatorischen Ideen Luthers nicht mehr aufhalten. Schon im Februar 1521 hatte ein päpstlicher Botschafter geschrieben: „Ganz Deutschland ist in hellem Aufruhr." Vor allem Luthers Kritik an Rom und dem Papst fand viele Anhänger in allen Schichten. Dazu hatten die neuen Veröffentlichungsmöglichkeiten durch den Buchdruck, mit dem Flugblätter, Broschüren und Einblattdrucke schnell hergestellt und in hoher Auflage verbreitet werden konnten, einiges beigetragen. Erneuerung und Umwandlung hieß jetzt vielerorts die Devise. Die Stadt, die sich nun, am 24. Januar 1522, als erste eine reformatorische Kirchenordnung gab, war Luthers Wittenberg. Das passte zu ihrem Image. Denn hier stand bereits mit der Wittenberger Universität, der Leucorea, ein im ganzen Reich beliebter Ort der Reform. Studenten kamen von nah und fern, um Professor Luther, und nach 1518 auch den Professor für Griechisch und späteren Freund Luthers, Philipp Melanchthon, zu hören, über die neue Theologie zu diskutieren und nach der neuen, humanistisch geprägten Studienordnung zu studieren.

Doch nicht nur die Universität und das Theologiestudium wurden erneuert. Noch als Luther auf der Wartburg war, hatten seine Anhänger mit weitreichenden religiösen Reformen in Wittenberg begonnen. So feierte Luthers Professorenkollege Andreas Bodenstein, der nach seinem Herkunftsort Karlstadt genannt wurde, zu Weihnachten 1521 in der Stadtkirche St. Marien zum ersten Mal einen evangelischen Gottesdienst in deutscher Sprache. An ihm nahm fast ganz Wittenberg teil. Erstmals erhielten nun die Laien beim Abendmahl den Kelch zum Trinken des Weins. Kurz darauf, im Februar 1522, kam es, ausgelöst durch Karlstadt, ebenfalls in der Marienkirche, zum Bildersturm. Karlstadt und seine Anhänger beriefen sich dabei auf das Bilderverbot der Bibel und zerstörten einen großen Teil des Kircheninneren, Heiligenbilder und andere kirchliche Kunstgegenstände.

Zwar hatten nicht all diese radikalen Veränderungen Bestand. Trotzdem blieb Wittenberg die Stadt der Reformation. Als Luther von der Wartburg zurückkehrte, wurde jeder Gottesdienst auf Deutsch, mit einem Schwerpunkt auf der Predigt und mit neuen Varianten, wie beispielsweise liturgischen Gesängen oder Liedern, gehalten. Daneben beinhaltete das Bekenntnis zur Reformation aber auch soziale Elemente. So hielt die Wittenberger Reformationsordnung etwa fest, dass Erlöse, die aus der Säkularisierung der Klöster gewonnen wurden, in die Armenfürsorge investiert werden sollten.

Landgraf Philipp von Hessen war einer der wichtigsten politischen Förderer der Reformation zu Zeiten Luthers. Dieses Gemälde von Hans Krell entstand um 1534.

Ein anderer Bereich, der durch Luthers reformatorische Gedanken eine grundlegende Erschütterung erfuhr, war das Mönchswesen. Da sich immer mehr Mönche und Nonnen nicht mehr an ihre Gelübde gebunden fühlten, setzte eine Massenflucht aus den Klöstern ein. Der Zölibat wurde gebrochen

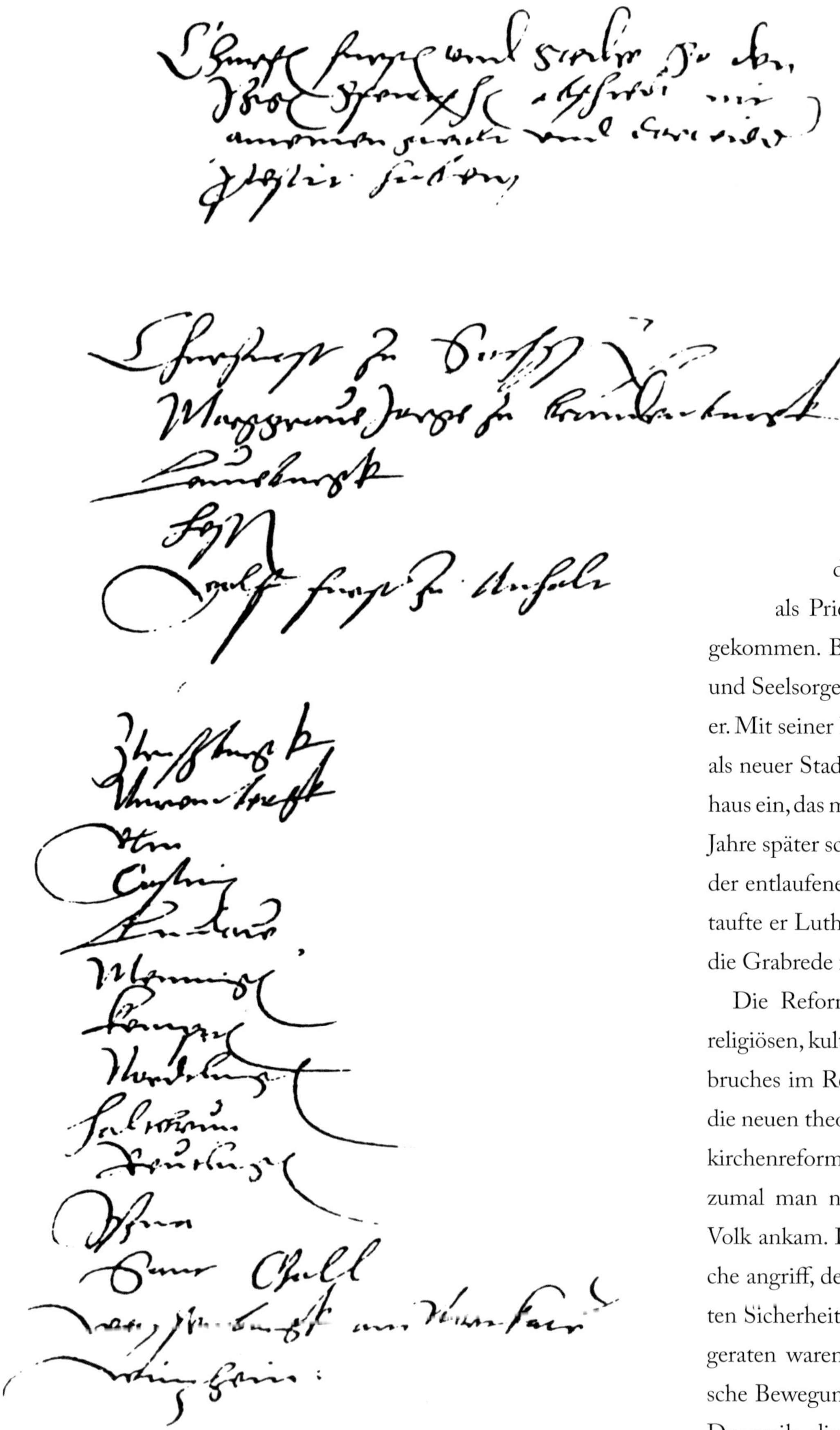

Das Protokoll des Speyerer Reichstages verzeichnet 1529 die Namen der „Protestanten": Unter anderem sind der Kurfürst von Sachsen, der Markgraf von Brandenburg-Ansbach und die Städte Lüneburg, Straßburg, Ulm, Konstanz und Lindau aufgeführt.

und als erster Priester heiratete 1521 Bartholomäus Bernhardi (1487–1551). Durch seine Ehe mit Gertraude Pannier, aus der sieben Kinder hervorgingen, begründete Bernhardi das evangelische Pfarrhaus. Bernhardis Beispiel folgten viele andere Priester. Zu ihnen gehörte auch Johannes Bugenhagen (1485–1558). Er gilt neben Luther und Melanchthon als der dritte große Reformator und war 1521 als Priester aus Pommern nach Wittenberg gekommen. Bugenhagen wurde dann zum Freund und Seelsorger Martin Luthers. 1522 heiratete auch er. Mit seiner Frau Walburga zog er im Herbst 1523 als neuer Stadtpfarrer von Wittenberg in das Pfarrhaus ein, das man noch heute besichtigen kann. Zwei Jahre später schloss er die Ehe zwischen Luther und der entlaufenen Nonne Katharina von Bora. Später taufte er Luthers Kinder und hielt schließlich sogar die Grabrede für den großen Reformator.

Die Reformation war Teil eines tiefgreifenden religiösen, kulturellen, sozialen und politischen Umbruches im Reich. Nicht alles davon war direkt auf die neuen theologischen Gedanken Luthers und die kirchenreformerischen Impulse zurückzuführen – zumal man nicht weiß, was davon wirklich beim Volk ankam. Doch je schärfer Luther die Papstkirche angriff, desto deutlicher zeigte sich, dass die alten Sicherheiten und die alte Ordnung ins Wanken geraten waren. Luther und die frühe reformatorische Bewegung standen für etwas Neues – für eine Dynamik, die nicht nur die Kirche, sondern auch Landesherren, Humanisten, Frauen oder Bauern erfasste.

Im Wittenberger Augustinerkloster lebte Luther ab 1508 als Mönch, nach Auflösung des Klosters ab 1525 dann mit seiner Familie.

Das Augsburger Bekenntnis

Ursprünglich als eine Art Vorbereitungsdokument für Karl V. und den Augsburger Reichstag 1530 geschrieben, gehört das *Augsburger Bekenntnis* heute zu den verbindlichen Bekenntnisschriften der Lutheraner.
Philipp Melanchthon verfasste den größten Teil der Schrift, auf Deutsch und Lateinisch *(Confessio Augustana)*. In zwei Teilen mit 28 Artikeln entfaltete er die wesentlichen reformatorischen Ansichten zur Rechtfertigungslehre, zum Predigtamt, dem Gehorsam, zu Kirche, Taufe und Abendmahl und verdeutlichte, warum manche kirchliche Praxis abzulehnen sei. Da er auf das im Vorfeld geäußerte Vermittlungsangebot des Kaisers eingehen wollte, betonte er das Gemeinsame und Übereinstimmende zwischen der evangelischen und der alten Lehre und Tradition, begründete das mit der Heiligen Schrift und grenzte sich von radikalen Bewegungen ab. Das entsprach dem Selbstverständnis der Reformatoren, die sich als Reformer der alten Kirche verstanden und keine neue Glaubensgemeinschaft gründen wollten. Trotzdem avancierte das Dokument, das am 25. Juni 1530 auf dem Reichstag verlesen und dann Karl V. übergeben wurde, zum grundlegenden Bekenntnis der evangelischen Reichsstände. Die konfessionelle Trennung zwischen Protestanten und Katholiken verhinderte es jedoch nicht.
1830 kam die *Confessio Augustana* sogar zu musikalischen Ehren, denn der Komponist Felix Mendelssohn-Bartholdy (1809–1847) komponierte zum 300. Jahrestag des Augsburger Bekenntnisses die Reformationssymphonie Nr. 5 d-Moll, op. 107. Sie baut auf Luthers Choral *Ein' feste Burg ist unser Gott* auf, wurde allerdings bei ihrer Uraufführung kein großer Erfolg.

Dieses Gedenkblatt wurde zum 100. Jahrestag des Augsburger Bekenntnisses 1630 veröffentlicht. In der Mitte thront Kaiser Karl V.

So sehr Luther dabei eine zentrale Figur darstellte und für viele den Aufbruch in die Moderne verkörperte, so sehr war er aber auch nach heutigen Maßstäben ein Mann des Mittelalters. Der Reformator blieb dem Alten und einer konservativen Gesellschaftsordnung verbunden. Das galt beispielsweise für seine politische und wirtschaftliche Ethik, für sein Obrigkeitsverständnis oder seinen, vor allem in den späteren Jahren zum Ausdruck kommenden, tiefen Judenhass. Er dachte theologisch – und nicht sozialpolitisch oder revolutionär. Religiöse Schwärmer mit umfassenden sozialen und politischen Visionen lehnte er daher ebenso ab wie die Aufstände der Bauern, die 1524/25 unter der Führung des Mühlhausener Pfarrers Thomas Müntzer (um 1489–1525) für bessere Lebensbedingungen und die Aufhebung der Leibeigenschaft kämpften. Der blutige Bauernkrieg, der mit der Schlacht bei Frankenhausen mit fast 6 000 Toten auf Seiten der Bauern endete, bestärkte Luther in seiner Ansicht, dass die Reformation nicht von Bauern und Sozialrevolutionären durchgesetzt werden könne. Den Fürsten vertraute Luther in dieser Hinsicht mehr.

Zu Hilfe kam ihm und seinen Anhängern dabei der erste Reichstag zu Speyer, der im August 1525 stattfand. Dort wurde nämlich den Reichsständen erlaubt, das Wormser Edikt, das ja die Reichsacht über Luther verhängt hatte, bis zu einer endgültigen Beschlussfassung eines Konzils eigenverantwortlich auszuführen.

Doch die in Speyer beschlossene eigenverantwortliche Ausführung interpretierten nun einige Reichsfürsten und Reichsstädte als Recht, systematisch die bestehenden Kirchenverhältnisse im Sinne der Reformation zu erneuern und umzugestalten. Dazu gehörten Städte wie Nürnberg, Augsburg oder Braunschweig. Beispielhaft für die evangelische Neuordnung des Kirchenwesens wurden die Landgrafenschaft Hessen und das Kurfürstentum Sachsen. In Sachsen trat 1525 der Kurfürst Johann der Beständige (1468–1532) die Nachfolge des verstorbenen Friedrich des Weisen an – und verkaufte als Zeichen seiner Zuwendung zur Reformation gleich als erstes die Reliquiensammlung seines Vorgängers. Es folgte eine gründliche und systematische Überprüfung der Pfarrer, Pfarreien und Lehrer im Land. Damit zeigte der Kurfürst, dass er sich für Kirche und Schule verantwortlich fühlte. Bei den Überprüfungen wurde festgestellt, welche Priester noch dem alten Glauben anhingen und ersetzt werden mussten. Es wurde aber auch untersucht, in welcher konkreten pastoralen und wirtschaftlichen Situation sich die Pfarreien und Gemeinden befanden und was verbessert werden müsste, damit die rechte Verkündigung des Evangeliums und die Verankerung der reformatorischen Lehre im ganzen Land gewährleistet werde.

Für diese und alle folgenden Überprüfungen, die man als „Visitationen" bezeichnete, schrieb Philipp Melanchthon 1528 mit seinem Werk *Unterricht der Visitatoren an die Pfarrherren im Kurfürstentum Sachsen* eine Art Modellanleitung. Die Visitationen waren ein erster Schritt auf dem Weg zur Neuordnung des Kirchenwesens in Sachsen. Sie wurden von weiteren organisatorischen Festlegungen flankiert, die in ähnlicher Weise später auch andere Territorien übernahmen: So wurde etwa eine einheitliche Gottesdienstordnung eingeführt und ein Konsistorium eingerichtet, das die Rechts- und Dienstaufsicht führte.

Neben Sachsen gehörte die Landgrafschaft Hessen unter dem jungen Landgrafen Philipp von Hessen (1504–1567, reg. ab 1509/18) zu den Ländern, die als erste die Reformation einführten. Mit den Einnahmen, die Hessen durch die Säkularisierung der Klöster erhielt, gründete Philipp von Hessen 1527 in Marburg an der Lahn die erste evangelische Universität.

Auch wenn die persönlichen Sympathien der Fürsten für die Sache der Reformation und ihre Hoffnungen auf das landesherrliche Regiment schon früher begannen, dauerte es in der Praxis länger, bis die Reformation und mit ihr die neue Kirchenorganisation flächendeckend und einigermaßen stabil im Land eingeführt war. Luther war noch immer gebannt und vogelfrei, genoss jedoch fürstlichen Schutz und so hohe Popularität, dass eine Verhaftung unwahrscheinlich erschien. Seine Gegner blieben jedoch am Ball.

Die Evangelischen werden „Protestanten"

Nach wie vor war Kaiser Karl V. die neue „Sekte", die sich im Reich ausbreitete, ein Dorn im Auge. Um die eigenverantwortliche Auslegung des Wormser Edikts, die der Speyerer Reichstag von 1526 den Reformationsanhängern eröffnet hatte, einzuschränken und die weitere Ausbreitung der Reformation in den Ländern und Städten zu stoppen, berief er daher 1529 einen zweiten Reichstag in Speyer ein. Als Vertreter dort beauftragte er seinen jüngeren Bruder, den böhmischen König Ferdinand. Dieser fasste gemeinsam mit der Mehrheit der anwesenden (katholischen) Fürsten am 19. April 1529 den Beschluss, den Ermessensspielraum, den der Reichstag in Speyer 1526 den Fürsten bei der Durchführung des Wormser Ediktes zugestanden hatte, und die bis dahin durchgeführten reformatorischen Neuerungen rückgängig zu machen. Dagegen legte jedoch die (evangelische) Minderheit von sechs deutschen Fürsten und den Vertretern von 16 Reichsstädten am folgenden Tag schriftlich „Protest" ein. Da Ferdinand diese Protestnote jedoch nicht annahm und auch die abschließende Sitzung des Reichstages sie nicht erwähnte, verfassten die evangelischen Fürsten und Städtevertreter am 25. April einen neuen Brief. In ihm legten sie ihren Einspruch noch einmal dar und wiesen darauf hin, dass sie sich als Minderheit nicht an den Beschluss des Reichstages gebunden fühlten. Dieses Schreiben, das als Protestation bezeichnet wird, ließen sie dem Kaiser senden. Der blieb aber dabei, dass das Wormser Edikt seine Gültigkeit behalte und erst ein Konzil eine endgültige Antwort über die „Sache Luther" geben könne.

Trotzdem hatte sich die religiöse und politische Situation im Reich während der acht Jahre nach dem Wormser Reichstag grundlegend verändert. Denn zum einen war in der Reichspolitik mittlerweile klar geworden, dass sich die Reformation nicht einfach zurückdrängen ließ. Bis zu dem anvisierten Konzil musste daher in gewisser Weise „Schadensbegrenzung" geübt und alles vermieden werden, was zu Gewalt und Aufruhr in den Territorien führen konnte. Zum anderen aber standen sich auf dem zweiten Reichstag in Speyer erstmals ganz direkt zwei Parteien gegenüber, die ihre Identität über ihre unterschiedliche Einstellung zur Reformation bzw. zur Papstkirche und Rom bezogen.

Von nun an gab es zwei Bekenntnisse im öffentlichen Raum: das, das sich an der altgläubigen Lehre und Rom orientierte und das neue, evangelische Bekenntnis. Weil seine Vertreter in Speyer 1529 gemeinsam den Protest gegen die altgläubige Mehrheitsmeinung wagten, entwickelte sich nun der Begriff „protestantisch" bzw. die „Protestanten" als neue Bezeichnung für die Anhänger der Reformation. Eine Einheit bildete dieser „Protestantismus" allerdings zu diesem Zeitpunkt (und auch später) nicht. Und reichsrechtlich anerkannt waren die Protestanten noch lange nicht. Zum nächsten Reichstag in Augsburg 1530 erschien Kaiser Karl V. zwar endlich einmal persönlich, um – neben anderen Angelegenheiten – die Religionsfrage zu klären. Dazu wollte er sich ausdrücklich auch die Protestanten anhören. Doch blieb er mit dem Reichstag bei der alten Linie des Wormser Edikts,

Luther auf dem Totenbett, Gemälde von Lucas Cranach d. Ä., 1546.

nach der zum alten Kirchenwesen zurückzukehren sei.

Unter der Führung der beiden evangelischen Fürstentümer Kursachsen und Hessen gründete sich daraufhin 1531 ein neues militärisches Bündnis der Protestanten im thüringischen Schmalkalden, der Schmalkaldische Bund. Diese evangelische Verteidigungsgemeinschaft konnte sich in den folgenden Jahren bis 1542 als eine politisch und militärisch zentrale Schaltstelle im Reich gegen die habsburgische Politik Karls V. etablieren. Es gelang ihr auch, weitere Städte und Territorien auf die Seite der Reformation zu ziehen. Dann jedoch machten sich interne Unstimmigkeiten breit und die Situation für die Protestanten verschlechterte sich. Am 13. Dezember 1545 begann in der italienischen Stadt Trient das lange erwartete Konzil, das bis 1563 dauern sollte. Unter dem Vorsitz des Papstes erfolgte eine dogmatisch-theologische Klärung des katholischen Standortes, die die durch Luther und die Reformation aufgeworfenen theologischen Aspekte neu für die katholische Kirche festzuhalten versuchte. So wurde Luthers Ansatz, dass allein die Heilige Schrift der Maßstab des Glaubens sei, abgelehnt und die kirchliche Tradition als gleichrangige Autorität neben der Heiligen Schrift bekräftigt. Daneben wurden weitere dogmatische Aussagen über die Erbsünde, die Rechtfertigungslehre, das Sakrament der Buße und der Weihe sowie über den Ablass verkündet. All das gab der altgläubigen Kirche und ihrer Struktur einen Schub der Erneuerung und setzte vielfältige gegenreformatorische Kräfte frei.

Während des Trienter Konzils gelang Karl V. 1546 der entscheidende militärische Schlag gegen den protestantischen Schmalkaldischen Bund. Als schließlich im gleichen Jahr, am 18. Februar 1546, Martin Luther in Eisleben starb, war zwar die erste Phase des reformatorischen Aufbruchs vorbei. Doch zugleich war die mittelalterliche Idee von der Einheit von Reich und Kirche zerbrochen. Von nun an konkurrierten im Reich und im westlichen Christentum zwei christliche Konfessionen um die geistige, und oftmals auch politische und kulturelle Vorherrschaft. Dieser Tatsache trug schließlich auch der Beschluss des Augsburger Reichstages vom 25. September 1555 Rechnung. Er ging als „Augsburger Religionsfriede“ in die Geschichte ein, weil auf ein einheitliches Bekenntnis im Reich verzichtet wurde und nun den Landesfürsten bzw. den städtischen Magistraten die Wahl der Konfession in ihrem Territorium freigestellt war. Die Bewohner mussten sich dabei nach ihrem Herrscher

Die Lutherstadt Wittenberg

Schon seit einigen Jahren bereitet sich Wittenberg als die erste Stadt der Reformation auf das 500. Jubiläum von Luthers Thesenanschlag vor. Doch für die wesentlichen Lutherstätten lohnt sich schon vor 2017 ein Besuch in Wittenberg.

Am Schlossplatz liegt das Wittenberger Schloss, der Sitz der ernestinischen Kurfürsten (heute eine Jugendherberge), wo Luther häufiger zu Gast war. Die Schlosskirche war (und ist) berühmt für ihre künstlerische Ausstattung, vor allem die Gemälde von Lucas Cranach d. Ä. und Albrecht Dürer. Luther predigte selber häufiger in der Schlosskirche. Lange Zeit ging man davon aus, dass er an ihrer Schlosstür 1517 die 95 Thesen angeschlagen habe. Das wird mittlerweile von der jüngsten Forschung bestritten. So oder so: Die originale Holztür verbrannte und wurde zu Luthers 375. Geburtstag 1858 durch eine Bronzetür ersetzt. Auf ihren beiden Flügeln ist der lateinische Text der 95 Thesen wiedergegeben. In der Kirche, unter der Kanzel, liegt das Grab Luthers. Direkt gegenüber befindet sich die letzte Ruhestätte seines engsten Mitstreiters Philipp Melanchthon.

Zu den Sehenswürdigkeiten Wittenbergs zählen weiterhin das berühmte Luther- und Melanchthon Denkmal aus dem 19. Jahrhundert auf dem Marktplatz und die spätgotische Kirche St. Marien mit einem Flügelaltar von Lucas Cranach d. Ä. Hier wurde die Heilige Messe zum ersten Mal in deutscher Sprache abgehalten und das Abendmahl 1522 erstmals „in beiderlei Gestalt“, in Brot und Wein, ausgeteilt. Für viele aber der Höhepunkt ist das Lutherhaus, das ehemalige Augustiner-Eremiten Kloster, in dem Luther 35 Jahre lang zusammen mit seiner Frau Katharina, den Kindern und Gästen lebte. Aber auch das Melanchthonhaus oder das Bugenhagenhaus als ältestes Pfarrhaus der Welt sind einen Besuch wert.

In der Wittenberger Schlosskirche befinden sich die Gräber Luthers und Melanchthons.

richten, wobei Andersgläubige das Recht hatten, auszuwandern. „Cuius regio, eius religio“ (wessen Gebiet, dessen Religion) lautete dieser kirchen- und reichspolitische Grundsatz, der zu einem Merkmal der deutschen Geschichte wurde.

Die evangelische Kirche entsteht

Obwohl sich die evangelischen Reichsstände in der Reichspolitik in der Minderheit befanden, hatten sich Kirche und Kirchenwesen in ihren Städten und Fürstentümern bereits verändert. Das Abendmahl wurde mit Brot und Wein gefeiert, Gottesdienste fanden nicht mehr auf Lateinisch statt, sondern auf Deutsch, verheiratete Pfarrer ersetzten die nach dem Zölibat lebenden Priester, und die Pfarrgemeinde konnte mehr Entscheidungen treffen. Die jeweiligen Fürstentümer und Städte waren innerhalb kurzer Zeit zu evangelischen Territorien mit eigenen Kirchenordnungen geworden. An der Spitze der Kirche standen nun die Landesfürsten. Erste Strukturen von Landeskirchen begannen sich herauszubilden, wozu eine gewisse hierarchische Ordnung gehörte. Leitende Geistliche beaufsichtigten größere Kirchenkreise und führten zum Beispiel Visitationen durch. Sie wurden als Superintendenten (oder dann auf der nächsten Ebene als Generalsuperintendenten) bezeichnet. Mit der organisatorischen Erneuerung gingen aber auch innere theologische Klärungen und Abgrenzungen der reformatorischen Bewegung einher. Dabei war es den Reformatoren wichtig, die Grundlagen des Bekenntnisses kurz und einfach zum praktischen Gebrauch, sowohl für einfache Gemeindemitglieder als auch für diejenigen, die an der Lehre und Verbreitung des Evangeliums beteiligt waren, zu formulieren. Nach einer Predigtreihe Luthers über die Grundlagen des Glaubens 1528 erschienen 1528/9 die beiden Elementarbücher des Glaubens, der *Große* und der *Kleine Katechismus*. Ersterer war für Pfarrer, Prediger und Lehrer gedacht, der *Kleine Katechismus* für die Allgemeinheit. In beiden Stücken werden die wesentlichen Themen des evangelischen Glaubens vorgestellt und vertieft: Die Zehn Gebote, der Glaube und das Glaubensbekenntnis, das Vaterunser, die Taufe, das Abendmahl und die Beichte.

Vor allem um die Interpretation des Abendmahls gab es unter den Protestanten jedoch große Kontroversen. Die unterschiedlichen Richtungen wurden 1529 beim Marburger Religionsgespräch deutlich. Hierzu hatte Philipp von Hessen vom 1. bis zum 4. Oktober 1529 die führenden Reformatoren aus Sachsen, Oberdeutschland und der Schweiz zu einem theologischen Expertengespräch auf das Marburger Schloss eingeladen: Luther und Melanchthon sowie, neben anderen, Ulrich Zwingli aus der Schweiz und Martin Bucer aus Straßburg. Philipp wollte die evangelischen Übereinstimmungen herausarbeiten und damit den Protestantismus zu einer starken Kraft aufbauen. Im Mittelpunkt der Diskussionen stand das unterschiedliche Verständnis des Abendmahls, wobei Luther und Zwingli am weitesten entfernt voneinander lagen: Für Luther war Christus bei der Einnahme von Brot und Wein real und anwesend,

Titelblatt der Erstausgabe des *Großen Katechismus*, gedruckt unter dem Namen *Deutscher Katechismus* in Wittenberg von Georg Rau.

während Zwingli das Abendmahl vor allem als einen symbolischen Akt der glaubenden Gemeinde interpretierte. Doch in Marburg gelang es nicht, diese beiden Positionen einander anzunähern. So brachten die Marburger Religionsgespräche zwar in vielen anderen Punkten gemeinsame evangelische Standpunkte hervor, zementierten aber zugleich das unterschiedliche Abendmahlsverständnis zwischen Lutheranern und Reformierten.

Frauen und die Reformation

Frauen sind auch in der Reformationszeit nur selten aus der Anonymität der Geschichte herausgetreten, mit Ausnahme der protestantischen „Lichtgestalt" Katharina von Bora (1499–1546). Sie, die Nonne, die aus dem Kloster flüchtete, 1525 Martin Luther heiratete und ihm dann in resoluter Weise als „Frau Käthe" den Haushalt führte, galt lange Zeit als Inbegriff der evangelischen Pfarrfrau. Doch welche Frauen über sie hinaus an der Verbreitung der neuen Lehre Luthers mitwirkten, welche Mittel sie einsetzten und wie sich die gesellschaftliche Stellung für Frauen mit der Reformation veränderte, ist erst in den letzten dreißig Jahren allmählich in den Blickpunkt der Forscher – und der Forscherinnen – gerückt.

Das Bild, das da Schicht um Schicht freigelegt wird, ist bunt und vielfältig: Die schriftlichen Quellen berichten von Reformatorinnen, Herrscherinnen und Regentinnen, Adligen, Schriftstellerinnen und Pfarrfrauen, die mit eigenem Ausdruck und eigenem Wirken dazu beitrugen, dass sich die Reformation in den unterschiedlichen Regionen verbreitete. Zwar waren es nur wenige Frauen, die zu Beginn der Reformation den Schritt in die Öffentlichkeit wagten. Doch die von Luther formulierte Einsicht, dass alle Gläubigen – also auch die Frauen – Priester seien, leuchtete ihnen vollkommen ein; ebenso, dass alleine die Heilige Schrift als Maßstab christlichen Handelns diene (*sola scriptura*).

So waren Frauen auf den verschiedensten Ebenen und sozialen Schichten an der Reformation beteiligt. Das geschah zum Beispiel auf der Ebene der Herrschenden durch die persönliche Annahme des lutherischen Bekenntnisses und die Einführung der Reformation im eigenen Herrschaftsgebiet, wie es die als „Reformationsfürstin" bezeichnete Herzogin Elisabeth zu Braunschweig-Lüneburg, Fürstin zu Calenberg-Göttingen (1510–1558) vormachte. Sie nahm 1538 das Abendmahl nach lutherischem Ritus, also mit Brot und Wein, ein und trat öffentlich zum Luthertum über. 1542 führte sie dann, zusammen mit dem hessischen Reformator Antonius Corvinus (1501–1553), im südlichen Niedersachsen die Reformation ein. Im Gegensatz zu manch anderen machte sich Elisabeth von Calenbach dabei besonders für den Erhalt der alten Klöster stark, so dass es auch heute noch in der Evangelisch-Lutherischen Landeskirche Hannovers, also der Landeskirche im Bereich Niedersachsens, 15 Damenstifte und Frauenklöster sowie drei Männerklöster gibt.

Daneben war es der Griff zur Feder, mit dem sich einige adlige Frauen in der Öffentlichkeit als Unterstützerinnen der Reformation präsentierten. Die bayrische Adlige Argula von Grumbach (um 1492–1568) verfasste im Herbst 1523 die erste Flugschrift einer Frau. Darin setzte sie sich für einen Magister ein, der sich der lutherischen Lehre angeschlossen hatte und nun dafür von der Universität Ingolstadt zum öffentlichen Widerruf gezwungen worden war. Mit dieser Flugschrift erzielte Argula von Grumbach eine so große öffentliche Wirkung, dass sie bis 1524 15-mal nachgedruckt wurde. Insgesamt verfasste sie in den Jahren 1523/24 acht reformatorische Flugschriften, die sich mit einer geschätzten Auflage von 30 000 Exemplaren in ganz Deutschland verbreiteten. Damit wurde sie zur erfolgreichsten Flugschriftenautorin der Reformation.

Eine andere herausragende Frau der Reformation war Katharina Schütz (1497–1562), die Tochter eines wohlhabenden Schreinermeisters. Sie heiratete 1523 den reformatorischen Prediger Matthäus Zell (1477–1548) in Straßburg. Es war für beide ein öffentliches Bekenntnis zur Reformation: Martin Bucer vollzog die Trauung, Martin Luther gratulierte Katharina mit einem Brief. Als Matthäus Zell im April 1524 wegen der Heirat exkommuniziert und verleumdet wurde, ergriff sie mit einer Streitschrift für ihn Partei. Weitere Schriften folgten, wie beispielsweise eine Trostschrift an die Frauen von Kenzingen, deren Männer 1524 unter dem Prediger Jakob Otter als evangelische Glaubensflüchtlinge nach Straßburg gekommen waren. Katharina öffnete das Pfarrhaus und versorgte die rund 50 Flüchtlinge, bis sie wieder nach Hause zurückkehren konnten. Aber auch danach nahm sie im Pfarrhaus evangelische Flüchtlinge, Pestkranke und Notleidende auf und versorgte sie. Ihre beiden Kinder starben früh, und so begleitete sie daher häufig ihren Mann auf Reisen. Sie nahm an den theologischen Auseinandersetzungen der Zeit teil, bildete sich durch eigene Lektüre fort und kannte

Luthers Familie wurde lange idealisiert. Katharina ist auf dieser Farblithografie von 1890 ganz mit der Erziehung der Kinder beschäftigt, die ihr gerade ein Ständchen darbringen.

Auf diesem Holzschnitt von 1542 wird Elisabeth zu Braunschweig-Lüneburg als selbstbewusste Herrscherin dargestellt.

Reformatoren wie Zwingli, Luther, Melanchthon oder den Spiritualisten Kaspar von Schwenckfeld persönlich. Literarisch war sie äußerst produktiv: Neben sechs Büchern verfasste sie drei Flugschriften, Psalmen- und Bibelauslegungen, Briefe und gab zwischen 1534 und 1536 ein Gesangbuch mit Liedern der Böhmischen Brüder heraus. Bei alldem war sie ihrem Mann zwar von Herzen zugetan, blieb ihm jedoch auf gleicher Höhe verbunden und erwarb sich so auch ein von außen sichtbares, eigenständiges Persönlichkeitsprofil. Damit fand und füllte sie ihre Rolle als „Kirchenmutter“ und prägte damit das Bild der „Pfarrfrau“ für Jahrhunderte. Ihr vielfältiges öffentliches Wirken und ihr Einsatz für die Reformation reichten jedoch weit über das heute klassische Bild einer Pfarrfrau hinaus.

Dass Frauen wie sie, Argula von Grumbach oder auch die in Sachsen wirkende Ursula von Weyda mit ihren Flugschriften den Schritt in die Öffentlichkeit wagten, belegt die erweiterten Handlungsspielräume, die Frauen zu Beginn in der Reformation hatten. Doch ist auffällig, dass diese Stimmen nach dem Bauernkrieg 1524/25 nicht mehr so deutlich zu vernehmen sind. Für die neuere Forschung ist deshalb die Frage wichtig geworden, ob sich denn mit der Reformation tatsächlich die Rolle der Frau in Familie, Kirche und Gesellschaft veränderte. Dabei richtet sich der Blick besonders auf Luthers Eheverständnis. Getragen von der Überzeugung, dass vor Gott alle Menschen gleich seien, gehörte eine gewisse Partnerschaftlichkeit zwischen Mann und Frau zu den neuen Wesensmerkmalen des verheirateten Paares. Die Ehefrauen der großen Reformatoren, Katharina von Bora, Katharina Melanchthon (1497–1557), Anna Zwingli (1484–1538) oder Idelette Calvin (1507–1549) verkörperten diesen neuen Typus der „besten Lebensgefährtin“ (Calvin). Aufgewertet wurde aber nicht nur ihre Rolle als Ehefrau, sondern auch als Haushaltsmanagerin und Mutter. Damit rückten das alltägliche Familienleben, die Geburt und Erziehung von Kindern stärker in den Horizont der Reformatoren. Seelsorge an schwangeren und gebärenden Frauen wurde beispielsweise ein neues Thema, mit Trostschriften für schwangere und gebärende Frauen oder Leichenpredigten für Kinder. Auch die Stellung der Hebamme wurde durch die Reformation aufgewertet, denn in den neuen reformatorischen Kirchenordnungen erhielt der Pfarrer eine Art mentale und wirtschaftliche Fürsorgepflicht für die Hebammen.

Ob all diese stärkere Diesseitigkeit allerdings zu mehr Gleichberechtigung der Frau führte, ist umstritten. Es gibt die Forscher und Forscherinnen, die meinen, die evangelische Ehe habe die Frau aufgewertet, weil nun Partnerschaftlichkeit das Verhältnis zwischen dem Ehepaar begründete und so der Frau neue Freiräume ermöglicht wurden. Durch die hervorgehobene Rolle der Frau als Hausfrau und Mutter sei darüber hinaus ihre soziale Position gestärkt und ihre wirtschaftliche Sicherheit gewährleistet worden. Darin allerdings sieht die Gegenseite eine erneute patriarchalische Unterordnung der Frau. Sie betont außerdem, dass gerade durch das reformatorische Eheideal alternative Lebenswege für Frauen nicht mehr möglich waren. Denn das gemeinsame Leben von Frauen im Kloster, das Ideal der Jungfräulichkeit, aber auch die besondere weibliche Spiritualität, wie sie beispielsweise im Marienkult verkörpert wurde, waren nun für die evangelische Frau keine Option mehr.

III.

Vielfältig, radikal und alternativ: Die Reformationen in Europa

In der Schlacht bei Kappel am 11. Oktober 1531 ist der Züricher Reformator Ulrich Zwingli gefallen. Dieser nachträglich kolorierte Stich von Merian entstand 1630.

Kirchenkritik, Veränderungswillen und individuelle Glaubensstärke waren keine Wittenberger Erfindungen. Schon das fein gesponnene Netz der humanistischen Freundschaften und Sympathisanten quer durch Europa machte deutlich, dass es an vielen Orten in West und Ost, Nord und Süd Gelehrte gab, die ähnlich dachten. Luthers neue reformatorische Theologie mit ihrer Konzentration auf die Heilige Schrift setzte sich für einen stärker biblisch orientierten Glauben, für neue Gottesdienste, für eine neue Kirchenorganisation und für neue Allianzen zwischen Kirche und politischer Macht ein. Aber um diesen Stein über Wittenberg und Kursachsen hinaus ins Rollen zu bringen, brauchte es neben Luther, Melanchthon und Bugenhagen auch Reformatoren an anderen Orten Europas. Diese brachten ihre eigenen persönlichen, kulturellen und theologischen Eigenschaften mit und entstammten einem jeweils zeitgebundenen lokalen Umfeld mit bestimmten sozialen und politischen Voraussetzungen. Das Gleiche galt für diejenigen, die der neuen reformatorischen Lehre und Praxis folgten: als einfache Gläubige aus den unterschiedlichsten sozialen Schichten, als politische Verantwortungsträger, als Pfarrer oder Lehrer. Die Reformation war also ein dynamischer, zugleich höchst komplexer Prozess. Neben dem eng an Luther angelehnten Bekenntnis entstanden bald neue reformatorische Ansätze, die sich in unterschiedliche Richtungen hin weiter ausbreiteten. Unter ihnen erzielte der Protestantismus reformierter Prägung (im Gegenüber zur lutherischen Prägung) die größte Breitenwirkung.

Das Europa des 16. Jahrhunderts kannte also nicht nur einen, sondern viele Protestantismen.

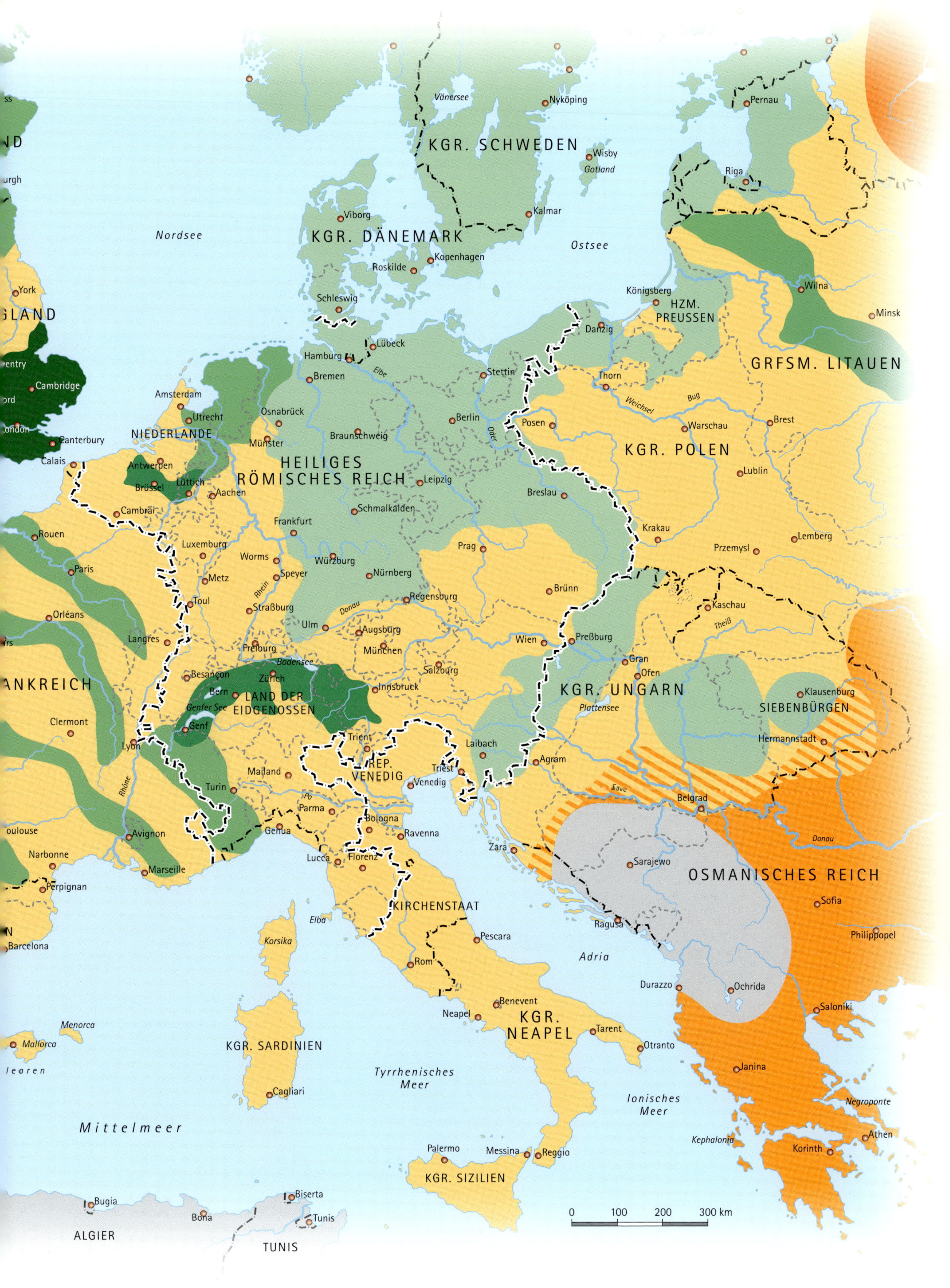

KGR. SCHWEDEN
Vänersee
Nyköping
Wisby
Gotland
Kalmar
Pernau
Riga
KGR. DÄNEMARK
Viborg
Roskilde
Kopenhagen
Schleswig
Lübeck
Nordsee
Ostsee
Königsberg
HZM. PREUSSEN
Danzig
Wilna
Minsk
GRFSM. LITAUEN
York
Cambridge
Canterbury
Calais
Hamburg
Bremen
Elbe
Stettin
Amsterdam
Utrecht
NIEDERLANDE
Osnabrück
Münster
Braunschweig
Berlin
Oder
Posen
Thorn
Weichsel
Bug
Warschau
Brest
KGR. POLEN
Lublin
Antwerpen
Brüssel
Lüttich
Aachen
HEILIGES RÖMISCHES REICH
Leipzig
Breslau
Cambrai
Rouen
Paris
Schmalkalden
Frankfurt
Luxemburg
Worms
Speyer
Metz
Toul
Würzburg
Nürnberg
Prag
Krakau
Przemysl
Lemberg
Rhein
Straßburg
Regensburg
Donau
Brünn
Kaschau
Theiß
Orléans
Langres
Ulm
Augsburg
München
Wien
Preßburg
Freiburg
Bodensee
Zürich
Salzburg
Gran
Ofen
Besançon
Bern
LAND DER EIDGENOSSEN
Innsbruck
KGR. UNGARN
Klausenburg
SIEBENBÜRGEN
Genfer See
Genf
Plattensee
Clermont
Lyon
Trient
REP. VENEDIG
Laibach
Hermannstadt
Agram
Mailand
Triest
Venedig
Turin
Rhône
Po
Parma
Save
Belgrad
Bologna
Ravenna
Genua
Avignon
Zara
Toulouse
Lucca
Florenz
Sarajewo
OSMANISCHES REICH
Donau
Narbonne
Marseille
Perpignan
KIRCHENSTAAT
Sofia
Ragusa
Philippopel
Barcelona
Elba
Pescara
Korsika
Adria
Rom
Durazzo
Ochrida
Benevent
Neapel
KGR. NEAPEL
Saloniki
Menorca
Mallorca
Tarent
Otranto
KGR. SARDINIEN
Janina
Tyrrhenisches Meer
Ionisches Meer
Cagliari
Negroponte
Mittelmeer
Kephalonia
Athen
Palermo
Messina
Reggio
Korinth
KGR. SIZILIEN
Bugia
Biserta
Bona
Tunis
ALGIER
TUNIS
0 100 200 300 km

Eroberung der Städte: Zürich und Genf in der Schweiz

Fast zur gleichen Zeit wie in Wittenberg und Kursachsen, aber doch ganz unterschiedlich, entwickelte sich die Reformation in der Schweiz, die damals ebenfalls zum Reich gehörte. Der nur wenige Wochen nach Luther geborene Huldrych (Ulrich) Zwingli war seit 1519 Pfarrer am Zürcher Großmünster, der damals wichtigsten Kirche der Schweizer Metropole. Er hatte von Luthers mutigem Eintreten gegen den Ablass und seinem Festhalten an der Heiligen Schrift gegen die kirchlichen Autoritäten auf der Leipziger Disputation 1519 gehört und sich gründlich mit Luthers Schriften auseinandergesetzt. Weil er sich früh dem Humanismus zugewandt hatte und sich Erasmus von Rotterdam verbunden fühlte, reifte auch bei Zwingli, ähnlich wie bei Luther, die Erkenntnis, dass die Bibel die Richtschnur und das Zentrum des Glaubens sei. So erhob er seit 1519 seine

Ulrich Zwingli

Huldrych (auch Huldenreich oder Ulrich) Zwingli wurde am 1. Januar 1484 in Wildhaus, im Kanton St. Gallen, als drittes von elf Kindern geboren. Sein Vater, ein wohlhabender Bauer und eine Zeit lang Gemeindepräsident, ermöglichte ihm eine gute Ausbildung. So studierte er nach dem Besuch der Lateinschule in Basel und Bern ab 1499 in Wien und ab 1502 in Basel, wo er 1506 sein Magisterexamen ablegte. Kurz darauf erhielt er die Priesterweihe

Ulrich Zwingli auf einem Gemälde von Hans Asper, 1549.

und trat im Sommer 1506 seine erste Pfarrstelle im nicht weit von seinem Elternhaus entfernt gelegenen Glarus an. Seine Erfahrungen als Feldprediger mit den Glarner Truppen in den Kämpfen von Novara und Marignano 1513/15, als die Eidgenossen gegen Frankreich um das Herzogtum Mailand kämpften, ließen ihn zum entschiedenen Gegner des Söldnertums werden. 1516 wurde er Priester und Pfarrer am Benediktinerkloster Einsiedeln. Schon zuvor hatte er in Basel Erasmus von Rotterdam kennengelernt und sich von seinem Humanismus inspirieren lassen. So brachte er sich selber Griechisch bei, um das Neue Testament im Original lesen zu können.

Von Einsiedeln wurde er 1519 zum Priester an das Züricher Großmünster berufen, wo sein reformatorisches Bestreben immer deutlicher zum Ausdruck kam. Die Heilige Schrift wurde ihm zum alleinigen Maßstab des Glaubens. 1522 brach er den Zölibat und heiratete heimlich Anna Reinhart. Als er sich gegen das Fastengebot aussprach, erteilte ihm Papst Hadrian VI. Kanzelverbot und wollte ihn von der Stadt Zürich als Ketzer ächten lassen. Doch Zürich stellte sich auf Zwinglis Seite, sagte sich von Rom los und begann, zahlreiche Ideen des Reformators umzusetzen. Der dadurch ausgelösten Feindschaft mit den katholischen Kantonen fiel Zwingli dann allerdings im Zweiten Kappeler Krieg selbst zum Opfer, als er 1531, an vorderster Front kämpfend, beim Kloster Kappel getötet wurde. Zuvor hatte er noch 1530 auf dem Reichstag in Augsburg seine als „Privatbekenntnis" bezeichnete Schrift *Fidei ratio (Rechenschaft über den Glauben)* vorgelegt, die zu seinem theologischen Vermächtnis wurde.

Stimme gegen alles, was seiner Meinung nach „unbiblisch“ sei – gegen den Ablass und das Fegefeuer, den Zölibat, den Machtmissbrauch der Kirche oder die Bilder- und Heiligenverehrung.

Tief prägte ihn der Ausbruch der Pest im Sommer 1519, die mit 7000 Menschen über ein Drittel der Züricher Bevölkerung dahinraffte. Den „schwarzen Tod“, wie man die Pest nannte, das tägliche und grauenvolle Sterben, erlebte Zwingli als Priester aus nächster Nähe mit. Auch aus dieser Erfahrung heraus setzte er sich später besonders für ein städtisches Armen- und Krankenwesen ein. Als er schließlich selbst an der Pest erkrankte und sie überlebte, wurde diese Zeit für ihn eine intensive Glaubenserfahrung. Sie machte ihm deutlich, wie sehr sein Leben in der Hand Gottes lag. Sein Weiterleben interpretierte er als Auftrag, sich noch stärker für die Erneuerung der Kirche einzusetzen.

Zum unheilbaren Bruch mit der Kirche kam es jedoch 1522. Anlass war das berühmte Wurstessen im Haus des Züricher Bürgers Christoph Froschauer, an dem Zwingli selbst und seine Anhänger zu Beginn der Fastenzeit teilnahmen und damit ein provokantes Zeichen gegen das kirchliche Fastengebot setzten. Das sei nur ein menschliches Gebot und nicht biblisch, erklärte Zwingli. Seine Argumente für eine Disputation zwischen dem Züricher Rat und dem Bischof von Konstanz fasste er im folgenden Jahr in 67 Thesen zusammen. Diesen Argumenten folgte der Rat und beschloss erste Reformen im Sinne Zwinglis: So wurden im Juni 1524 alle Bilder und Heiligenstatuen aus den Kirchen der Stadt entfernt und kurz darauf sämtliche Klöster aufgelöst – wobei Mönche und Nonnen schon vorher die Klöster verlassen hatten. Zudem wurde die Messe abgeschafft und durch einen evangelischen Gottesdienst ersetzt. Hier stand die Predigt im Mittelpunkt, und es gab kaum noch Liturgie. Außerdem wurde das Abendmahl als ein Erinnerungs- und Gemeinschaftsmahl gefeiert.

Bis zu seinem Tod war Zwingli dann aktiv an der Durchsetzung der Reformation in Zürich beteiligt. Dabei hatte er von Anfang an die Menschen im Blick, er wollte eine Volkskirche aufbauen. Zinsnachlässe oder die städtische Armenfürsorge waren ihm ein besonderes Anliegen. Zugleich aber war die Durchsetzung der Reformen eine Sache der Züricher Stadtregierung, die für die korrekte kirchliche Erneuerung von oben nach unten sorgte. All das verlief nicht ohne Konflikte und Abgrenzungen. Streit entzündete sich beispielsweise an der Frage der Kindertaufe. Diese wurde von radikalen Anhängern Zwinglis, den Täufern, als nicht biblisch begründbar abgelehnt. Sie wollten stattdessen die bewusste Taufe des erwachsenen Gläubigen. Zwingli dagegen sprach sich vehement gegen die „Wiedertaufe“ aus. Nach einer gemeinsamen Anhörung stellte sich der Züricher Rat 1525 erneut hinter Zwingli, ordnete die Kindertaufe an und wies die Täufer aus Zürich aus. Die Täufer wurden weiterhin verfolgt und unterdrückt. Trotzdem bildete sich aus diesen Anfängen später die Gemeinschaft der Mennoniten, die ebenfalls zu den evangelischen Kirchen gezählt wird.

Die andere große reformatorische Kontroverse entspann sich an der Deutung des Abendmahls. Denn für Zwingli *erinnerten* Wein und Brot an Leib und Blut Christi und standen nur symbolisch für Christi Gegenwart im Abendmahl, während für Luther nach der Einsegnung durch den Pfarrer Christi Leib und Blut in Brot und Wein *real existierte*. Dieser fundamentale Unterschied konnte auch nicht 1529 im Marburger Religionsgespräch aufgehoben werden.

Heinrich Bullinger auf einem Porträt von 1570.

Zwinglis reformatorische Ideen und ihre Umsetzung in Zürich übten große Anziehungskraft in der Schweiz aus. 1528/29 folgten die Kantone Bern, Basel und St. Gallen der Reformation nach Zürichs Vorbild. Damit wurden jedoch die Gräben zwischen den evangelischen und katholischen Kantonen immer tiefer. Im Zweiten Kappeler Krieg von 1529 bis 1531 standen die reformierten Kantone der Schweiz unter der Führung Zürichs fünf katholischen Kantonen gegenüber. Der Krieg, bei dem Zwingli den Tod fand, beendete mit der vernichtenden Niederlange der Züricher bei Kappel am Albis zunächst den Vormarsch der Reformation und stärkte vor allem in der Ostschweiz den alten Glauben.

Neben dem deutschsprachigen Zürich, wo nach dem Tod Zwinglis 1531 der Reformator Heinrich Bullinger (1504–1575) als sein Nachfolger am Zürcher Großmünster wirkte, entwickelte sich ab 1536 die Stadt Genf zu einem weiteren Zentrum der Reformation. Das war zunächst dem französischen Prediger Guillaume Farel zu verdanken, der sich seit 1521 der evangelischen Bewegung angeschlossen hatte und zu einem Motor der französischsprachigen Reformation geworden war. Er wirkte unter anderem in Basel, Metz, Straßburg und Lausanne und gab die entscheidenden Impulse zur Durchsetzung der Reformation der Stadt Neuenburg (Neuchâtel). Nachdem er zwischen 1532 und 1536 immer wieder in Genf gepredigt und dabei viele Anhänger gefunden hatte, beschloss der Generalrat der Stadt Genf im Mai 1536, die Reformation einzuführen. Der Bischof von Genf wurde davongejagt und die unabhängige Republik Genf ausgerufen.

Zur Umsetzung der Kirchenreformen konnte Farel zwei Monate später den französischen Juristen und Humanisten Johannes (Jean) Calvin gewinnen, der sich gerade auf der Durchreise in Genf befand. Calvin blieb zunächst als Lektor der Heiligen Schrift am Dom St. Pierre, wo er dann auch predigte. Mit verschiedenen Reformen organisierte er das Genfer Kirchenwesen neu und erarbeitete dazu 1537 eine strenge Kirchenordnung. Als aber nach den Ratswahlen, die Ostern 1538 stattfanden, ein offener Konflikt zwischen dem neuen Rat einerseits und Calvin und Farel andererseits ausbrach, wurden beide ihrer Ämter enthoben und aus Genf verbannt. Doch schon drei Jahre später, im September 1541, kehrte Calvin nach Genf zurück. Denn es hatte Neuwahlen gegeben, und der anticalvinistische Rat war gestürzt worden.

Trotz großer Widerstände, besonders unter den adligen Genfern, schaffte er es dieses Mal, seine Vorstellungen von Kirche und dem Kirchenwesen durchzusetzen: Im November 1541 nahm der Rat seine Kirchenordnung (Ordonnances ecclésiastiques) an. Besonderes Kennzeichen waren Calvins strenge Vorstellungen zur kirchlichen Sitte und Moral, der Kirchenzucht. Damit die Bürger diese auch wirklich einhielten, wurde die Stadt Genf von einem Gremium aus Pfarrern und Ältesten geleitet, das die Kirchenordnung überwachte und gegebenenfalls auch Strafen verhängte. Calvin wollte mit dieser Methode die Stadtbewohner zu christlichen Bürgern und Genf zu einer christlichen Stadt heranziehen. Daneben bildeten der reformierte Gottesdienst mit Predigt und gesungenen Psalmen sowie die evangelische Unterweisung Schwerpunkte seines kirchlichen Reformprogramms.

Aber auch theologisch setzte Calvin neue Akzente im entstehenden reformierten Protestantismus. 1536 erschien seine wichtigste Schrift, der *Unterricht in der christlichen Religion (Institutio religionis christianae)*, eine Art theologisches Kurzlehrwerk zu den Zehn Geboten, dem Glaubensbekenntnis und einigen weiteren theologischen Fragen, ver-

Marie Dentière

Marie Dentière (1495–1561, auch: Marie d'Ennetières) gilt als die erste intellektuelle reformierte Theologin – und erhielt doch erst 2002 ihren Ehrenplatz am Genfer Reformationsdenkmal, als ihr Name den bereits eingeschriebenen männlichen Reformatoren zugefügt wurde. Während ihrer Zeit als Äbtissin eines Augustinerklosters bei Tournai im heutigen Belgien kam sie mit den Schriften Martin Luthers in Kontakt. Daraufhin verließ sie das Kloster, zog 1524 nach Straßburg und heiratete. Mit ihrem Mann Simon Robert zog sie dann in die Schweiz. Nach seinem Tod heiratete sie 1533 erneut und lebte dann mit ihrem Mann Antoine Froment in Genf. In dieser Zeit verfasste sie, unter Pseudonym, mehrere historische und theologische Schriften, darunter 1539 die *Verteidigungsschrift für Frauen*. Darin forderte sie, dass Frauen auch predigen sollten. Gleichzeitig jedoch verteidigte sie die rigorosen sittlichen und moralischen Anforderungen der Genfer Kirchenzucht, die sie schon früher als Calvin gefordert hatte. Calvin, wen wundert es, konnte freilich mit der selbstbewussten und klugen Theologin nicht viel anfangen. Er nannte sie eine „aufsässige Frau" und ignorierte sie komplett, was bis in die jüngste Vergangenheit gewirkt hat.

Seit 2002 befindet sich der Name Marie Dentières auf dem Reformationsdenkmal in Genf – unter mehr als einem Dutzend Männern.

Die Eidgenossenschaft in der Reformation (1530)
Reformierte Gebiete
Katholische Gebiete
Katholisch-Reformiert gleichgestellte Gebiete
Überwiegend reformierte Gebiete
Überwiegend katholische Gebiete
Sitz des Bischofs
Ehemaliger Bischofssitz
Zentren der Reformation
Mülhausen
Mgft. Baden
Rhein
Basel
Rheinfelden
Liestal
Aarau
Olten
Solothurn
Aare
Montbéliard
Pruntrut
Delsberg
Fürstbistum Basel
Bellelay
Moutier-Grandval
Doubs
Erguel
Biel
Neuenstadt
Bieler See
Luzern
Freigrafschaft Burgund
Fstm. Neuenburg
Neuenburg
Murten
Bern
Lac de Neuchâtel
Grandson
Yverdon
Freiburg
Grasburg
Thun
Thunersee
Brienzer See
Broye
Echallens
Greyerz
Berner Oberland
Gft. Greyerz
Lausanne
Genfersee
Lac Léman
Aigle
Brig
Rhône
Sitten
Genf
Hzm. Savoyen
Republik der Sieben Zehnden des Wallis
Martigny
Unterwallis
0
20
40
60 km

chaffhausen
chaffhausen
Stein
heinfelden
Bm. Konstanz
Meersburg
Konstanz
Thurgau
Bodensee
Lindau
Frauenfeld
Thur
Arbon
Bregenz
Winterthur
Rheineck
Wil
Zürich
St. Gallen
Fürstabtei St. Gallen
Herisau
Altstätten
Zürich
Rheintal
Lichtensteig
Appenzell
Appenzell
Vorderösterreich
Zürichsee
Uznach
Sax
Rapperswil
Uznach
Toggenburg
Hohensax
Feldkirch
Höfe
Werdenberg (zu Glarus)
Zug
March
Windegg
Zug
Einsiedeln
Walensee
Walenstadt
Einsiedeln
Sargans
Tirol
Glarus
Schwyz
Sargans
Maienfeld
Schwyz
Glarus
alden
Altdorf
ZEHNGERICHT-BUND
Chur
ngelberg
Davos
Ilanz
Uri
Vorderrhein
Engadin
Vinschgau
GRAUER BUND
Freistaat der drei Bünde
Urseren
Livinen
Bollenz
GOTTESBUND
Worms (zu Drei Bünde)
Bormio
Cleven (zu Drei Bünde)
Maiental
Reffier
Chiavenna
Veltlin (zu Drei Bünde)
Tirano
Bellinzona
Locarno
Sondrio
Adda
Luggarus
Bellenz
Lauis
Lugano
Lago di Coma
Lago Maggiore
Lago di Lugano
Mendris
REPUBLIK VENEDIG
Mendris
Varese
Como

Johannes Calvin

Als Sohn eines Juristen 1509 in Nordfrankreich geboren, studierte der junge Jean Cauvain (lateinische Namensform Calvinus) am Collège de la Marche und am Collège de Montaigue in Paris Philosophie. 1527 erhielt er den Grad eines Magister Artium, brach dann jedoch sein Philosophiestudium ab und wechselte, wohl seinem Vater zuliebe, ab 1528 zum Studium der Rechtswissenschaften. Nach dem Tod seines Vaters widmete er sich dem Humanismus und schloss sich der Reformation an. Wegen der grausamen Verfolgung der Protestanten in Frankreich floh Calvin nach Basel, wo er ein erstes Lehrbuch des reformierten Bekenntnisses formulierte, den *Unterricht in der christlichen Religion (Institutio religionis christianae).* Nach seinem ersten Intermezzo in Genf 1536 zog er nach Straßburg, wo er Pfarrer der französischen Flüchtlingsgemeinde wurde, gleichzeitig aber auch Theologie lehrte. In Straßburg kam er in Kontakt mit dem Elsässer Reformator Martin Bucer, dem er viele Anregungen verdankte, außerdem tauschte er sich mit Philipp Melanchthon aus. Nachdem er 1540 Idelette de Bure geheiratet hatte, ging er wieder zurück nach Genf. In den folgenden Jahren organisierte er dort das Gemeinwesen nach seinen Vorstellungen um.

Für den Protestantismus wurde Calvin neben Luther zur wichtigsten Gestalt der Reformation. Neben dem Modellcharakter, den Genf als „protestantisches Rom" erhielt, war er entscheidend daran beteiligt, dass die verschiedenen reformierten Richtungen unter dem Dach des „Calvinismus" zu einem eigenen Bekenntnis und einer charakteristischen Kultur zusammenkamen. Seine Lehre von der Prädestination, also Gottes Erwählung der Menschen zum Heil oder zum Verderben, ist bis heute zu einem Markenzeichen des Calvinismus geworden.

Dieses französische Gemälde Calvins entstand 1555, noch zu seinen Lebzeiten.

gleichbar mit Luthers Kleinem Katechismus. Diese baute er in späteren Fassungen systematisch aus, wobei es im Kern um die beiden Hauptthemen der Herrlichkeit Gottes in Jesus Christus und der Rettung des Menschen ging. International bekannt und mit hohen Auflagen gedruckt und übersetzt wurde auch der 1542 erschienene Genfer Psalter mit seinen vertonten Psalmenliedern.

Nachdem sich Calvin und Bullinger 1549 auf eine gemeinsame Lehre im Abendmahlsverständnis geeinigt hatten, wuchs Genf, neben Zürich und Bern, zu einem wichtigen internationalen Zentrum des reformierten Protestantismus im Süden heran, das mit zahlreichen entstehenden reformierten Gemeinden in West- und Nordeuropa Kontakte pflegte. Diese internationalen Vernetzungen kamen auch der 1559 von Calvin gegründeten Genfer Akademie *(Académie Genève)* zu Gute. Sie wurde von dem Franzosen Theodor Beza (1519–1605) geleitet.

Ihr Schwerpunkt lag in der theologischen und humanistischen Ausbildung. Bald hatte sie einen hervorragenden Ruf. Besonders Calvins Vorlesungen zogen Studenten aus ganz Europa an.

Mit Calvins Schriften und der Genfer Akademie war das theologische und pädagogische Fundament des calvinistischen Protestantismus gelegt. Den vorläufigen Abschluss der reformierten Bekenntnisbildung markierte schließlich das Zweite Helvetische Bekenntnis (lat. *Confessio Helvetica posterior*). Es wurde 1562 von Bullinger verfasst; ursprünglich für den reformierten Kurfürsten Friedrich III. von der Pfalz, damit dieser auf dem Reichstag in Augsburg die Einführung seines neuen Bekenntnisses verteidigen konnte. Die Confessio wurde 1566 gedruckt und dann von allen reformierten Kirchen der Schweiz (außer Basel) und den reformierten Kirchen in Frankreich, Schottland, Polen und Ungarn angenommen. Sie ist nach dem Heidelberger Katechismus das europaweit wichtigste Bekenntnis der Reformierten, das in 30 Kapiteln die Theologie Zwinglis und Calvins zusammenfasst. In der Schweiz mussten sich bis Ende des 19. Jahrhunderts Pfarrer und Gemeinden auf das Zweite Helvetische Bekenntnis verpflichten.

Königsreformationen in Nordeuropa

Die Ideen der deutschen Reformation, die Lehren Luthers, Melanchthons und Bugenhagens, fanden rasch ihren Weg in den Norden Europas. Junge Priester, Mönche und Gelehrte, die in Wittenberg studiert hatten und sich von der Kraft des „allein aus Glauben" hatten überzeugen lassen, brachten sie von dort in der ersten Hälfte des 16. Jahrhunderts mit in ihre Heimatländer: auf die von Dänemark beherrschte skandinavische Halbinsel, also nach Dänemark, Schweden und Norwegen, aber auch nach Finnland, Island, die Färöer Inseln und weiter östlich in die baltischen Gebiete, nach Lettland, Estland und Litauen.

Insgesamt verlief hier die Durchsetzung der Reformation ruhiger als in Süddeutschland und

Der dänische König Christian III. auf einem kolorierten Holzschnitt, der Ende des 16. Jahrhunderts in einem Sammelwerk zur Reformation erschienen ist.

Moſes Førſte Bog.
Det Førſte Capittel.

I Begyn⸗delſen ſkabte Gud himmel oc iord/ oc iorden wor øde oc thom/ oc deth wor mørckt offuer affgrundenn/ menn Guds aande flagre⸗de offuen paa wandet.

Da ſagde Gud/der worde eet lyſſ/ ſaa bleff der eet lyſſ / oc Gud anſaa lyſet for got / oc Gud giorde ſkilſſmøs emellom lyſet oc mørcken/ oc ſaa kallede Gud lyſet dag/oc mørcken kallede han nat Oc der med bleff wdaff afften oc morgen den før⸗ſte dag.

Da ſagde Gud/der worde een huelffuing emellom wandene / oc den ſkillie wandet fraa hwert andet/oc der giorde Gud een huelffuing/oc ſkilde

B

det wand/

Beginn der von Hans Tausen übersetzten dänischen Bibel.

in der Schweiz, aber auch nicht ohne Spannungen und historische Einschnitte. Dabei spielte das Königtum eine besonders wichtige Rolle, weil es dazu beitrug, Luthers Lehre in den skandinavischen Ländern als Staatsreligion zu etablieren. Anders als etwa in Deutschland fand dabei jedoch nicht immer ein totaler Bruch mit der alten Kirche statt. Die Form des Gottesdienstes änderte sich zum Beispiel wenig, sie blieb mittelalterlich geprägt.

Wichtig wurde die Reformation aber auch für die Durchsetzung neuer Machtkonstellationen. Der dänische König Frederik I. (1471–1533, reg. ab 1523) unterstützte die kirchenreformerischen Anliegen der Reformation, ernannte reformierte Prediger und versuchte so, die neuen Bürgerschaften der wachsenden Städte gegen den Adel und den alten katholischen Klerus in Stellung zu bringen. Doch erst unter seinem Nachfolger Christian III. (1503–1559, reg. ab 1534) wurde 1539 die Reformation in ganz Dänemark, sowie in Norwegen und Island eingeführt. Die alten Bischöfe wurden abgesetzt oder vertrieben, die Kirchengüter der katholischen Kirche eingezogen und Universitäten und Schulen neu geordnet. Bei der Organisation dieser neuen dänischen Staatskirche erhielt Christian III. wichtige Unterstützung von dem deutschen Reformator Johannes Bugenhagen. Als erster Reformator Dänemarks ging Hans Tausen (1494–1561) in die Geschichte ein. Seit 1515 Mönch im Johanniter-Orden im Kloster Antvorskov in der Nähe des dänischen Slagelse, kam er während seines Studiums in Löwen und Köln in Kontakt mit Luthers Schriften. Heimlich machte er sich dann 1523 nach Wittenberg auf, um Luther „live" zu hören. Nach seiner Rückkehr nach Dänemark begann er, ebenfalls im Geheimen, die neuen Ideen Luthers zu lehren, bis er 1524 offen mit dem Katholizismus brach. 1526 wurde er aus dem Orden entlassen. Unter dem Schutz König Frederiks I. wurde er jedoch 1525 zunächst Kaplan und später Prediger in Viborg. Tausen führte den dänischen Gemeindegesang ein, übersetzte die fünf Bücher Mose ins Dänische und wirkte an wichtigen Kirchen- und Universitätsordnungen sowie einer bedeutenden lutherischen Bekenntnisschrift mit, den 43 Kopenhagener Artikeln von 1530. 1542 wurde er von Bugenhagen zum Bischof von Ribe geweiht.

Doch nicht nur (kirchen)politisch, auch kulturell brachte das Luthertum Impulse für ein neu erwachendes dänisches Zusammengehörigkeitsgefühl: Statt Lateinisch wurde nun das Dänische die Hauptsprache in Gottesdiensten, es entstanden dänische Kirchenlieder und 1550 die dänische

Bibel Christians III. Zu den herausragenden lutherischen Persönlichkeiten dieser ersten Reformationsphase gehörten neben Tausen Peder Palladius, der erste lutherische Bischof von Seeland (1503–1560), der Melanchthon-Schüler Niels Hemmingsen (1513–1600) und der Psalmendichter Hans Kristensen Sthen (1540–1610).

Auch in Schweden vollzog sich die Reformation mit Schützenhilfe des Königtums. Nachdem Schweden 1523 von Dänemark unabhängig geworden war, brach der ehemalige Reichsverweser und neue schwedische König Gustav Wasa (1496–1560, reg. ab 1523) mit der katholischen Kirche. Er verstaatlichte die Kirchengüter, Klöster und Kirchenschätze und konnte so staatliche Schulden abbauen und gleichzeitig aufrüsten. Damit wuchs Schweden zu einer neuen, modernen Macht im Norden Europas heran.

Die königlichen „Reformationsmacher" des Nordens: Christian III. und Gustav Wasa

Der Durchbruch der Reformation im Norden ist mit zwei historisch bedeutsamen Königen verbunden: dem dänischen König Christian III. (1503–1559, reg. ab 1534/36), der zugleich König von Norwegen und Herzog von Schleswig und Holstein war, und dem späteren König von Schweden, Gustav I. (1496/97–1560, reg. ab 1523).

Schon als 18-Jähriger war Christian III. 1521 zum Reichstag nach Worms gereist und tief beeindruckt von Luthers unerschrockenem Auftritt gegenüber dem Kaiser und dem Reich nach Hause zurückgekehrt. 1528 führte er mit der ersten lutherischen Kirchenordnung des Nordens, den „Haderslebener Artikeln", in Haderslev (Hadersleben) im Herzogtum Schleswig die Reformation ein. Kurz nachdem er 1537 von Johannes Bugenhagen in Kopenhagen zum König gekrönt worden war, setzte er dann die Reformation einheitlich in den Königreichen Dänemark und Norwegen durch.

Eine ganz andere Rolle spielte dagegen Gustav Erikson Vasa, der erst im 17. Jahrhundert als Gustav Wasa bekannt wurde. Er befreite 1523 mit einem Volksaufstand die Schweden von der dänischen Herrschaft. Nach seiner Krönung als Gustav I. 1523 trat Schweden aus dem Bündnis mit Dänemark und Norwegen, der Kalmarer Union, aus und war von nun an unabhängig. Als König von Schweden baute er ein neues, modernes Land auf. Dabei leistete ihm die Reformation wichtige Dienste. Mit Unterstützung der schwedischen Reformatoren gelang es ihm, die

Gustav I. Wasa auf einem Stahlstich aus dem 19. Jahrhundert.

Macht der katholischen Kirche zurückzudrängen. Auf dem Reichstag zu Västerås 1527 wurde schließlich offiziell die Reformation eingeführt und Gustav Wasa zum Oberhaupt der schwedischen Kirche bestimmt. Als weltlicher und geistlicher Herrscher des Landes beschlagnahmte er nun katholische Klöster und Kirchengüter, erhob Kirchensteuern und begründete die schwedische evangelische Staatskirche. 1544 machte er Schweden zur Erbmonarchie.

Antwerpen war das geistige Zentrum der Niederlande. Dieses Historiengemälde aus dem 19. Jahrhundert zeigt Karl V. 1520 beim Einzug in die Stadt.

Bei der Durchsetzung der schwedischen Reformation taten sich vor allem zwei Theologen hervor: Die beiden Brüder Olaf (Olaus) (1493–1552) und Lars (Laurentius) Petri (1499–1573) aus Örebro. Beide hatten in Wittenberg bei Luther und Melanchthon studiert und verkörperten in gewisser Weise auch deren Eigenschaften: Olaf, der kämpferische Reformator, entsprach eher dem Profil Luthers, Lars mit seinen stärker vermittelnden Fähigkeiten dem Melanchthons. Gustav Wasa machte Lars mit 32 Jahren zum Erzbischof der schwedischen Kirche, der wiederum mit verschiedenen Schriften und Kirchenordnungen die Grundlagen der schwedischen Staatskirche legte. Gemeinsam mit Olaf übersetzte Lars außerdem Predigten von Luther und 1541 die Bibel ins Schwedische.

Eine ähnlich herausragende Bedeutung wie die Petri-Brüder für Schweden hatte Michael Agricola (1509–1557) für Finnland, das zum schwedischen Herrschaftsgebiet gehörte. Dort wurde die Reformation von Gustav Wasa durchgesetzt. Agricola hatte ebenfalls in Wittenberg bei Luther, Melanchthon und Bugenhagen studiert und bereits dort begonnen, das Neue Testament ins Finnische zu übersetzen. 1548 wurde die Übersetzung veröffentlicht. Dem folgten Übersetzungen der Psalmen und Propheten. Seine großen Verdienste um die finnische Sprache brachten Agricola auch den Namen „Vater der finnischen Sprache" ein. Er gilt als der wichtigste Reformator Finnlands. Seit 1550 war er lutherischer Bischof von Turku.

Reformatorischer Widerstand in den Niederlanden

Seit dem Ende des 15. Jahrhunderts gehörten die Niederlande zum Haus Habsburg unter Kaiser Karl V. und stiegen, vor allem durch den transatlantischen Handel, neben Spanien zu einem der reichsten Länder Europas auf. Als ein selbstständiges Gebiet mit dem Namen „die siebzehn Provinzen" waren die Niederlande ein sehr viel größeres Land als heute. Zu ihnen zählten sowohl niederländisch- als auch französischsprachige Gebiete, die in etwa den heutigen Niederlanden, Belgien, Luxemburg sowie einem Teil Nordfrankreichs entsprechen.

Während Brüssel die politische Hauptstadt der Niederlande war, bildete Antwerpen das wirtschaftliche und kulturelle Zentrum. Hier gründete Christoph Plantijn (1520–1589) eine der damals größten Buchdruckereien. Sie wurde nicht nur ein wichtiger Treffpunkt für Humanisten, sondern druckte ab 1570 auch ganz offiziell reformatorische Bücher. Doch bis dahin war es ein weiter Weg. Denn Karl V. setzte zunächst alles daran, dass sich das reformatorische Gedankengut in den Niederlanden nicht

Ohne den Buchdruck hätte die Reformation nicht in diesem Maße Verbreitung gefunden. Diese Darstellung einer Buchdruckerwerkstatt schuf der niederländische Kupferstecher Jan van der Straet 1588.

Menno Simons war der Begründer der nach ihm benannten Täuferbewegung. Dieser Holzstich ist nach einem zeitgenössischen Bildnis angefertigt worden.

weiter ausbreitete. Nach dem Wormser Edikt 1521 wurde das Lesen und Verbreiten bestimmter Schriften verboten und 1522 eine Behörde eingerichtet, welche die Andersgläubigen, die Ketzer, verfolgen sollte: die Inquisition. Sie wurde vom kaiserlichen Inquisitor Franz van der Hulst geleitet.

Trotz dieser scharfen Maßnahmen fand die deutsche Reformation Resonanz. So hatte beispielsweise schon vor 1519 der Augustinermönch Jacob Probst (geboren als Jacob Spreng, um 1486–1562), der sich mit lateinischem Namen Jacob Praepositus nannte, in Wittenberg bei Luther studiert. Probst machte nun in Antwerpen mit lutherisch inspirierten Predigten auf sich aufmerksam. Nachdem er 1519 zum Prior des Antwerpener Augustinerklosters bestimmt wurde, entwickelte sich das Kloster zu einem Mittelpunkt der neuen reformatorischen Bewegung. Probst ging 1521 für kurze Zeit zum Studium nach Wittenberg zurück. Nach seiner Rückkehr 1521 fand er das Kloster jedoch zerstört vor und mehrere Mönche verhaftet. Auch er wurde in Gewahrsam genommen, 1522 zum öffentlichen Widerruf gezwungen und, nachdem ihn Ende Mai 1522 Franz van der Hulst erneut festnehmen ließ, als Ketzer zum Tod auf dem Scheiterhaufen verurteilt. Doch gelang ihm die Flucht nach Wittenberg, wo er aus dem Orden austrat, heiratete und dann als lutherischer Prediger in Bremen wirkte.

Derweil hatte die Inquisition bei den zurück gebliebenen Augustinern in Antwerpen mit Verfolgungen und Verhaftungen zugeschlagen: Probsts Nachfolger, Heinrich von Zütphen (1488–1524), der ebenfalls in Wittenberg studiert hatte, wurde wegen seiner evangelischen Predigten 1522 abgesetzt und verhaftet. Durch einen Volksaufstand befreit, konnte er nach Wittenberg fliehen. Das gelang seinen Ordensbrüdern in Antwerpen, Johannes van Esschen, Hendrik Vos und Lambert Thorn, jedoch nicht. Van Esschen und Vos wurden wegen ihrer evangelischen Predigten am 1. Juli 1523 in Brüssel auf dem Scheiterhaufen verbrannt, Thorn fünf Jahre später. Martin Luther ehrte die beiden Antwerpener, die als erste Märtyrer der Reformation in die Geschichte eingingen, mit dem Lied *Ein neues Lied wir heben an*.

Doch nicht nur in Antwerpen gab es große Offenheit gegenüber neuen, kirchenreformerischen Ideen. Die bereits im 14. Jahrhundert aufgekommene, neue Frömmigkeitsbewegung der Devotio Moderna hatte an vielen Orten der Niederlande Anhänger gefunden, ebenso wie die durch den großen Humanisten Erasmus von Rotterdem geprägte Richtung des christlichen Humanismus (vgl. S. 18). Diese war jedoch vor allem eine geistig-intellektuelle Bewegung. Die aus der Schweiz über Süd- und Norddeutschland um 1530 in die

Niederlande kommende Täuferbewegung, mit ihren Vorstellungen von einem radikalen Christentum, zog dagegen breitere Schichten der Bevölkerung an.

Die Täufer, die von Lutheranern und Reformierten auch polemisch als „Wiedertäufer" bezeichnet wurden, traten für die Erwachsenentaufe ein, weil die Entscheidung für den Glauben zu Christus ihrer Meinung nach nur als ein bewusster Akt im Erwachsenenalter vollzogen werden konnte. Dass die Täufer in den Niederlanden viele Anhänger fanden, war mit ein Verdienst des lutherischen Laien-

Hinrichtung von Ketzern im 16. Jahrhundert. Holzstich, 1557.

Wilhelm von Oranien

Als Sohn des Grafen Wilhelm von Nassau im hessischen Dillenburg geboren, erbte Willem van Oranje (Wilhelm von Oranien-Nassau, Wilhelm I., 1533–1584) mit 11 Jahren verschiedene Besitztümer in den Niederlanden sowie das französische Fürstentum Orange. Um jedoch sein Erbe antreten zu können, musste er katholisch werden. Als „Prinz von Oranje" und durch die Heirat mit der begüterten Anna van Buren (Anna von Egmont, 1533–1558) stieg er nun zu einem der angesehensten und reichsten Adligen der Niederlande auf. 1559 wurde er Statthalter des Königs in den Provinzen Holland und Zeeland. Als „Vater des Vaterlandes" wuchs er seit 1561 zur zentralen Gestalt des niederländischen Freiheitskampfes gegen das katholische Spanien heran. 1573 trat er förmlich zum Calvinismus über. Mit seinen vier Frauen, nach Anna von Buren Anna von Sachsen (1544–1577), Charlotte de Bourbon (1546/7–1582) und Louise de Coligny (1555–1620), zeugte er 13 Kinder. Am 10. Juli 1584 wurde er auf der Treppe seines Delfter Palastes von dem fanatischen Katholiken Balthasar Gérard erschossen.

Lebensecht wirkt dieses Porträt Wilhelms von Oranien, das Adriaen Key um 1575 malte.

predigers Melchior Hoffmann (um 1498–1543/44) und seinen mitreißenden Predigten über das bald hereinbrechende Reich Gottes. Der Glaube an Utopien und radikale ethische und politische Einstellungen führten bei manchen Täufern jedoch zu gewalttätigen Auseinandersetzungen. Eine solche Gruppe radikalisierter Täufer, darunter Mitglieder aus den Niederlanden, ergriff 1534 die Macht im westfälischen Münster und vertrieb alle, die sich nicht taufen lassen wollten. Angeführt wurden sie zunächst von dem aus Haarlem stammenden Jan Mattijs (um 1500 –1534), später, nach Mattijs Tod, von Jan van Leiden (auch Jan Beukelszoon, 1509–1536). Sie setzten in Münster auf buchstäblich eigene Faust das Tausendjährige Reich Gottes durch, mit kommunistischen Elementen und Polygamie. Das grausame Schreckensregime der Täufer endete erst nach eineinhalb Jahren, als das bischöfliche Heer die Täufer besiegte und grausam hinrichten ließ. Nun wurden die Täufer noch stärker verfolgt, auch diejenigen, die vorher gewaltlos aufgetreten waren.

In dieser Situation wurde der Friese Menno Simons (1496–1561) zum Begründer eines neuen Selbstbewusstseins der verfolgten Täufer. Er stammte vermutlich aus dem westfriesischen Dorf Pingjum und wurde nach seinem Theologiestudium in Utrecht 1524 zum Priester geweiht. Als solcher arbeitete er zunächst in Pingjum, ab 1531 dann in dem benachbarten Dorf Witmarsum. Obwohl er katholisch ausgebildet war, hatte er einige reformatorische Schriften von Luther, Bucer und auch Erasmus gelesen. So rückte das Bibellesen bei ihm in den Vordergrund. Starke Zweifel, unter anderem an der biblischen Begründung der katholischen Abendmahlslehre und an der der Kindertaufe, ließen ihn schließlich 1536 das Priesteramt niederlegen. Er heiratete, trat aus der katholischen Kirche aus und ließ sich erneut taufen. Auf seinen Reisen quer durch Europa warb er für ein friedliches und apolitisches Täufertum, wurde aber trotzdem sein ganzes Leben lang verfolgt.

Durch seine Persönlichkeit und seinen Einsatz schlossen sich die noch übrig gebliebenen, verängstigten Täufer in Norddeutschland und in den Niederlanden zu einer neuen, friedlichen und weltabgewandten Bewegung zusammen. In ihren Gemeinden lebte eine einfache Frömmigkeit, sie praktizierten die Erwachsenentaufe und lehnten jeglichen Wehrdienst ab. In Anlehnung an Menno Simons nannte man diese Täufer bald „Mennoniten". 1572 erhielten sie Glaubensfreiheit und bildeten seitdem die erste Freikirche in den Niederlanden.

Doch nicht nur die Täufer suchten Zuflucht in den Niederlanden. Ab der zweiten Hälfte des

Diese Allegorie der Herrschaft des Herzogs von Alba zeigt, wie Kardinal Granvella dem Herzog Ratschläge ins Ohr flüstert, während die 17 Provinzen in Ketten vor ihm knien müssen.

Jakob Faber, der als erster die Bibel ins Französische übersetzte, auf einem Kupferstich aus dem 17. Jahrhundert.

16. Jahrhunderts kamen von Frankreich aus immer mehr Gedanken Calvins und Anhänger seiner Lehren in die südlichen Niederlande, wo man ja auch französisch sprach. Einer der ersten war der ehemalige Dominikanermönch Pierre Brully (auch Petrus Brulius, 1515/20–1545), der eng mit Calvin zusammengearbeitet hatte und dann 1541 sein Nachfolger als Pfarrer in der reformierten Gemeinde in Straßburg wurde. Er machte sich 1542 in das heute zu Belgien gehörende Tournai (Doornik) auf, um dort den von Verfolgung bedrohten Reformierten beizustehen. Damit brachte er sich jedoch selbst in Gefahr, wurde verhaftet und 1545 auf dem Scheiterhaufen in Tournai verbrannt. Doch trotz der Verfolgungen und Gefahren, die vom Bekenntnis zu den Lehren Calvins ausgingen, ließen sich ab 1540 mehr und mehr Menschen von seinen reformatorischen Gedanken ansprechen. Sie bildeten kleine und größere calvinistische Gruppen im Untergrund. Kaiser Karl V. reagierte 1550 mit einem Edikt, nach dem nun schon der Verdacht der Ketzerei ausreichte, um ein öffentliches Amt zu verlieren. Es herrschte ein Klima der Unterdrückung und Verfolgung. Mit über 1320 von der niederländischen Inquisition hingerichteten Ketzern zwischen 1520 und 1566 waren die Niederlande das Land in Europa, in dem die meisten Andersgläubigen den Tod fanden.

Auch nachdem Karl V. 1556 abdankte und sein Sohn Philipp II. (1527–1598) die Macht über den spanischen Teil Habsburgs und damit auch die Niederlande übernahm, wurden die scharfen Verfolgungen gegen die verschiedenen reformatorischen Bewegungen in den Niederlanden, gegen Lutheraner, Täufer und Calvinisten, fortgesetzt. Dabei herrschte bei den Calvinisten anfangs noch die Hoffnung vor, Philipp II. von den Vorzügen der neuen Lehren überzeugen zu können. Das erwies sich jedoch als Irrtum, wie sich am Lebensweg des reformierten Predigers Guido de Brès zeigen sollte. Der 1522 in Mons (ndl. Bergen) im heutigen Belgien geborene Glasmaler, der auch unter den Namen Guido von Bray und Guy de Brès (1522–1567) bekannt wurde, hatte sich schon früh dem evangelischen Glauben zugewandt. 1548 floh er deswegen nach London. Nach seiner Rückkehr 1552 predigte er an verschiedenen Orten der südlichen Niederlande. 1556 musste er erneut fliehen und kam über Frankfurt am Main nach Genf. Hier begegnete er Calvin und lernte die Grundlagen des entstehenden Calvinismus kennen. Theologisch gut gebildet, wirkte er seit 1559 wieder in den Niederlanden als Prediger, unter anderem im heutigen Tournai. Er versuchte die verschiedenen calvinistischen Richtungen zu vereinigen und schrieb 1561 auf Französisch die calvinistische Bekenntnisschrift *Confession de foy (Confessio Belgica)*. Mit ihr wollte er den Calvinismus gegenüber Philipp II. von Spanien erklären und ihm so seinen Bedrohungscharakter nehmen. Der Vermittlungsversuch schlug jedoch fehl und wurde de Brès zum Verhängnis: 1567 wurde er im belagerten Valenciennes gefangengenommen und nach zwei Monaten im Gefängnis gehenkt.

Der Calvinismus freilich breitete sich trotzdem immer stärker in die nördlichen Provinzen der Niederlande aus. Bereits 1562 wurde die *Confessio Belgica* ins Niederländische übersetzt. Philipp II. verschärfte daher die Inquisition und verfolgte die Protestanten weiter. Gleichzeitig versuchte er, die Herrschaft in den Niederlanden zu zentralisieren und Privilegien von Adel und Bürgern aufzuheben. Das führte im Entscheidungsjahr 1566 zum Protest einer kleinen Gruppe reformierter Adliger und Patrizier unter der Führung von Wilhelm von Oranien.

Im Anschluss daran kam es zu einem bürgerkriegsähnlichen Aufstand gegen die spanische Schreckensherrschaft: Reformierte, eigentlich verbotene Gottesdienste wurden unter freiem Himmel gehalten, Bilderstürme in katholischen Kirchen entfacht, und es kam zu Aufruhr in den Städten. Philipp II. hob zwar die Inquisition auf, entsandte aber 1567 den Herzog von Alba als neuen Statt-

Die Hugenotten

Woher genau die Bezeichnung „Hugenotten" für die calvinistischen Protestanten Frankreichs kommt, ist nicht mehr mit Sicherheit zu sagen. Sie tauchte etwa 1560 auf und wurde ihnen von ihren Gegnern verliehen, die mit diesem Namen etwas Negatives bezeichnen wollten. Es gibt die Vermutung, dass sich der Name auf die Sage vom französischen König Hugo Capet (940–996, reg. ab 987) bezieht, der immer nachts als Geist durch die Straßen von Tours zog – so wie die Reformierten, die sich immer nur nachts zum Gottesdienst versammeln konnten. Eine andere Erklärung leitet den Begriff vom schweizerischen Begriff für „Eidgenossen" („eiguenot") ab, womit ein Bezug zu Calvins Genf hergestellt würde.
Ihr Erkennungszeichen wurde das Hugenottenkreuz, das auf den 1578 vom französischen König Heinrich III. gestifteten Orden St. Esprit (Orden vom Heiligen Geist) zurückgeht. Es soll mit der herabhängenden Taube den Heiligen Geist symbolisieren, während die vier Dreiecke, die das Kreuz bilden, für die vier Evangelien stehen. Die insgesamt acht Kreise am Ende der Dreiecksspitzen werden auch als Zeichen für die Tränen der verfolgten und leidenden Kirche gedeutet.

Hugenottenkreuz

Dieses Gemälde von François Dubois, das kurz nach der Bartholomäusnacht entstanden ist, zeigt das Massaker an den französischen Calvinisten während der Hochzeitsfeierlichkeiten von Heinrich IV. und Margarete von Valois am 24. August 1572.

halter mit spanischen Truppen, um die Aufständischen niederzuschlagen. So wurden 1568 über 6000 Aufständische, unter ihnen Lamoral Graf von Egmond (1522–1568), hingerichtet. Im selben Jahr besiegte Alba die niederländischen Truppen. Diese jedoch setzten ihren militärischen Widerstandskampf, nun unterstützt unter anderem von England und Frankreich, gegen die Spanier fort. Der Unabhängigkeitskrieg der Niederlande, der gleichzeitig auch ein Religionskrieg zwischen Katholiken und Protestanten wurde, trat schließlich 1579 in eine neue Phase: Die Niederlande zerbrachen und wurden in ein südliches, unter spanischer Herrschaft verbleibendes katholisches Gebiet und in einen nördlichen, überwiegend calvinistischen Bereich geteilt. Diese Trennung in zwei konfessionell unterschiedliche Landesteile, die sich bis heute im niederländischsprachigen Flandern und dem französischsprachigen Wallonien widerspiegelt, kennzeichnet seitdem Geschichte, Kultur und Mentalität der Region.

Die sieben nördlichen Provinzen der Niederlande, Holland, Zeeland, Utrecht, Gelderland, Overijssel, Groningen und Friesland, vereinten sich 1579 in der „Union von Utrecht". 1581 sagten sich die nördlichen Niederlande endgültig von Spanien los und bildeten mit ihren sieben Provinzen die Republik der Vereinigten Niederlande. Wilhelm von Oranien wurde neuer Statthalter der jungen Republik, in der der Calvinismus dominierte.

Erstmals besaßen die reformierten Gemeinden nun Religionsfreiheit und konnten ihren Glauben auch öffentlich ausdrücken und leben. Der Aufbau der niederländisch-reformierten Kirche begann. Sie machte die *Confessio Belgica* von 1561 und den *Heidelberger Katechismus* von 1563 zu ihren grundsätzlichen Bekenntnissen und trat 1571 auf der Emdener Synode erstmals als reformierte Kirche zusammen.

Die Reformation in Frankreich

Wie in ganz Europa, gab es auch in Frankreich humanistische Kreise, die sich für vielfältige Reformen in der katholischen Kirche einsetzten. Eine zentrale Person, um die sich in Paris aufbruchsbereite Denker gruppierten, war der Theologe und Humanist Jacques Lefèvre d'Étaples (um 1455–1536), der ebenfalls unter seinem lateinischen Namen Jacobus Faber Stapulensis bekannt wurde. Wie Luther war auch Lefèvre d'Étaples durch einen neuen Blick auf die Bibel geprägt. Für ihn war der Glaube wichtiger als nicht nachvollziehbare kirchliche Traditionen. Weil er möglichst vielen Menschen das Bibellesen ermöglichen wollte, übersetzte er zur gleichen Zeit wie Luther die Bibel ins Französische.

Um ihn gruppierten sich im Laufe der Jahre andere katholische Theologen wie der reformfreudige Bischof von Metz, Guillaume Briçonnet (1470–1534), oder der Prediger am Hof des französischen Königs Franz I. und spätere Bischof von Oléron, Gérard Roussel (1500–1550), die sich für neue Ideen und religiöse Reformen einsetzten. In Lefèvre d'Étaples' Umkreis trafen sich aber auch die ersten französischen Protestanten und Reformatoren, die in heimlichen Treffen reformatorische Schriften lasen, diskutierten und selber verfassten. Dazu gehörten Calvin, sein späterer Genfer Mitarbeiter Guillaume Farel (1489–1565) oder Simon Robert, der Ehemann der Theologin Marie Dentière.

Calvin entschied sich 1534 bewusst für die Reformation. Nachdem jedoch kurz darauf der französische König die ersten gezielten Verfolgungen der Protestanten anordnete und die ersten auf dem Scheiterhaufen als Ketzer verbrannt wurden, verließ er Frankreich und floh in die Schweiz (vgl. S. 56). So wie Calvin suchten viele französische Protestanten nun ihr Heil im Ausland. Es entstanden reformierte Gemeinden im Exil, beispielsweise in der nahe gelegenen freien Reichsstadt Straßburg, wo seit 1524 evangelisch gepredigt wurde, in Genf oder in London. In Frankreich dagegen mussten sich die evangelischen Gemeinden zunächst heimlich und im Untergrund bilden. Eine prominente Unterstüt-

Wer in die Hände der Inquisition geriet, wurde oft so lange gefoltert, bis er sein „Ketzertum" gestand. Holzstich aus dem 19. Jahrhundert.

Der italienische Bischof Pietro Paolo Vergerio, hier auf einem zeitgenössischen Kupferstich, trat zum Luthertum über.

zerin und Fürsprecherin für verfolgte Protestanten wurde die ältere Schwester des französischen Königs François (Franz) I., Margarete von Angoulême (auch Marguerite de Navarre, Margarete von Navarra, Marguerite d'Angoulême, Margarete von Frankreich, 1492–1548). Über ihren Bruder nutzte sie ihren politischen Einfluss am französischen Königshof und bot darüber hinaus den Verfolgten auf ihren Ländereien in Südfrankreich Schutz. Da sie selbst schon früh intellektuell und kulturell interessiert war, Griechisch, Lateinisch und Italienisch konnte und selber Literatur schrieb, fanden bei ihr Humanisten, Reformer, Schriftsteller und Protestanten Gehör und Zuflucht. So hatte sie beispielsweise engeren Kontakt mit Marie Dentière (vgl. S. 57) und bot auf deren Zurede hin Calvin Schutz.

Deutlich wurde in dieser Phase, dass Calvins Lehren einen stärkeren Einfluss auf die französischen Protestanten ausübten als Luthers Vorstellungen: Genf lag natürlich näher als Wittenberg. Daher orientierten sich die französischsprachigen Gemeinden an Calvins Modell der Genfer Kirchenzucht. Dabei spielten die ins Exil gegangenen französischen Protestanten eine wichtige Rolle. So wurden in Genf über 120 französische Pfarrer ausgebildet, die bis 1567 wieder nach Frankreich zurückkehrten und dazu beitrugen, dass sich der reformierte Protestantismus dort schnell verbreitete. Zwischen 1559 und 1561 schnellte die Zahl der reformierten Gemeinden von 50 auf über 2000 empor. Die Anhänger dieses speziellen calvinistischen Protestantismus in Frankreich wurden nun als „Hugenotten" bezeichnet.

1559 kam es zur ersten gemeinsamen nationalen Zusammenkunft der reformierten Kirche in Frankreich: Der Synode in Paris. Hier beschlossen die kirchlichen Abgeordneten ein gemeinsames calvinistisches Glaubensbekenntnis, die Kirchenorganisation und Kirchenordnung. Nach einigen Ergänzungen wurde das endgültige Glaubensbekenntnis der Hugenotten, die *Confessio Gallicana (confession de foi)*, 1571 auf der siebten Nationalsynode in La Rochelle angenommen. Sie besteht aus einer Zusammenfassung von Calvins Lehren und ist eines der wichtigsten reformierten Bekenntnisse.

Diese innere Formierung und Bekenntnisbildung des französischen Protestantismus fand jedoch in Zeiten schwerster äußerlicher Bedrängnis statt. 1562 brach zwischen Katholiken und Frankreich der Krieg aus. Dabei ging es nicht nur um den religiösen Wahrheitsanspruch, sondern ebenso um politische Aspekte. Den grausamen Höhepunkt dieser Hugenottenkriege bildete die sogenannte Bartholomäusnacht am 24. August 1572. In ihr ermordeten Katholiken vermutlich auf Befehl von Katharina von Medici (1519–1589) fast die gesamte protestantische Führungsschicht in Paris und setzten anschließend das Morden von Tausenden von Protestanten in der Provinz fort. Da sich die Protestanten wegen der Hochzeit des hugenottischen Königs von Frankreich, Heinrich IV. (1553–1610, reg. ab 1589), mit der katholischen Margarete von Valois (1553–1615) in Paris versammelt hatten, ist diese Massenermordung der Protestanten auch als Pariser Bluthochzeit in die Geschichte eingegangen. Erst 1594 fand der Krieg ein Ende, als der mittlerweile zum Katholizismus übergewechselte König Heinrich IV. die Verfolgung der Hugenotten stoppte. Er erließ 1598 das Edikt von Nantes, das den Hugenotten Gewissensfreiheit und bürgerliche Freiheiten versprach. Tatsächlich dauerte es jedoch bis 1802, bis die Protestanten in Frankreich nicht mehr verfolgt wurden.

Reformation in den Ländern der Inquisition: Italien und Spanien

In Italien, dem Land, wo mit dem Papst Luthers Feind zu Hause war, hatten es die neuen reformatorischen Gedanken besonders schwer, sich auszubreiten. Doch auch hier fanden sie Freiräume. So

Die Waldenser waren vom 13. bis zum 16. Jahrhundert ständigen Verfolgungen ausgesetzt. Diese Skizze zu einem Historiengemälde von Carl Heinrich Hoff von 1885 zeigt eine Gruppe von Waldensern bei ihrer Flucht über die Alpen.

versammelte sich etwa in Neapel ein Kreis um den aus Spanien stammenden katholischen Theologen und Humanisten Juan de Valdés (um 1510–1541). Hier wurden unter anderem reformkatholische Ideen und eine Art evangelische Rechtfertigungslehre vertreten.

Bereits um 1520 kamen Luthers Gedanken über die Alpen. Sie wurden beispielsweise von deutschen Kaufleuten in die damalige Republik Venedig gebracht, wo sich dann auch die erste lutherische Gemeinde in Italien bildete. Sie durfte ihre Gottesdienste zunächst im deutschen Handels-

Der Cainische Mord 1546

Es war einer der spektakulärsten Mordfälle seiner Zeit: In der Nacht vom 27. März 1546 ließ der Spanier Alfonso Díaz (1510–1557), Jurist am päpstlichen Gericht in Rom, seinen Zwillingsbruder Juan Díaz, einen Protestanten und Freund Martin Bucers, mit mehreren Axthieben erschlagen, während er selbst draußen vor der Tür wartete. Der hochgebildete Juan hatte kurz zuvor am Regensburger Religionsgespräch teilgenommen, wo er unter anderen Melanchthon und Calvin getroffen hatte. Flugblätter, ein zehn Tage nach dem gewaltsamen Tod erschienener Bericht von Melanchthon und eine weitere Erzählung machten den Mord schnell öffentlich und zu einer literarischen Angelegenheit. Der Mord wurde mit der biblischen Geschichte vom Brudermord von Kain und Abel gleichgesetzt und trug dadurch zur Identität und Rechtfertigung des sich formierenden Protestantismus bei.

Merian hat den Mord an Johannes Dacius (Juan Díaz) 1630 dargestellt. Am linken Bildrand ist Alphons (Alfonso) zu sehen, der die Konversion seines Bruders zum Protestantismus nicht verwinden konnte.

haus „Fondaco dei Tedeschi" feiern, musste sich aber strengen Auflagen unterwerfen und durfte nicht in der Öffentlichkeit wirken. Doch in Rom saß die Angst vor den sich aus Deutschland und der Schweiz verbreitenden reformatorischen Gedanken tief. Daher richtete 1542 Papst Paul III. eine Behörde ein, die die Ausbreitung der „evangelischen Ketzerei" beobachten, überwachen und bekämpfen sollte: die Inquisition. Längst jedoch war durch die neuen Möglichkeiten des Buchdrucks und der schneller werdenden Kommunikation durch hohe Auflagen von Flugblättern und kleinen Schriften deutlich geworden, dass das gedruckte Wort eine ständige Gefahrenquelle für die katholische Kirche darstellte. Das musste aus Sicht Roms unterbunden werden. 1559 wurde deswegen zum ersten Mal ein Verzeichnis aufgestellt, das alle Bücher aufzählte, die reformatorische und ketzerische Gedanken enthielten (auf Lateinisch: *Index Librorum Prohibitorum*). Diese wurden nun verboten. Wer sie dennoch las, wurde zur Strafe aus der katholischen Kirche ausgeschlossen. Daraufhin verließen zahlreiche reformorientierte Denker das Land und flüchteten nach Zürich, Basel, Straßburg, London oder auch in Calvins Genf. Peter Martyr Vermigli (1499–1562) etwa, der in Neapel zum Kreis um Valdés gehörte, emigrierte 1542 in die Schweiz, schloss sich dann der reformatorischen Theologie an und wirkte unter anderem als Theologieprofessor an der Universität in Straßburg. Auch einer seiner Schüler, Girolamo Zanchi (1516–1590), gehörte zu den ersten reformierten italienischen Theologen. Geprägt von Calvins Theologie floh er 1551 aus Italien in die Schweiz, von wo aus er wie Vermigli einem Ruf der Universität Straßburg als Professor für Altes Testament folgte. Für Aufregung sorgte schließlich auch der Übertritt des Kirchendiplomaten und Bischofs von

Der böhmische Reformator Jan Hus auf einem zeitgenössischen Holzschnitt.

Capodistria, Pietro Paolo Vergerio (1498–1565), zum lutherischen Bekenntnis. Vergerio wirkte schließlich in Tübingen und übersetzte Schriften der lutherischen Theologen ins Italienische.

Neben diesen Einzelgestalten trafen die Ketzerverfolgungen und die Inquisition aber auch die bereits im 12. Jahrhundert entstandene mittelalterliche Reformbewegung der Waldenser. Zurückgehend auf den aus Lyon stammenden Laienprediger Petrus Valdes (gest. 1218) hatten sich aus Frankreich geflüchtete Waldenser vor allem in Norditalien niedergelassen. 1532 schlossen sie sich offiziell der reformatorischen Bewegung an und gründeten sich als eine eigene evangelische Kirche. Um den Verfolgungen durch die Inquisition zu entgehen, zogen sie sich in die unzugänglichen Täler der Cottischen Alpen im Grenzgebiet zwischen Italien und Frankreich zurück, die seitdem als Waldensertäler bezeichnet werden. Auch heute gibt es noch Waldenser in Italien, die protestantische Gemeinschaft umfasst ungefähr 30 000 Mitglieder.

Ähnlich wie in Italien gab es ebenfalls in Spanien nur wenig freie Luft, die Reformkatholiken, Humanisten oder Andersgläubige hätten atmen können. Die Vertreibung des letzten arabischen Herrschers aus Andalusien und aller Juden aus Spanien hatte die christliche Rückeroberung der Iberischen Halbinsel *(Reconquista)* abgeschlossen. Seit der Hochzeit 1469 des Königspaares Ferdi-

Dieser kolorierte Holzstich aus dem 19. Jahrhundert zeigt Ultraquisten und Taboriten, die während der ab 1419 wütenden Hussitenkriege, in denen die Anhänger von Hus für ihre religiösen Freiheiten kämpften, heimlich im Wald zusammenkamen.

nand II. von Aragon und Isabella I. von Kastilien, denen der Papst den Ehrentitel „Katholische Könige“ verlieh, wurden keine religiösen Minderheiten mehr geduldet. Zwangsbekehrungen zum Katholizismus gehörten zu diesem System ebenso dazu, wie die 1478 eingerichtete spanische Inquisition, die sämtliche religiöse Bewegungen und Entwicklungen kontrollierte und jede Abweichung bestrafte. So bedeutete jede Beschäftigung mit nichtkatholischen Ansätzen Lebensgefahr. Trotzdem fanden die Schriften Luthers, Melanchthons oder auch Calvins Wege über die Pyrenäen, meist durch deutsche, französische oder niederländische Reisende und Kaufleute oder Spanier, die im Ausland gewesen und dort in Kontakt mit evangelischen Schriften, Lehren und Personen gekommen waren.

Allerdings gab es in Spanien nur wenige, die sich offen zur reformatorischen Lehre bekannten. Zu ihnen gehörte etwa der Kaufmann Francisco de San Roman aus Burgos. Er hatte 1540 auf einer Reise in die Niederlande den ehemaligen Antwerpener Augustinermönch Jacobus Probst (vgl. S. 66) kennengelernt und wurde, auch durch eigene Lektüre und Schriften, zum überzeugten Anhänger der lutherischen Lehren. Dann fiel er der Inquisition in Spanien in die Hände. Weil er nicht bereit war, zu widerrufen, wurde er 1542 in Valladolid auf dem Scheiterhaufen verbrannt.

Ein anderer spanischer Protestant war der aus Spanien geflohene Francisco de Enzinas (1518–1552), der als erster das Neue Testament aus dem Griechischen ins Spanische übersetzte. Es erschien 1543 in Antwerpen. Ebenfalls aus Spanien geflohen war der spanische Calvinist Juan Pérez de Pineda (um 1500–1566). Er ging 1556 nach Genf, wo er beim Aufbau der spanisch reformierten Gemeinde in Genf mitwirkte und dort eine eigene Übertragung des Neuen Testaments und der Psalmen vornahm (1556/57). Genf war schließlich auch eine Station von Cassiodoro di Reina (um 1520–1594), der 1559 die erste vollständige spanische Bibelübersetzung vorlegte, die von spanischen Protestanten bis ins 20. Jahrhundert hinein gelesen wurde.

Der böhmische Reformator Johannes Mathesius auf einem zeitgenössischen Portätstich.

Die Reformation im östlichen Mitteleuropa

Von der „vergessenen Reformation“ sprechen manche Forscher, wenn sie die Anfänge des Protestantismus im 16. Jahrhundert in Mittel- und Osteuropa meinen. Tatsächlich kann, wer heute auf die religiöse Landkarte der 2004 bzw. 2007 neu hinzugekommenen östlichen EU-Länder schaut, den Eindruck bekommen, als seien die wenigen evangelischen Kirchen dort erst in der

Die Große Reformierte Kirche in Debrezin ist die Hauptkirche des ungarischen Protestantismus.

jüngsten Zeit angesiedelte, religiöse Minderheiten. Doch die Reformation, Luther und Calvin waren seit ihren Anfängen Teil der Geschichte Mittel- und Osteuropas und gehören ebenso wie die Orthodoxie, der polnische Katholizismus oder die jahrhundertealten jüdische Gemeinden des östlichen Mitteleuropa zum religiösen Selbstverständnis dieser Region. Die Überzeugung, dass die Kirche ständig reformiert werden muss, wenn sie lebendig bleiben will, teilten im ausgehenden Mittelalter Christen in Böhmen, in Polen, in Ungarn oder Siebenbürgen.

Im Gebiet der heutigen tschechischen Republik, in Böhmen, hatten schon im Mittelalter Theologen wie Jan Milíč (gest. 1374), Petr Chelčicky (1390–1460) und Jan Hus (1369–1415; vgl. S. 15) den weltlichen Besitz der Kirche kritisiert. Sie wollten eine arme Kirche, in der Gemeinschaft wie zu Zeiten Jesu gelebt wird. Dazu sollte die Bibel stärker im Mittelpunkt des Glaubens stehen als die Autorität des Papstes. Unter ihren Anhängern, die man nach Hus zusammengefasst meist als Hussiten bezeichnet, bildeten sich dann in der Folgezeit verschiedene Richtungen aus, gemäßigte und radikalere. So gab es beispielsweise seit 1420 die Ultraquisten (auch Kalixtiner genannt). Bei ihnen durften auch die Laien beim Abendmahl den geweihten Wein aus dem Kelch trinken (Laienkelch) – was seit dem Konstanzer Konzil 1415 verboten war. Eine weitere reformatorische Gemeinde entstand um 1457 in Kunvald (dt. Kunwald) aus Hussiten und Waldensern (vgl. S. 77). Sie wollten wie echte Brüder und Schwestern zusammen leben und nannten sich daher Böhmische (oder auch Mährische) Brüder. Eine wichtige Rolle bei ihrer Gründung spielte der böhmische Reformator Řehoř Krajčí (gest. 1464). Er sorgte nicht nur für eine straffe Organisation der Gemeinschaft, sondern trug mit seinem Einsatz über Kunvald hinaus dazu bei, dass sich die Böhmischen Brüder weiter ausbreiteten, vor allem an der Grenze zu Schlesien und Mähren. Um 1500 zählten sie bereits 10 000 Mitglieder.

Diese unterschiedlichen reformatorischen Gemeinschaften versuchten, das Christentum und das Evangelium neu zu leben, indem sie teilweise radikal mit den bestehenden kirchlichen Traditionen brachen. Sie gehörten daher zum religiösen Aufbruch des späten Mittelalters und bildeten einen Teil der großen europäischen Reformationsbewegung.

Aus deutscher Sicht nannte man diese Reformbewegungen lange Zeit „vorreformatorisch“ – weil die Reformation hier immer nur mit Luther zusammen gedacht wurde. Für den tschechischen Protestantismus war es dagegen ganz selbstverständlich, dass die Reformation in Böhmen früher anfing und mit ihrem hussitischen Erbe andere Schwerpunkte als in Deutschland entwickelte. Die beiden benachbarten Länder empfingen aber religiöse Impulse in beide Richtungen. So wusste Luther wohl schon in seiner Erfurter Mönchszeit von den Böhmischen Brüdern, ebenso wie er Hus' Schriften und seinen Weg bis hin zum Scheiterhaufen kannte. Das hat ihn möglicherweise sogar in seinem Widerstand gegen den Papst und Kaiser ermutigt. Zwischen 1522 und 1524 gab es direkte Kontakte zwischen Luther und den Böhmischen Brüdern, die allerdings nicht weitergeführt wurden. Später entwickelten sich die Böhmischen Brüder dann stärker in Richtung Calvin bzw. gingen in die Herrnhuter Brüdergemeine ein (vgl. S. 120).

Doch auch das Luthertum konnte sich in einigen Regionen in Böhmen durchsetzen. Die im böhmischen Teil des Erzgebirges gelegene Bergstadt Jáchymov (deutsch: Sankt Joachimsthal) etwa war eine der ersten Städte, wo 1523 die lutherische Reformation eingeführt wurde. Hier wirkte von 1532 bis 1565 der Reformator Johannes Mathesius (1504–1565) als Schulmeister und Pfarrer. Er wurde in der sächsischen Stadt Rochlitz geboren und gehörte zur sogenannten „zweiten Generation“ von Reformatoren. Diese sorgten dafür, dass die reformatorische Lehre in die Breite von Kirche, Schule und Stadtöffentlichkeit wirkte. Nachdem Mathesius 1529 in Wittenberg bei Luther, Melanchthon, Bugenhagen und anderen studiert hatte, wurde er 1532 nach Joachimsthal in Böhmen berufen. Als Lehrer und Rektor der dortigen Lateinschule gestaltete er sie nach humanistisch-reformatorischen Grundsätzen grundlegend um. Dabei übernahm er zahlreiche Ansätze seines Freundes Melanchthon. Zudem gründete er die erste evangelische Mädchenschule in Joachimsthal.

Ludwig II. von Ungarn, hier auf einem Gemälde von Hans Krell (1522), ertrank nach der Schlacht von Mohács auf der Flucht vor den Türken.

Nach einem weiteren Aufenthalt in Wittenberg (1540–1542) wurde er Pfarrer der böhmischen Silberstadt. Weil Mathesius sich besonders gut auf die Welt der Bergleute einlassen konnte und diese in seine Predigten einbaute, erlangte er hohes Ansehen. Über 1 500 seiner Predigten wurden veröffentlicht. Darüberhinaus erfuhren seine siebzehn Predigten über Martin Luther große Beachtung. Sie gelten als die erste Lutherbiografie.

So war Böhmen bis ins 17. Jahrhundert hinein mit seinen Lutheranern, Calvinisten, Böhmischen und Mährischen Brüdern, Hussiten, Taboristen oder Ultraquisten nicht nur ein katholisch, sondern vielfältig von protestantischen Bewegungen geprägtes Land. Beim Kaiser rangen die nichtkatholischen Stände mit dem *Böhmischen Bekenntnis* von 1575 *(Confessio Bohemica)* um landesweite Anerkennung, die sie dann teilweise auch erhielten. Die Schlacht am Weißen Berg 1620, als die (evangelischen) böhmischen Stände der Katholischen Liga unterlagen und Tausende von Protestanten aus Böhmen fliehen mussten, beendete jedoch diese Zeit der religiösen Toleranz.

Matthias Dévai

Der um 1500 in Déva in Siebenbürgen geborene Reformator Matthias Dévai (auch Biró von Déva bzw. Mátyás Dévai Biró) gilt als der ungarische Luther. Devái trat zunächst dem Franziskanerorden bei und war seit 1527 Burgkaplan in Bödöko. Dann kam er mit der reformatorischen Bewegung in Kontakt. Nach einem Studienjahr in Wittenberg 1529, wo er stark von Melanchthon geprägt wurde, wirkte er als reformatorischer Prediger in der Hauptstadt Buda. 1531 wurde er verhaftet, an verschiedenen Orten gefangen gehalten und musste sich in Wien einem Ketzerverhör stellen. Zwar gelang ihm 1533 die Flucht, doch geriet er danach erneut in Buda in Gefangenschaft. Nach seiner Entlassung und zwei Deutschlandreisen 1536/37 war er als Schulrektor und Wanderprediger rund um die Donau und die Theiß tätig. Bekannt wurde er vor allem mit seinem ungarischen Katechismus, in dem er unter anderem Kindergebete aus Luthers Kleinem Katechismus auf Ungarisch übersetzte, und mit seiner ungarischen Elementargrammatik, der *Orthographia Ungarica.* 1545 starb er als Pfarrer in Debrezin.

Auch in den Südosten Europas gelangte die reformatorische Bewegung schnell. Flugblätter, Händler, Prediger und aus Wittenberg zurückkehrende Studenten brachten die lutherischen Lehren mit nach Ungarn. Berührungspunkte ergaben sich ebenfalls am ungarischen Königshof in Buda, wo Georg, der Markgraf von Brandenburg-Ansbach (1484–1543) seit 1506 als Oberhofmeister, Erzieher und Vormund des jungen ungarischen Königs Ludwig II. (1506–1526) wirkte. Georg, man nannte ihn auch „den Frommen" oder „den Bekenner", wurde ein früher Anhänger Luthers und führte später die Reformation in seinen Besitztümern ein. So erfolgreich er da war, gelang es ihm allerdings nicht, seinen ungarischen Zögling und Verwandten, Ludwig II., für den Protestantismus einzunehmen.

Außerhalb des Könighofes verbreiteten sich die reformatorischen Lehren seit 1524 vor allem unter den deutschen Bürgern in den deutschen Städten in Oberungarn. Zwar folgte Ludwig II. dem Papstbann gegen Luther und ließ die Lutheraner verfolgen. Doch der Kampf gegen die neuen reformatorischen Kräfte in Ungarn war nur halb erfolgreich, da Ludwig auch an einer anderen politisch-religiösen Front kämpfen musste. Denn das Osmanische Reich setzte zum Sprung auf das westliche Europa an: Im Norden und Osten waren die Türken im Begriff, die ungarische Grenze zu überschreiten. Mit dem Untergang Konstantinopels 1453, so sahen es die europäischen Zeitgenossen, stand nun der ungläubige und barbarische Feind vor der eigenen Haustür. In diesem „Kulturkampf" musste das zivilisierte, christlich-katholische Europa verteidigt werden. Als Vertreter des Hauses Habsburg zog Ludwig II., mit Unterstützung des Papstes, in den Krieg gegen die Moslems. In der Schlacht von Mohács 1526 erfuhr das ungarische Heer jedoch

Heute befindet sich in Mohács eine Gedenkstätte, die an die Schlacht von 1526 erinnert.

eine vernichtende Niederlage, bei der Ludwig II. ums Leben kam. Als Luther im fernen Deutschland diese Nachricht erhielt, schrieb er Ludwigs Witwe, Maria von Ungarn, einen Brief mit vier tröstlichen Psalmen. Er konnte sie allerdings trotz ihrer Sympathien für den Protestantismus nicht dauerhaft für die Reformation einnehmen.

Mit der Niederlage des katholischen Ungarns gewannen neben den deutschen Lutheranern in den folgenden Jahrzehnten aber auch die Reformierten an Einfluss. In dem nun größtenteils von den Türken besetzten Ungarn schafften es reformierte Prediger wie Matthias Dévai Biró, Michael (Mihály) Sztárai (gest. 1578) und Stephen (István) Szegedi Kis (1506–1572), für einen erneuerten christlichen Glauben und die Reformation zu werben. Dabei kam ihnen die politische Situation zugute: Zum einen konnten sie damit argumentierten, dass die türkische Fremdherrschaft auch als eine Antwort Gottes auf die verweltlichte, katholische Kirche zu deuten sei. Zum anderen aber sahen viele Ungarn im Angesicht der eigenen, katholischen Niederlage im reformierten Protestantismus eine Kraft des Widerstandes und begannen, sich kirchlich zu organisieren. Das war auch unter der Herrschaft der Türken möglich, denn in deren Sicht war der Protestantismus immer noch besser als die katholische Konfession ihres großen Feindes Habsburg.

Der ungarische Protestantismus war dabei von Anfang an von den beiden Richtungen der Reformation geprägt: den deutschen Lutheranern und den ungarischen Reformierten. Die Lutheraner hielten bereits 1545 in Erdöd ihre erste Synode ab. Drei Jahre später kamen auch die ungarischen Reformierten zu ihrer ersten Synode in Czenger zusammen. Hier und auf weiteren Zusammenkünften entstand das Fundament der ungarischen reformierten Kirche. Sie orientierte sich weniger an Calvin, sondern stärker an den Schweizer Reformatoren Zwingli und Bullinger. 1567 wurde in Debrezin das *Zweite Helvetische Bekenntnis (Confessio Helvetica Posterior)* angenommen (vgl. S. 61).

Auch im ehemals ungarischen Siebenbürgen (Transsilvanien), das nun seit 1541 autonomes türkisches Protektorat war, fasste der Protestantismus Fuß. Der siebenbürgische Humanist und Reformator Johannes Honterus (1498–1549) hatte daran wesentlichen Anteil. Unter seiner Leitung wurde erstmals 1542 in Kronstadt ein evangelischer Gottesdienst in deutscher Sprache abgehalten. In der Folgezeit entstanden dann aber sowohl eine lutherische als auch eine reformierte Richtung der evangelischen Kirche in Siebenbürgen.

Bis zum Ende des Jahrhunderts bildeten Protestanten die Mehrheit der ungarischen Bevölkerung. Im 17. Jahrhundert wurden sie dann allerdings so heftig von den Katholiken verfolgt, dass nur eine kleine Minderheit ungarischer Reformierter zurückblieb.

Schon die geografische Nähe des Königreiches Polen zum Deutschen Reich sorgte dafür, dass sich die Kunde von der Reformation hier bereits kurz nach Luthers Thesenanschlag 1517 verbreitete. Wie andernorts berichteten polnische und litauische Studenten aus Wittenberg, Kaufleute, Prediger und andere Reisende von der neuen Lehre, die

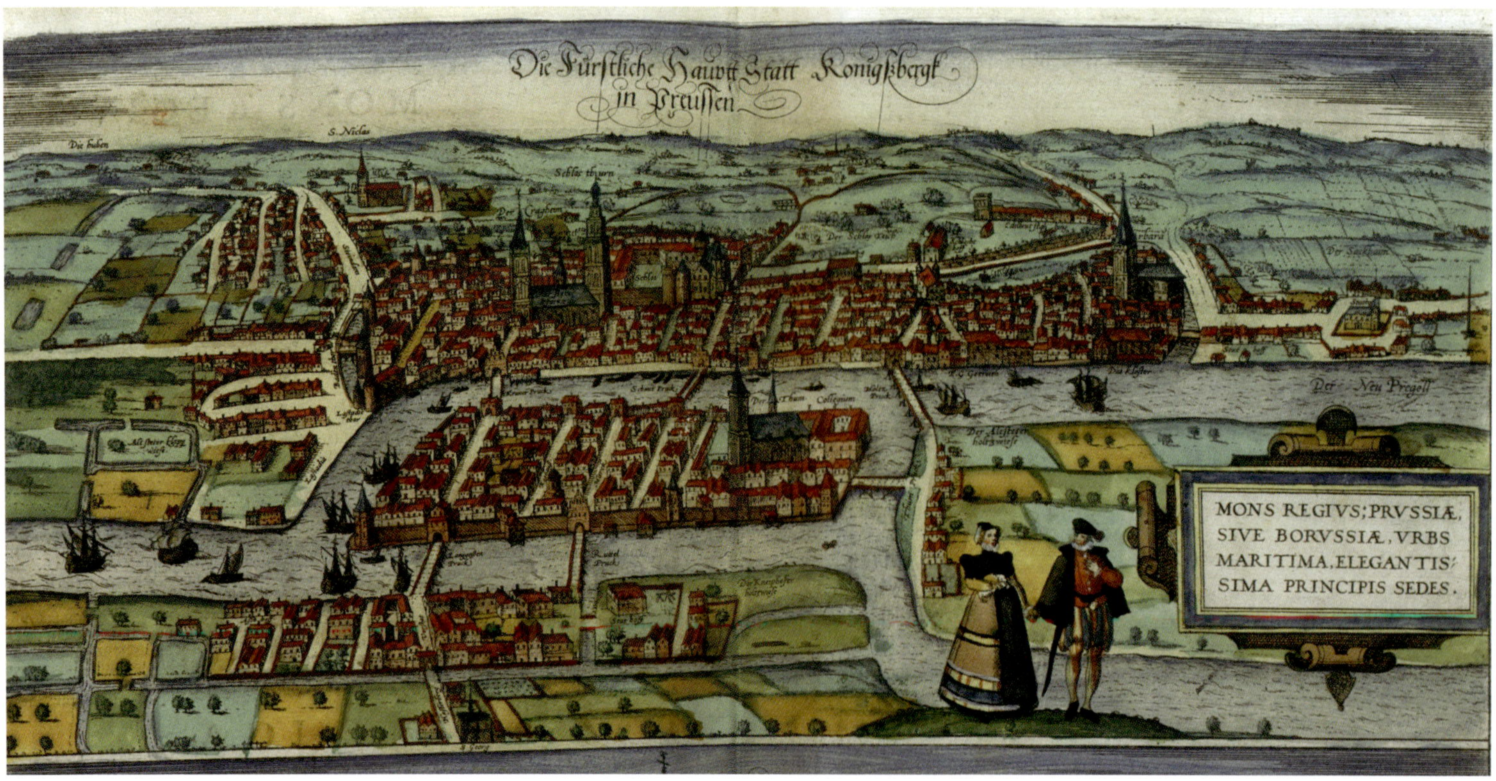

Königsberg war im 16. Jahrhundert ein Zentrum der Reformation.

Jan Łaski

Jan Łaski (Johannes von Lasco, Joannes à Lasco, 1499–1560) gilt als der berühmteste Protestant Polens – und doch war ihm in seinem Heimatland nur eine kurze Zeit reformatorischen Wirkens vergönnt. Als Adliger 1499 in dem bei Lodz (poln. Łódź) gelegenen Städtchen Lask geboren, entschied er sich für ein geistliches Leben und wurde 1522 zum Priester geweiht. Studienreisen nach Paris und Basel brachten ihn unter anderem in Kontakt mit Erasmus von Rotterdam, dessen humanistische Vorstellungen ihn zunächst nachhaltig prägten. 1540 brach er mit dem Zölibat, heiratete und ließ sich in Emden nieder. Zum endgültigen Bruch mit der katholischen Kirche kam es dann 1542, woraufhin er 1544 offiziell zum Ketzer erklärt wurde. Von Lasco stand Melanchthon, Zwingli, Bucer und Calvin nahe und setzte sich seit 1542 an vielen Orten, in Ostfriesland, London und Dänemark, für den Aufbau der reformierten Kirche ein. 1556 konnte er nach Polen zurückkehren. Dort gab er die Bibel in polnischer Sprache heraus und engagierte sich dafür, Lutheraner und Reformierte zu vereinen. Er starb 1560 in der Nähe von Krakau.

Jan Łaski auf einem Porträtstich von 1825.

schnell durch übersetzte reformatorische Schriften bekannt wurde. Besonders rasch gelangte die lutherische Lehre in die westpreußischen Städte des Ostseeraums, wo sie vor allem deutsche Bürger aufnahmen. Ein Zentrum der lutherischen Reformation war seit 1525 Königsberg. Hier wurde 1544 nach Marburg die zweite evangelische Universität in Europa gegründet, die Albertus-Universität. Doch auch in Danzig, Elbing und Thorn wurden schon früh lutherische Predigten gehalten und die reformatorischen Schriften gelesen.

Zu einem weiteren Zentrum der polnischen Reformation entwickelte sich im Süden Krakau. Humanisten an der Krakauer Universität zeigten sich kirchenreformerischen Ideen, und dann auch der Reformation, gegenüber offen. Zu ihnen gehörte beispielsweise ein Kreis um den italienischen Protestanten Francesco Lismanini (1504–1566). Andere bekannte polnische Protestanten dieser Zeit waren der litauische Adlige Mikołaj Radziwiłł (Nikolaus Radziwill, 1515–1565), der die erste polnische Übersetzung der Bibel mitfinanzierte, oder der calvinistische Dichter Mikołaj Rej oder Mikołaj Rey (1505–1569).

Anders als in anderen europäischen Ländern tolerierten die polnischen Könige den aufkommenden Protestantismus oder förderten ihn sogar, wie König Sigismund II. August (1520–1572, reg. ab 1548). Er war und blieb zwar Katholik, aber korrespondierte auch mit Melanchthon und Calvin. Zudem war der König auf die Zusammenarbeit mit den Protestanten angewiesen. Denn in Polen bekannten sich zahlreiche Adlige zur Reformation. Die evangelischen Adligen stellten nicht nur die Mehrheit im polnischen Parlament, sondern leiteten zwischen 1552 und 1565 auch die Parlamentssitzungen.

Seit Mitte der 1550er-Jahre fasste der reformierte Protestantismus in Polen stärker Fuß. Nun bildete sich auf der einen Seite eine weniger hierarchische, presbyterianische Kirchenstruktur heraus, mit Synoden und offenen Gottesdiensten. Sie orientierte sich vor allem an Calvin. Es gab aber auch Regionen, die sich stärker an Zwingli hielten – wie überhaupt die Vielfalt reformorientierter und evangelischer Richtungen ein besonderes Kennzeichen des polnischen Protestantismus in dieser Zeit war. Im Konsens von Sandomir 1570 erkannten sich schließlich Lutheraner, Reformierte und Böhmische Brüder gegenseitig an. Eine gemeinsame Einigung, für die sich besonders Johannes von Lasco einsetzte, gelang aber nicht.

Die Protestanten in Polen waren seit 1573 durch die Warschauer Konföderation, die sie als „Dissidenten" politisch mit den Katholiken gleichstellte, sogar staatlich geduldet. Diese in Europa außergewöhnliche religiöse Toleranz hielt sich in Polen bis zum Ende des 16. Jahrhunderts. Dann wurde der Druck der katholischen Seite stärker, und die Protestanten in Polen gerieten zur Minderheit.

Die Reformationen in England und Schottland

Auch in England hatte es bereits vor der Reformation Theologen und spirituelle Gruppen gegeben, welche die gängige Glaubenspraxis und die herrschende Lehre der katholischen Kirche kritisierten und sich gegen die starke Verbindung von kirchlicher und weltlicher Macht aussprachen. Zu ihnen zählte beispielsweise im 14. Jahrhundert der englische Theologe John Wyclif (vgl. S. 16). Er wandte sich scharf gegen den Papst und die Hierarchien in der Kirche und trat für das Priestertum aller Gläubigen ein. Die Bibel bilde das Zentrum des Glaubens, betonte er, und setzte sich mit einer eigenen Bibelübersetzung dafür ein, dass auch die einfachen Menschen die Bibel in ihrer eigenen Sprache, also in Englisch, lesen konnten. Das war allerdings damals von der katholischen Kirche verboten. Deshalb wurde nicht nur Wyclif als Ketzer angeklagt, sondern ebenso die sich von ihm ableitende reformorientierte Gruppe der Lollarden verfolgt, die sich gegen Ende des 14. Jahrhundert verbreitete.

Ähnlich wie Wyclif war es auch dem Humanisten William Tyndale (um 1494–1536) ein ganz besonderes Anliegen, die Bibel dem Volk auf Englisch zugänglich zu machen. Beeinflusst von Erasmus von Rotterdam und Martin Luther, war er der Erste, der große Teile der Bibel aus dem hebräischen und griechischen Urtext in die Sprache des Volkes, den damals gesprochenen englischen Dialekt, übersetzte und damit nachhaltig die weitere Entwicklung des Englischen beeinflusste. Seine Schriften wurden allerdings von der katholischen Kirche in England verboten und er selbst als Häretiker verfolgt. So floh er 1524 nach Deutschland, wo er in Kontakt mit Martin Luther kam. Seine erste Übersetzung des Neuen Testaments beendete er 1525 in Wittenberg. Seine Bibelübersetzung wurde in vielen Exemplaren nach England geschmuggelt, kostete ihn aber letztlich das Leben: 1535 wurde Tyndale in der nördlich von Brüssel gelegenen Stadt Vilvoorde verhaftet und im Auftrag der englischen Regierung hingerichtet. Sein Vermächtnis, die *Tyndale-Bibel*, wurde jedoch weiterhin in England gelesen und bildete die Grundlage für die später offiziell anerkannte King-

Nach ihrer Auflösung sind die meisten englischen Klöster verfallen. Hier die Ruinen des 1132 gegründeten Zisterzienserklosters Fountains Abbey in Yorkshire.

James-Bibel von 1611. Obwohl er heute als einer der wichtigsten englischen Protestanten anerkannt ist, war Tyndale seiner Zeit jedoch einen Schritt voraus. Zwar gab es in England seit Anfang der 1520er-Jahre Kreise, die sich intensiv mit den lutherischen Schriften beschäftigten, zum Beispiel an den Universitäten Oxford und Cambridge. Doch existierte keine politische Instanz, die die Reformation zu ihrer Sache machte. Auch der seit 1509 regierende englische König Heinrich VIII. war zunächst ein folgsamer Katholik. Noch 1521 wandte er sich mit einer Streitschrift gegen Luther, in der er die sieben Sakramente der katholischen Kirche verteidigte, darunter auch die Ehe. Dafür erhielt er im gleichen Jahr von Papst Leo X. sogar den Titel „Verteidiger des Glaubens“ (der ihm später allerdings wieder aberkannt wurde). Als sich der Papst jedoch weigerte, Heinrichs Ehe mit Katharina von Aragón als nichtig anzuerkennen, weil aus ihr kein Sohn hervorging, begann Heinrich VIII. seit 1529, sich von Rom abzuwenden. Ein erster Schritt dazu waren verschiedene Gesetze, welche die englische

Die Church of England zur Zeit Heinrichs VIII.
Sitz des Erzbischofs
Sitz des Bischofs
Bis zur Reformation im House of Lords vertretene Abteien
Grenze der Diözesen unter Heinrich VIII.
zwischen 1536 und 1540 aufgelöste Klöster
Grenzen der Kirchengemeinschaften
Diözesen vor der Reformation sind mit Farbflächen gekennzeichnet
Chester Neu gegründete Diözesen
SCHOTTLAND
Dunblane
St. Andrews
Argyll
The Isles
Arran
Glasgow
Firth of Forth
Tweed
Holy I.
Clyde
Nith
Nordkanal
Galloway
Whithorn
Durham
zu York
Carlisle
Solway Firth
IRLAND
Sodor and Man
Irische See
York
Selby
Ouse
Nordsee
Chester
Anglesey
Bangor
St. Asaph
zu Bangor
Lichfield
Lincoln
Bardney
Trent
The Wash
Shrewsbury
Severn
Crowland
Nen
Holme St. Benet
Norwich
Peterborough
Thorney
Ramsey
Ely
Cardigan Bay
Hereford
Coventry
WALES
Worcester
Avon
Peter-borough
Towy
Evesham
Bury St. Edmunds
Wye
St. Davids
Gloucester
Oxford
ENGLAND
Colchester
Lanthony
Cirencester
St. Albans
London
Llandaff
Abingdon
Waltham
Malmesbury
Bristol
Westminster
Bath
Reading
Bristol Channel
Salisbury
Themse
zu Canterbury
Rochester
Canterbury
Bath and Wells
Wells
Glastonbury
Winchester
Chichester
Battle
Exe
Exeter
Isle of Wight
Der Kanal
FRANKREICH
0
50
100
150 km

Thomas Cranmer

Er gilt als eine der komplexesten, aber sicherlich auch menschlichsten Gestalten der Reformation: Der „Macher" der anglikanischen Kirche, der 1489 in dem Ort Aslockton in der Nähe von Nottingham geborene Theologe Thomas Cranmer (1489–1556).
Cranmer studierte in Cambridge und wurde 1523 zum Priester geweiht. Seit 1529 beriet er König Heinrich VIII. bei seiner Scheidung von Katharina von Aragón. Als Cranmer 1532 vom König zum neuen Erzbischof von Canterbury gemacht wurde, ließ er Heinrichs Scheidung umgehend rechtskräftig werden und legitimierte seine neue Ehe mit Anne Boleyn. Auch nach seiner Weihe zum Erzbischof 1533 blieb er dem König ergeben: 1536 erklärte er die Ehe mit Anne Boleyn für ungültig, sowie auch einige Jahre später die Ehe mit Anne von Kleve. Cranmer selbst war zwei Mal verheiratet, seit 1532 mit einer Nichte des deutschen Reformators Andreas Osiander (die er verborgen hielt, weil er negative Auswirkungen für seine Erzbischofswahl befürchtete). Cranmer war Heinrich ganz ergeben, manche nennen ihn auch devot und einen Günstling. Das ist jedoch nur die eine Seite. Denn zugleich war er ein Vollbluttheologe, der Sprache und Form der anglikanischen Kirche bis in die Gegenwart hinein bereicherte und prägte: Er unterstützte die erste offizielle englische Bibelübersetzung von 1538, setzte sich für biblisch orientierte Predigten und die theologische Verankerung der reformatorischen Rechtfertigungslehre ein, schrieb 1549 das Gottesdienstbuch *Book of Common Prayer* und formulierte mit den *42 Artikeln* von 1553 die reformatorischen Grundlagen der englischen Kirche. Nach dem Amtsantritt der katholischen Königin Maria I. („Bloody Mary") wurde er jedoch 1553 verhaftet und in den Tower von London gesperrt. Zunächst widerrief er sein protestantisches Bekenntnis. Im Angesicht seines Todes, kurz vor seiner Verbrennung 1556 auf dem Scheiterhaufen in Oxford, nahm er seinen Widerruf zurück und bekannte sich klar zum Protestantismus.

Zeitgenössische Darstellung von Heinrich VIII., thronend zwischen Thomas Cranmer (links) und Thomas Cromwell.

Kirche aus dem Rechtsbereich Roms lösen und sie unabhängig machen sollten. Eine wichtige Rolle bei der administrativen Umsetzung spielte dabei Heinrichs erster Minister, Thomas Cromwell (1485–1540).

1533 erklärte der von Heinrich VIII. neu eingesetzte Erzbischof von Canterbury, Thomas Cranmer, Heinrichs Ehe mit Katharina von Aragón für ungültig und legitimierte damit die neue Ehe mit Anne Boleyn. Mit der Suprematsakte, einem vom Parlament erlassenen Gesetz, machte sich Heinrich VIII. 1534 schließlich zum Oberhaupt der Kirche von England. Diese war zwar nun von Rom und dem Papst unabhängig, aber in ihren Grundzügen zum Beispiel im Ritus oder Abendmahlsverständnis weiterhin stark katholisch geprägt. Das zeigte sich beispielsweise daran, dass Heinrich VIII. zunächst noch sämtliche Protestanten – wie etwa William Tyndale – verfolgen und hinrichten ließ. Gleichwohl litten auch die Katholiken unter der sich nun organisierenden neuen königlichen Staatskirche. Kirchen und ihre Kulturgüter wurden zerstört, die 800 Klöster in England aufgelöst und ihre Güter eingezogen.

Die besondere Form des englischen Protestantismus, die dann in die Entstehung der anglikanischen Kirche mündete, bildete sich erst unter Heinrichs Nachfolger Edward VI. (1537–1553, reg. ab 1547) aus. Jetzt kamen auch calvinistische Gedanken nach England. Neben dem seit 1549 in Cambridge lehrenden elsässischen Reformator Martin Bucer (1491–1551) und Nicholas Ridley, dem Bischof von Rochester (1500–1555) war es vor allem Thomas Cranmer, der die Theologie der anglikanischen Kirche prägte, etwa 1536 mit seinen *Zehn Artikeln*, den *42 Artikeln* von 1553 oder seinem 1549 erschienenen Gottesdienstbuch *Book of Common Prayer*. Neben der Orientierung des Glaubens an der Bibel und der Bedeutung der Rechtfertigungslehre gehörte ein differenziertes Abendmahlsverständnis, das den doppelten Charakter des Abendmahls als eines äußeren und eines inneren Geschehens betonte, zum theologischen Profil der englischen Kirche Cranmers. Zudem identifizierte er drei Sakramente als wesentlich für den Glauben: das Abendmahl, die Taufe und die Buße.

Nachdem König Edward, der einzige legitime Sohn Heinrichs VIII., bereits 1553 gestorben war, folgte seine älteste Tochter, Mary Tudor (Mary I.; 1516–1558, reg. ab 1553), auf den Thron. Sie versuchte mit aller Gewalt, England wieder zurück zum Katholizismus zu führen und ließ ca. 300 Protestanten hinrichten, darunter Thomas Cranmer und Nicholas Ridley. Ungefähr 800 Protestanten verließen England.

Erst Heinrichs zweite Tochter, Königin Elisabeth I. (1533–1603, reg. ab 1558), führte dann wieder reformatorische Elemente ein, wie sie sich unter Edward VI. als Grundlagen der reformatorischen, englischen Kirche herausgebildet hatten. Dazu gehörte neben dem neuen *Act of Supremacy* das *Book of Common Prayer*. Dieses ist das wichtigste Gottesdienstbuch der anglikanischen Kirche und wird noch heute in über 50 Ländern benutzt. In ihm sind wortgenau die vollständigen Abläufe von Gottesdiensten festgehalten. Dazu gehören die normalen Sonntagsgottesdienste, aber auch besondere Gottesdienste mit Abendmahl, Taufe, Beerdigung, Konfirmation oder Trauung oder zum Morgen- oder Abendgebet. Die erste Ausgabe wurde von einer Kommission unter dem Erzbischof Thomas Cranmer erarbeitet und erschien im Mai 1549. Anschließend erfolgten verschiedene Überarbeitungen, wobei die Version von 1622 die bis heute gebräuchliche ist. Erst 1980 erschien mit

Jane Grey

Als „Neun-Tage-Königin" wird sie auch bezeichnet, da sie die Königin mit der kürzesten Regierungszeit in der englischen Geschichte war: nämlich nur neun Tage. Das kurze Leben der nur sechszehn Jahre alt gewordenen Königin hat jedoch zahlreiche Spuren in Literatur, Kunst, Film und Kultur hinterlassen.

Jane Grey wurde 1537 in Bradgate bei Leicester geboren. Sie war die Großnichte Heinrichs VIII. Protestantisch erzogen, kam sie mit neun Jahren zur letzten Frau Heinrichs, Catherine Parr. Dort erhielt sie eine hervorragende Ausbildung. Sie beherrschte Griechisch, Hebräisch, Latein, Französisch und Italienisch und stand in Briefkontakt mit Reformatoren wie dem Züricher Reformator Heinrich Bullinger oder dem Straßburger Reformator Martin Bucer. 1553 heiratete sie Guidford Dudley. Kurz darauf starb König Edward VI. und Lady Jane wurde gegen ihren Willen und gegen die rechtmäßige Thronerbin, die katholische Mary I. Tudor, am 10. Juni 1553 schnell zur Königin gekrönt. Sie sollte, so war es Edwards Wille gewesen, den Protestantismus in England auch in der Zukunft sichern. Doch schon nach wenigen Tagen hatte Maria ihre Anhänger und das Volk mobilisiert und wurde am 19. Juli 1553 als neue Königin gekrönt. Jane wurde gefangen genommen und in den Tower gesperrt. Mary hätte sie verschont, wenn sie vom Protestantismus abgelassen hätte und katholisch geworden wäre. Doch Jane Grey weigerte sich und wurde am 12. Februar 1554 mit ihrem Mann enthauptet.

Die Hinrichtung der „Neun-Tage-Königin" Jane Grey wird auf diesem Historiengemälde von Paul Delaroche (1833) besonders dramatisch dargestellt.

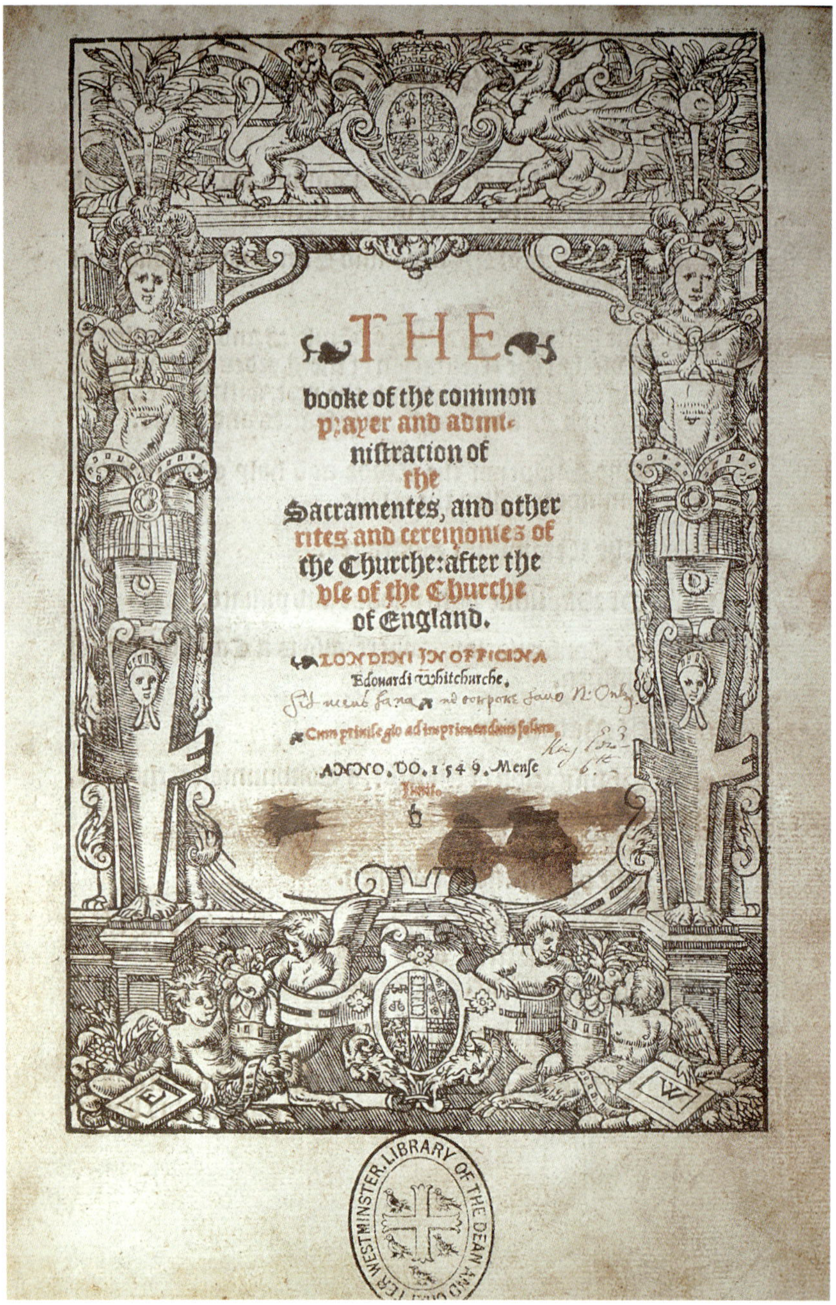
THE
booke of the common
prayer and admi-
nistracion of
the
Sacramentes, and other
rites and ceremonies of
the Churche: after the
vse of the Churche
of England.
LONDINI IN OFFICINA
Edouardi Whitchurche.
Cum privilegio ad imprimendum solum.
ANNO. DO. 1549. Mense
Martii.

Das Book of Common Prayer, hier die Titelseite der Erstausgabe von 1549, ist noch heute die Agende der Anglikanischen Kirche.

dem *Alternative Service Book* eine von moderner Sprache und Musik geprägte Ergänzung des *Book of Common Prayer*. Dieses wurde 2000 durch das Gottesdienstbuch *Common Worship* abgelöst.

Neben dem *Book of Common Prayer* wurden schließlich 1571 als bleibendes Bekenntnis der anglikanischen Kirche die *39 Artikel* angenommen, die sich an Cranmers *42 Artikel* anlehnten. Sie beruhen auf einem gemäßigten Calvinismus und bilden bis heute die theologische Grundlage der anglikanischen Kirche.

Als letztes Land in Europa kam die Reformation in den Nordwesten, nach Schottland. Zwar hatten sich auch hier in der ersten Hälfte des 15. Jahrhunderts schon einige Prediger für weitreichende Reformen in der ihrer Meinung nach korrupten katholischen Kirche ausgesprochen, James Resby oder Paul Crawan zum Beispiel. Beide wurden jedoch als Ketzer verbrannt. Einer der ersten Schotten, die sich Luther zuwandten, war dann der Theologe Patrick Hamilton (1504–1528). Inspiriert von Luthers Thesen, setzte er sich mit eigenen Thesen für die Reformation ein. Dafür wurde er 1528 in St. Andrews als Ketzer auf dem Scheiterhaufen verbrannt.

Neben Luthers Schriften, die seit den 1520er-Jahren nach und nach heimlich ins Land gelangten, verbreiteten sich auch englische Bibelübersetzungen, die vom Volk gelesen werden konnten. So fanden die reformatorischen Ideen weitere Anhänger in Schottland. Zu ihnen gehörte beispielsweise der Priester John Knox, der seit den 1540er-Jahren im Land predigte. Er fand viel Gehör im Volk, schaffte es aber auch, dass sich der schottische Adel für die Reformation stark machte und in Opposition zum weiterhin streng katholisch orientierten schottischen Königshaus aufstellte.

Nach dem Tod des schottischen Königs Jakob I. 1542 übernahm seine Witwe, die Französin Maria von Guise (1515–1560), für ihre nur wenige Monate alte Tochter Maria Stuart (1542–1587) die Herrschaft in Schottland. Sie versuchte mit aller Macht, den Protestantismus zurückzudrängen und stand für ein katholisches Bündnis zwischen Frankreich und Schottland. Weil sie immer mehr evangelische Prediger gefangen nehmen ließ

Maria I. Tudor wurde auch „Die Katholische" oder „Die Blutige" genannt. Antonio Moro hat das Porträt 1554 gemalt.

John Knox und der Presbyterianismus

Wohl um 1514 in der nicht weit von Edinburgh gelegenen schottischen Stadt Haddington geboren, wurde John Knox in den 1530er-Jahren zum Priester geweiht. Sein Mentor wurde der evangelisch predigende Reformer George Wishart, der jedoch 1546 als Ketzer sterben musste. 1547 wurde Knox selbst von Katholiken in St. Andrews gefangengenommen und 1547 zu einer Galeerenstrafe in Frankreich verurteilt. Dort musste er eineinhalb Jahre an die Ruderbank angekettet verbringen. Nach seiner Freilassung predigte er zunächst zwei Jahre in England. Als 1554 Maria I. Tudor (1516–1558, reg. ab 1553) Königin von England und Irland wurde und gewaltsam begann, das katholische Staatskirchentum wieder einzuführen, floh Knox aus England. In Genf, wo er bis 1559 blieb, lernte er Calvin kennen, predigte und arbeitete als Seelsorger. 1559 kehrte er endgültig nach Schottland zurück, wo er in einem offenen Aufstand gegen die beiden katholischen Königinnen Maria Tudor in England und Maria de Guise in Schottland kämpfte. Er wurde der nationale Führer der schottischen Reformation und setzte sie nach dem Genfer Modell institutionell durch. 1572 starb er in Edinburgh.

Zu seinem bis heute gültigen Erbe gehört seine an Calvin und Genf angelehnte Kirchenordnung, nach der auch heute weltweit reformierte Gemeinden organisiert sind. Sie wird mit dem englischen Begriff des Presbyterianismus bezeichnet. Im Gegensatz zur hierarchisch aufgebauten römisch-katholischen Kirche, in der Papst und Bischöfe die jeweils untergeordnete kirchliche Ebene kontrollierten, ging Knox vom Priestertum aller Gläubigen aus. Niemand sollte in der Gemeinde über jemanden herrschen, die Gemeinde sollte sich sozusagen demokratisch selbst organisieren: Laien und Pfarrer sind gleichberechtigt, Entscheidungen werden durch einen Rat der Ältesten gefällt. Diese nennt man Presbyter, was vom Griechischen „presbyteros" (der Ältere) abgeleitet ist. Presbyter werden von der Gemeinde gewählt. Im Unterschied zu episkopalen Kirchenordnungen, wo der Bischof die Pfarrer ordiniert und den kongregational organisierten Gemeinden, in der die Gemeinde den Pfarrer ordiniert, werden die Pfarrer von einem Zusammenschluss von presbyterialen Gemeinden, dem Presbyterium, ernannt.

John Knox predigt vor den „Lords of the Congregations".

und gleichzeitig ein „französisches Regiment" mit französischen Beratern und in Schottland stationierten französischen Soldaten führte, kam es zur offenen Revolte. Nun standen Protestanten gegen Katholiken, Franzosen gegen Schotten. In John Knox, der 1559 nach Schottland zurückkehrte und zur Leitfigur der protestantischen Rebellion wurde, vereinten sich dabei religiöse und nationale Interessen. Zu den bürgerkriegsähnlichen Unruhen gehörten Bilderstürme und Zerstörungen von katholischen Kirchen ebenso dazu, wie der 1559 von James Stewart, dem späteren Earl of Moray (1531–1570), angeführte erfolgreiche Aufstand schottischer protestantischer Adliger, der „Lords of the Congregations". John Knox bat die gerade erst gekrönte neue englische Königin Elisabeth I. um Unterstützung, welche sie der antikatholischen Allianz gewährte. Nach dem Tod Maria de Guises am 11. Juni 1560 wurde das alte Bündnis zwischen Schottland und Frankreich beendet. England und Schottland schlossen am 6. Juli 1560 den Vertrag von Edinburgh ab. Er gab den Protestanten nicht nur Religionsfreiheit, sondern setzte nun die Reformation in Schottland endgültig durch. Kurz darauf genehmigte das schottische Parlament das unter anderem von Knox verfasste reformierte schottische Bekenntnis *(Confessio Scotica)* und errichtete eine calvinistische Staatskirche. Der Katholizismus wurde aus Schottland verbannt; Schottland war damit zu einer protestantischen Nation geworden.

Mit der *Confessio Scotica* begann der Aufbau der Schottischen reformierten Kirche, der „Kirk" of Scotland. Sie kam im Dezember 1560 zu ihrer ersten Generalversammlung in Edinburgh zusammen. Grundlagen der Kirchenorganisation formulierten Knox und seine protestantischen Mitstreiter in dem Buch *The First Book of Discipline* von 1561.

Bis Ende des 16. Jahrhunderts hatte die Reformation damit in weiten Teilen Europas Fuß gefasst.

IV.

Der Protestantismus gewinnt Profil: Das 17. und 18. Jahrhundert

Emanuel de Witte (um 1617–1691/92) war berühmt für seine Darstellungen von Kircheninterieurs. Dieses Bild zeigt eine Fantasieansicht, die einfache Menschen (und sogar einen Hund!) in Beziehung zum lichtdurchfluteten Kirchenraum setzt.

Zwischen Krieg und Frieden

Mit dem Augsburger Religionsfrieden von 1555 endete die eigentliche Reformationszeit. Luther war bereits 1546 gestorben. Der Protestantismus hatte sich als eine eigenständige religiöse Größe in Europa durchgesetzt und wurde als ein eigenes Bekenntnis toleriert. Etwa die Hälfte aller europäischen Regierungen, der von ihnen regierten Länder und Untertanen gehörten gegen Ende des 16. Jahrhunderts entweder dem lutherischen oder dem reformierten Bekenntnis an.

Doch damit war die Zeit der religiösen Kriege und der konfessionellen Abgrenzung noch längst nicht vorbei. Bis in die Mitte des 17. Jahrhunderts gestalteten nun Katholiken, Lutheraner und Reformierte ihre Lehren, ihre Theologie, ihre kirchlichen Strukturen und ihre religiösen Lebensformen genauer aus, erneuerten sich und schärften ihre eigene konfessionelle Identität. Dazu gehörte, dass sie sich alle voneinander abgrenzten, Katholiken von Protestanten und umgekehrt, aber ebenso Lutheraner von Reformierten oder beide gegenüber den Täufern, die sie sogar verfolgten. Diese vielgestaltigen Prozesse geschahen sozusagen individuell in den einzelnen Territorien, denn in Deutschland wurden die Protestanten (wie auch die Katholiken) in Staatskirchentümern regiert. Das bedeutete, dass der oberste Landesherr nicht nur für die weltlichen, sondern zugleich auch für die kirchlichen Angelegenheiten zuständig war. So erhielten die einzelnen Länder oder Städte sehr unterschiedliche kirchliche und geistige Prägungen, die sich auch auf Wirtschaft, Politik und Kultur auswirkten, bis in

ALLENSTAATEN

Kirchen Ord-
nung. In meiner gne-
digen herrn der Marg-
grauen zu Brandenburg
Und eins Erbern Rats
der Stat Nürmberg
Oberkeyt und gepie-
ten/ Wie man sich
bayde mit der leer
und Ceremo-
nien halten
solle.
M.D.XXXIII.

Der lutherische Theologe Andreas Osiander verfasste 1533 die Kirchenordnung für Brandenburg-Ansbach und Nürnberg.

das 20. Jahrhundert hinein. So sind bis heute etwa Aachen, Köln, Münster oder München katholisch geprägte Städte, während Hamburg, Bremen, Dortmund oder Nürnberg als evangelische Städte betrachtet werden können.

An vielen kleineren Beispielen der Alltagskultur oder der Volkskunde kann man weitere Unterschiede erforschen. Protestanten trugen seit dem 17. Jahrhundert andere Vornamen als Katholiken, nämlich biblische Namen oder beispielsweise Johann, Georg, Gustav, Joachim oder Christian – aber keine katholischen Heiligennamen. Reformierte Frauen bekamen weniger Kinder als katholische Frauen. Und in evangelischen Familien setzte sich bis zum 18. Jahrhundert der Christbaum, geschmückt mit Äpfeln oder dann auch mit Lichtern, als weihnachtliches Symbol durch, während katholische Familien zu Hause die Weihnachtskrippe aufstellten. Aber auch in Politik und Wirtschaft sind Unterschiede im Verhalten von Katholiken und Protestanten zu beobachten, wobei, wie der Soziologe Max Weber herausstellte, Pietisten und Quäker wirtschaftlich ganz besonders erfolgreich sind (vgl. S. 143).

Ein ökumenisches Bewusstsein, dass sowohl lutherische als auch reformierte Christen zusammengehören, gab es zu dieser Zeit noch nicht. Insofern gehört die innere Gespaltenheit und die gegenseitige Konkurrenz zum Wesen des Protestantismus. Sie ist zugleich aber auch der Kern seiner Vielfalt. Denn ob Lutheraner, Reformierte oder Täufer: Jede Richtung hatte etwas Typisches, das Identität als Kirche und als evangelische Gemeinschaft stiftete. Strukturelle Grundlagen hierfür schufen die Kirchenordnungen, von denen viele erst nach der reichsrechtlichen Absicherung des Augsburger Religionsfriedens und bis weit in das 17. Jahrhundert hinein erlassen wurden.

Inhaltlich erhielt das Bekenntnis eine herausragende Bedeutung, weil es die fundamentalen theologischen Lehrsätze bündelte und für die jeweiligen Territorien zusammenfasste. Bei den Lutheranern beinhaltete das Bekenntnis verschiedene Fassungen des *Augsburger Bekenntnisses* von 1530, die *Konkordienformel* von 1577, die die Aussagen des *Augsburger Bekenntnisses* bestätigte, sich zugleich aber vom reformierten Abendmahlsverständnis abgrenzte, sowie eine Sammlung verschiedener altkirchlicher und reformatorischer Lehrschriften, die 1580 als *Konkordienbuch* zusammengefasst wurden. Bei den Reformierten wurden ebenfalls in der zweiten Hälfte des 16. Jahrhunderts und zu Beginn des 17. Jahrhunderts verschiedene Lehrsätze als Bekenntnisse zusammengefasst, obwohl für sie insgesamt ein einheitliches, für längere Zeit verbindliches Bekenntnis weniger wichtig war als für die Lutheraner. Grundlegend blieb der *Heidelberger Katechismus* von 1563, der schließlich auch von andern europäischen Reformierten angenommen wurde. Über die Kirchenordnungen, das Bekenntnis und natürlich die Gottesdienste hinaus gab es weitere Gemeinsamkeiten, die miteinander verbanden. Im Luthertum blieb Luther, auch nach seinem Tod, eine identitätsstiftende Person, die allerdings mehr und mehr mythische Züge annahm. Das 100-jährige Jubiläum von Luthers Thesenanschlag wurde 1617 erstmals als Gedenktag gefeiert, 1693 wurde Luthers Geburtshaus in Eisleben als eine Erinnerungsstätte eröffnet – und ist damit eines der ältesten Museen Deutschlands.

Zu einem besonderen Typ wurde auch der lutherische Pfarrer. Er hatte nun in der Regel studiert, denn er sollte ja das Wort auslegen und vor allem Prediger sein. Das brachte jedoch vor allem auf dem Land Konflikte mit sich, da der Pfarrer zumeist aus dem städtischen Bürgertum stammte und nun zwar als ein Mann der Gelehrsamkeit galt, aber deswegen auch ein Fremder blieb.

Bei den Reformierten bildeten natürlich Genf und Calvin wichtige Bezugspunkte. Jenseits regionaler Unterschiede verband die Reformierten ihr unablässiger Einsatz für eine radikale Kirchenreform, für eine demokratische Organisation von Kirche und Gemeinde. Die Kirchenältesten, die für die Einhaltung der Kirchendisziplin verantwortlich waren, wurden geachtete Leute der Gemeinde.

Während sich die lutherische und die reformierte Konfession nach innen hinein festigten, blieb der seit dem Trienter Konzil erneuerte und erstarkte Katholizismus für die Protestanten ein religiöser, aber auch machtpolitischer Widersacher. Das löste schließlich den Dreißigjährigen Krieg aus. In seinem Zentrum standen die beiden großen Herrschaftshäuser, die katholischen Habsburger und die protestantischen Wittelsbacher. Die deutschen evangelischen Landesherren kämpften gemeinsam mit ihren ausländischen Verbündeten – Frankreich, Schweden, Dänemark, England und den Vereinigten Provinzen der Niederlande – gegen das Heilige Römische Reich und die katholischen Landesherren. 1618 kam es zum ersten der insgesamt vier Kriege, die zusammen den Dreißigjährigen Krieg bilden. Hier stand das protestantische Böhmen gegen das katholische Spanien. Böhmen wurde 1620

Das Geburtshaus Martin Luthers in Eisleben dient schon seit 1693 als Museum.

Der Dreißigjährige Krieg ist die Katastrophe des 17. Jahrhunderts. Manche Landstriche wurden regelrecht entvölkert. Holzstich von 1646, nachträglich koloriert.

von den Spaniern besetzt, die sämtliche evangelische Kirchen in Böhmen, Österreich und Mähren schließen ließen. Das führte zum Widerstand auf protestantischer Seite, so dass das lutherische Dänemark seit 1623 zusammen mit England und den Niederlanden versuchte, das verlorene Territorium zurückzuerobern. Das gelang jedoch nicht, und die verlorenen Gebiete blieben katholisch. In der Folgezeit kam es zu neuen Machtallianzen. Das lutherische Schweden stellte sich an die Seite Frankreichs, die meisten deutschen Landesherren schlossen 1635 einen Friedensschluss mit dem Kaiser. Dagegen wiederum wandte sich Frankreich, das Spanien den Krieg erklärte, um ein starkes Kaiserreich zu verhindern. Damit begann die schlimmste und grausamste Phase des Dreißigjährigen Krieges, in der unzählige Dörfer, Städte und Landstriche, vor allem im Bereich des damaligen Deutschlands, verwüstet oder geplündert wurden.

25 Millionen Einwohner Deutschlands kamen in den Schlachten und Kriegshandlungen, aber auch in den sich anschließenden Hungersnöten und Seuchen um. In manchen Gegenden starb sogar mehr als die Hälfte der Bevölkerung, was einem höheren Bevölkerungsverlust als im Zweiten Weltkrieg entspricht. Das unvorstellbare Leid, die Grausamkeiten, sowie die im Krieg zum Ausdruck gekommene moralische Verderbtheit der

Menschen fasste der aus Schlesien stammende protestantische Barockdichter Andreas Gryphius (1616–1664) eindrucksvoll in Worte und Bilder. Man bezeichnet seine Gedichte daher auch als „Poetik der Klage".

Der Westfälische Frieden von 1648 beendete schließlich den Dreißigjährigen Krieg und ordnete Europa neu. Die drei großen Konfessionen, der Katholizismus, das Luthertum und der Calvinismus, wurden einander gleichgestellt, zugleich aber in ihren Machtansprüchen zurückgedrängt. Die Schweiz und die Niederlande trennten sich vom Reich und wurden unabhängige Staaten; Brandenburg, Frankreich und Brandenburg-Preußen erhielten Gebiete hinzu und Deutschland wurde in zahlreiche einzelne Territorien aufgesplittert. Was als ein Religionskrieg begonnen hatte, war schließlich zu einem komplexen politischen und wirtschaftlichen Konflikt erwachsen. In ihm spielten letztlich nationale Machtinteressen eine wichtigere Rolle als das religiöse Bekenntnis. Damit war das Ende der religiösen Machtvorherrschaft in Europa eingeleitet.

Zwar begannen sich seit dem 17. Jahrhundert zunehmend rationale und aufklärerische Gedanken durchzusetzen (vgl. S. 138). Die Menschen der Frühen Neuzeit waren aber noch stark von Emotionen und der Furcht vor Fremdem geprägt. So kam es seit dem späten Mittelalter mit der „Hexenbulle" von Papst Innozenz VIII. von 1484 zu systematischen Hexenverfolgungen in Mitteleuropa, insbesondere in Deutschland, der Schweiz und Österreich, sowie in Schottland, England, Frankreich, Finnland oder Norwegen.

Auch Protestanten beteiligten sich an den Hexenverfolgungen, die bis Mitte des 17. Jahrhunderts andauerten und denen in Europa ungefähr 60 000 Menschen zum Opfer fielen, über 80 Prozent Frauen. Luther ging zwar einerseits davon aus, dass Angst vor Teufel, Dämonen und Hexen durch den festen Glauben an Gott überwunden werden könnten und sprach sich deshalb auch gegen Hexenverfolgungen aus. Auf der anderen Seite war aber dafür, dass die Landesherren gegen Aberglauben und Hexerei vorgehen sollten. Calvin war radikaler: Er meinte, dass Gott selbst die Todesstrafe festgesetzt habe, und befürwortete deshalb die Hexenverfolgungen. Unter Berufung auf Luther oder Calvin wurde die Hexenangst von zahlreichen Protestanten geschürt. Vermeintliche Hexen

Andreas Gryphius auf einem Kupferstich von Philipp Kilian aus dem Jahr 1660.

fielen ihr auch in protestantischen Gebieten zum Opfer. Zugleich gab es aber auf der Gegenseite auch immer wieder Stimmen, die sich gegen die Hexenverfolgungen aussprachen, wie zum Beispiel die des reformierten Pfarrers Anton Praetorius (1560–1613), der während eines Hexenprozesses

Dieser Holzstich aus dem 19. Jahrhundert zeigt die Qualen, denen angebliche „Hexen" im Mittelalter ausgesetzt waren.

im hessischen Birstein forderte, die unmenschliche Folter zu beenden.

Puritaner und Erweckte in der Alten und Neuen Welt

Die innere Zerrissenheit des Protestantismus zeigte sich besonders deutlich in England. Hier hatte es lange gedauert, bis sich die Kirche von Rom löste (vgl. S. 86). Erst nachdem die Rekatholisierung Englands unter Maria Tudor gescheitert war, wandte sich Elisabeth I. wieder der Reformation zu und etablierte mit dem *Elizabethean Settlement* von 1563 die anglikanische Kirche erneut. Diese Schrift richtete sich theologisch mit ihren 39 Artikeln und dem Bekenntnis zu den beiden Sakramenten Taufe und Abendmahl calvinistisch-reformiert aus, bewahrte aber zugleich mit ihrer bischöflichen Hierarchie und ihrer an der römischen Kirche orientierten Liturgie grundlegende katholische Züge.

Doch trotz ihrer kirchlich-theologischen Mischform blieb die neue *Church of England* nicht unumstritten. Widerstand kam von katholischer, aber auch von evangelischer Seite. Denn viele englische Protestanten hatten andere Vorstellungen von einer Kirche der Reformation, als sie die Mehrheitskirche der Anglikaner jetzt vertrat. Wegen ihrer Kritik am nun eingeschlagenen Kurs der Church of England nannte man diesen Flügel der englischen Protestanten daher auch Nonkonformisten oder *Dissenters*.

Dieser Sammelbegriff verband unterschiedliche Richtungen evangelischer Gruppen. Dazu gehörten beispielsweise die Protestanten, die unter Mary Tudors Verfolgungen auf das europäische Festland geflohen waren. Dort hatten sie Calvinisten und reformierte Gemeinden kennengelernt und wollten nun das, was sie dort teilweise vor Ort direkt erfahren hatten, in England verwirklichen: Eine „reine" reformierte, bibelorientierte Kirche, die nach demokratisch-presbyterialer Weise selbst organisiert und vom Staat unabhängig war. In ihr sollte es klare moralische Regeln und eine feste Kirchendisziplin geben. Die Verfechter dieses radikaleren Kirchenbildes waren überwiegend Calvinisten. Weil sie dafür eintraten, die Kirche von allem, was katholisch war, zu säubern, nannte man sie „Puritaner" (vom lateinischen Wortstamm *pur* = rein). Zu ihnen gehörten theologisch sehr unterschiedlich profilierte Fraktionen. Doch einte sie die Idee, dass die anglikanische Kirche von innen heraus reformiert werden müsste. Das wiederum lehnte eine andere größere protestantische Gruppe, die Separatisten, ab. Sie wollten stattdessen eine vollkommen neue protestantische Kirche errichten.

Unter den Nachfolgern Königin Elisabeths, den Königen Jakob I. (James, 1566–1625, reg. ab 1603) und Karl I. (Charles, 1600–1649, reg. ab 1625), bildeten England, Schottland und Irland ein gemeinsam regiertes, vereinigtes Königreich, Großbritannien. Die Gegensätze zwischen Anglikanern und Puritanern verschärften sich und erhielten nun auch eine politische Dimension. Die Könige beanspruchten göttliches Recht für sich und wollten ihre Macht mit Hilfe der anglikanischen Staatskirche weiter absolutistisch ausbauen. Dabei konnten sie auf weite Teile des Adels und der Kirche bauen. Dagegen drängten die Puritaner, deren Anhänger vor allem städtische Bürger, Kaufleute, Handwerker und wohlhabende Bauern waren, auf kirchliche Reformen und unterstützten die republikanischen Kräfte in England. Anfangs noch geduldet, wurden sie jetzt stärker verfolgt. Verschiedene puritanische Gruppen und andere Nonkonformisten verließen daraufhin England und suchten in den Niederlanden und in Nordamerika eine neue religiöse Heimat. Das konnten sie sogar legal tun, denn die Auswanderung aus religiösen Gründen war in England und Schottland, im Gegensatz zu allen anderen europäischen Ländern, erlaubt.

Unter der Herrschaft von Elisabeth I. (1558–1603) wurde die Anglikanische Kirche erneut etabliert.

Oliver Cromwell während seiner ersten Rede im englischen Parlament am 2. März 1629. Die Darstellung stammt aus dem 19. Jahrhundert.

Zu Hause in England spitzte sich der Konflikt zwischen Anglikanern und Puritanern sowie zwischen Krone und Parlament jedoch endgültig zu, als Karl I. versuchte, den Anglikanismus in Schottland einzuführen, das bis dahin calvinistisch war. Da er zur gleichen Zeit jegliche Form parlamentarischer Kontrolle ablehnte, kam es 1642 zum Bürgerkrieg. Hier standen sich die königlichen Truppen und das überwiegend puritanische Parlamentsheer gegenüber. Aus ihm stieg der Puritaner Oliver Cromwell (1599–1658) zum Führer der parlamentarischen Opposition gegen Karl I. auf. Nachdem Karl I. 1649 gefangen genommen und kurz darauf hingerichtet wurde, erklärte das Parlament England zur Republik. Offiziell hieß England nun Commonwealth of England und umfasste England und Wales, später dann auch Schottland und Irland.

Cromwell selbst übernahm als Lordprotektor die Herrschaft über die junge Republik. Zusammen mit seinen puritanischen Anhängern herrschte er in einer Art Militärdiktatur; streng, intolerant, radikal und gewaltsam. Das machte den Puritanismus auf lange Sicht in England, aber auch in Irland verhasst. Nach Cromwells Tod 1658 übernahm sein Sohn Richard (1626–1712) das Regiment. Erfolglos gab er jedoch schon nach neun Monaten sein Amt auf und wanderte freiwillig nach Paris aus. Das englische Parlament verlieh daraufhin Karl II., der sich bis dahin in Frankreich im Exil aufgehalten hatte, die Königswürde. Damit war die Monarchie mit ihren alten adligen und kirchlichen Eliten wieder-

hergestellt und der protestantische Kampf um die Vorherrschaft in England zugunsten der Anglikaner entschieden.

Für die Nonkonformisten und Nicht-Anglikaner brachen schwere Zeiten an: Um den Anglikanismus zu stärken, erließ das Parlament 1673 die Testakte (*Test Act*), die alle Nicht-Anglikaner von staatlichen Ämtern und der Mitgliedschaft im Parlament ausschloss. Erst die Toleranzakte von 1689 gab den Puritanern die Religionsfreiheit und erlaubte ihnen, offiziell Gottesdienste zu feiern – wenn sie bereit waren, dem englischen König als Oberhaupt der anglikanischen Kirche den Treueeid zu leisten. Doch damit waren sie noch längst nicht gleichberechtigt gegenüber den Anglikanern. Religiös diskriminiert, blieben sie bis 1718 Bürger zweiter Klasse (Katholiken sogar bis ins 19. Jahrhundert hinein).

Freier und friedlicher lebten dagegen die Puritaner und Nonkonformisten, die sich seit Beginn des 17. Jahrhunderts zur Auswanderung nach Nordamerika, dem damaligen Neuengland, entschlossen

Die Pilgrims landeten 1620 mit der Mayflower im Hafen von Plymouth. Ein Nachbau des bekannten Schiffs liegt bis heute im Hafen der Stadt.

hatten. Ungefähr 20 000 Puritaner kehrten unter Karl I. England den Rüken und ließen sich an der Ostküste *New Englands* nieder.

Die ersten Pilger *(pilgrims)*, wie sie sich selbst nannten, waren eine puritanische Gruppe von 102 Männern, Frauen und Kindern. Sie gingen im September 1620 in Plymouth in Südengland an Bord der Mayflower. Mit großen Hoffnungen auf eine neue Zukunft jenseits des Atlantiks machten sie sich mit diesem kleinen Segelschiff auf nach Virginia, wo es bereits eine britische Kolonie gab. Doch zwei Monate später erreichten sie, etwas vom Kurs abgekommen, weiter nördlich, Cape Cod in Neuengland, im heutigen Bundesstaat Massachusetts. Nach anderthalb Monaten gingen sie dann am 22. Dezember auf der anderen Seite von Cape Cod an Land und gründeten ihre Siedlung Plimouth, das heutige Plymouth. Bis heute wird dieser Tag der Landung der Pilgerväter, wie die ersten Siedler später genannt wurden, in den USA als Pilgrims' Day gefeiert. Vor der Landung hatten 41 der Pilgerväter einen Vertrag aufgesetzt und unterschrieben, in dem sie festhielten, dass sie sich an die Regeln der Regierung halten und ihre Siedlung nach gerechten Gesetzen gemeinschaftlich ordnen wollten. Dieser Vertrag gilt als frühestes Dokument demokratischer Selbstverwaltung in Nordamerika. Die Freiheit und Autonomie, die die neue Siedlung an der amerikanischen Ostküste bot, sprach sich herum. In weniger als 15 Jahren stieg die Bevölkerung von Plymouth auf über 2000 Einwohner an.

Den Pilgervätern und Pilgermüttern von Plymouth folgten weitere puritanische Auswanderer. 1629 wurde der in England verfolgte Puritaner John Winthrop (1588–1649) zum ersten Gouverneur der englischen Kolonie *Massachusetts Bay Colony* ernannt. Ihr Gebiet entsprach ungefähr dem heutigen US-Staat Massachusetts. Winthrop kam 1630 zum ersten Mal mit rund 700 Siedlern nach Neuengland und gründete dort die erste puritanische Kolonie (Plymouth war nur eine Siedlung gewesen). Seine Idee eines puritanischen Gemeinwesens beschrieb er mit dem Bild von der „City upon a hill" (Stadt auf einem Hügel), das sich an den Satz Jesu aus der Bergpredigt im Neuen Testament anlehnte: „Ihr seid das Licht der Welt. Es kann die Stadt, die auf dem Berge liegt, nicht verborgen sein." Damit wollte er die besondere, von Gott gestiftete Vorbildfunktion der Kolonie hervorheben und betonen, dass die neue Kolonie, wie Israel, einen festen Bund mit Gott geschlossen habe. Diese Idee entwickelte sich später zu einem wesentlichen Element des amerikanischen Selbstverständnisses und ist bei vielen amerikanischen Protestanten heute noch präsent.

Nach und nach wurde die Ostküste Neuenglands vom puritanischen Lebensstil geprägt, nach der das Leben nicht aus Vergnügen, sondern aus harter Arbeit bestand. Tanzen, Feiern, Theater passten nicht in diese Welt. Doch erlebten die Puritaner auch, wie sie hier jeden Beruf ergreifen, etwas schaffen und vorankommen konnten. Sie schätzten die Selbstverwaltung und ihre Freiheit. Sie bauten Städte, Kirchen, Schulen und gründeten 1636 ein College in Cambridge bei Boston. Hier sollten die Puritaner die Möglichkeit haben, sich nach den englischen Universitätsstandards weiterzubilden. Nach einer großen Stiftung von John Harvard, einem Theologen, der in England an der Universität Cambridge studiert hatte und 1637 auswanderte, erhielt das College dann 1639 seinen Namen und wurde 1780 zur Universität Harvard.

Tolerant war man in der *Massachusetts Bay Colony* lediglich gegenüber denjenigen, die der Linie John Winthrops folgten, der davon überzeugt war, dass er den rechten Weg zum Heil vorlegte. Wer abweichende Meinungen vertrat, wurde ausgegrenzt – auch unter den Puritanern. Besonders feindselig verhielten sich die Puritaner nach einer kurzen Zeit friedlicher Beziehungen gegenüber den einheimischen Indianern. Weder das Land noch die Kultur der Indianer wurden respektiert. Da sich die Puritaner als von Gott erwählt betrachteten, sahen sie in den Indianern Boten des Bösen oder des Teufels und fühlten sich zum Kampf gegen sie berechtigt. Als die Indianer 1610 zwei Siedler ermordeten, brannten die Siedler zwei Indianerdörfer nieder und massakrierten

Gleich nach ihrer Ankunft in Plymouth errichteten die Siedler eine erste provisorische Kirche. Dieser kolorierte Holzstich aus dem 19. Jahrhundert zeigt den sonntäglichen Kirchgang.

Frauen und Kinder. Damit war eine Art Krieg zwischen Indianern und Puritanern eröffnet, der von den Indianern 1622 mit einem Gegenangriff und 350 Toten beantwortet wurde. Ganz unchristlich vergifteten die Siedler die Indianer mit Alkohol und töteten ihre Frauen und Kinder. Um sich vor den Indianern zu schützen, durften die Männer nun auch auf dem Weg zum Gottesdienst Feuerwaffen tragen. Dem zweijährigen Krieg gegen die Narragansett (1643–1645) folgten weitere Kriege zwischen puritanischen Siedlern und Indianern. Systematisch wurden die amerikanischen Eingeborenen aus ihren angestammten Gebieten vertrieben und ausgerottet.

Die Auseinandersetzungen mit den *Native Americans* waren unter anderem darauf zurückzuführen, dass sich die verschiedenen puritanischen und nonkonformistischen Gruppen, wie in ihrem alten Leben in England, ständig von allen Seiten bedroht fühlten. Um sich selber sicher zu fühlen – und diese Erfahrung nahmen sie aus England in die Neue Welt mit – brauchten sie daher die Abgrenzung und die moralische Überlegenheit gegenüber anderen. Diese Eigenschaft führte schließlich auch zu den schrecklichen Hexenprozessen in der kleinen Stadt Salem im heutigen Bundesstaat Massachusetts, wo sich die Puritaner im Kampf gegen das Böse auf der Seite Gottes wähnten. Nachdem drei Frauen, allesamt Außenseiterinnen in der puritanischen Gemeinschaft, darunter die indianische Sklavin eines Geistlichen, als Hexen angeschuldigt worden waren, setzte eine erbarmungslose Hexenjagd in Salem ein. Der schlossen sich auch Intellektuelle und wissenschaftlich fortschrittliche Puritaner wie der Gelehrte Cotton Mather (1663–1728) an, der mit seiner Schrift *Wonders of the Invisible World* von 1693 die Hexenjagd theologisch begründete. Zwischen 150 und 300 Menschen wurden inhaftiert und über 20 hingerichtet. Die Hexenprozesse von Salem zeigten die andere Seite des rechtschaffenen und ehrbaren Puritaners und machten seinen religiösen Fanatismus und seine Engstirnigkeit sichtbar.

Es war genau dieser Charakterzug, durch den sich der Theologe und Kulturwissenschaftler Roger Williams (1603–1683) schließlich vom Puritanismus entfremdete. Williams hatte im englischen Cambridge studiert und war seit 1627 Pfarrer der anglikanischen Kirche. Doch war er schon während seines Studiums mit dem Puritanismus in Kontakt gekommen. Nach und nach öffnete er sich dieser Form des Protestantismus, bis er sich schließlich den Puritanern anschloss. Da ihm dadurch eine weitere Laufbahn in der anglikanischen Kirche verwehrt war, arbeitete er zunächst als privater Geistlicher bei einer angesehenen puritanischen Familie. Doch seine religiöse Suche ging weiter. So ging er allmählich zum Puritanismus auf Distanz und wurde zum Separatisten. 1630 wanderte er dann mit seiner Frau Mary Barnard in John Winthrops Kolonie Massachusetts Bay aus. Dort eckte er jedoch schnell an. Er stellte die Kolonisation Neuenglands durch den König und die Siedler in Frage und machte sich stattdessen für die Landrechte der Ureinwohner stark. In seinen Reden setzte er sich außerdem immer wieder für die persönliche Gewissens- und Religionsfreiheit ein und sprach sich für eine Trennung von Staat und Kirche aus. Das war ein direkter Affront gegen die puritanische Republik Winthrops, da hier Religion und Regierung eine enge Verbindung eingegangen waren. Im Oktober 1635 wurde Williams wegen seiner radikalen Ansichten verurteilt und aus Massachusetts verbannt. Eigentlich hätte er nach England zurückkehren sollen, doch halfen ihm seine Freunde, Indianer vom Stamm der Wampanoags, zu fliehen. Von ihnen kaufte Williams kurz darauf Land an der Narragansett Bay und errichtete dort 1636 zusammen mit zwölf Freunden eine Niederlassung. Diese nannte er aus Dank an Gottes gnädige Vorsehung *Providence*.

Hier gründete er 1638 die erste amerikanische Gemeinde von Baptisten. Diese separatistische Glaubensrichtung war Anfang des 17. Jahrhunderts in England entstanden. Ihre Mitglieder legten Wert auf persönliche Bekehrungserlebnisse und nahmen Ganzkörpertaufen vor.

Aus Providence entwickelte sich die Kolonie *Rhode Island*, die zu einem Musterbeispiel an religiöser Toleranz und Demokratie wurde. Hier fanden Verfolgte und Andersdenkende Aufnahme, darunter auch Juden und Katholiken. Sie wurden als Bürger anerkannt und konnten ihren Glauben und ihre Religion frei ausüben. Zudem setzte Williams durch, dass sich die Regierung nur noch um zivile Dinge kümmerte und Staat und Kirche getrennt wurden. Mit den Einheimischen lebte Williams in friedlicher und guter Nachbarschaft. Er respektierte ihre Rechte und war der Ansicht, dass man sie nicht mit Zwang zum Christentum bekehren dürfe. Seine Überzeugungen legte er in Büchern wie *Key to the Language of America* von 1643 nieder, wo er die Sprache der Einheimischen analysierte, oder in der Schrift *The Bloody Persecution for Cause of Conscience*, mit der er für die Trennung von Staat und Kirche eintrat.

Das Gemälde von Jean Léon Jérôme Ferris zeigt William Penn bei seiner Ankunft in Pennsylvania am 29. Oktober 1682.

Wie Williams ging auch William Penn (1644–1718) andere Wege als die Puritaner in Massachusetts. Er gehörte zu den Quäkern, einer ebenfalls in England verfolgten Gruppe von Protestanten, die der englische Handwerker und Laienprediger George Fox (1624–1691) 1652 als die *Gesellschaft der Freunde* gegründet hatte. Sie verstanden sich als „Kinder des Lichts", weil sie glaubten, dass in jedem Menschen etwas von Gott als ein inneres Licht sichtbar wird. Aus dieser inneren Erleuchtung heraus begannen sie in ihren Versammlungen zu zittern und zu beben – was ihnen den Namen Quäker einbrachte (engl. *to quake* = beben, zittern). Penn, der aus einer der besten Familien Englands stammte und in England zur Zeit Cromwells mehrfach verhaftet worden war, erhielt 1681 von Karl II. einen großen Teil des Gebietes am Delaware. Karl II. ernannte ihn zudem zum Gouverneur der neuen Kolonie *Pennsylvania*.

Hier, in den heutigen US-Bundesstaaten Pennsylvania und Delaware, schuf Penn einen Quäker-Staat, der Heimat für verfolgte Christen und Indianer wurde und in dem Toleranz, Freiheit und Brüderlichkeit herrschten. Seine Hauptstadt wurde bereits 1681 Philadelphia. Penns *Heiliges Experiment*, wie er seine Kolonie nannte, zog seit 1677 zahlreiche Siedler an; seit 1683 auch Deutsche, die hier die Stadt *Germantown* gründeten (vgl. S. 133). Penns Vision von einem toleranten

John und Charles Wesley während einer Predigt in Bristol. Hier gründeten sie die erste methodistische Kirche. Holzstich von 1868.

Vom Bekehrungslied zum nationalen Kultlied: Amazing Grace

Amazing Grace ist vielleicht das Lied, in dem sich die Seele der Vereinigten Staaten von Amerika am deutlichsten widerspiegelt. Sein Verfasser war der anglikanische Prediger John Newton (1725–1807), der es im Dezember 1772 wahrscheinlich für einen Gottesdienst und eine Predigt über das erste Buch der Chronik schrieb. Der Choral schildert den Pilgerweg eines Christen, der sich von der Erkenntnis, ein Sünder zu sein, über die Buße und schließlich den rettenden Glauben mit Gottes unglaublicher Gnade erstreckt.

Newton beschrieb damit auch seine eigene Bekehrung vom 10. Mai 1748. Sie veränderte sein Leben und machte aus dem Kapitän eines Sklavenschiffes einen Prediger und Kämpfer gegen die Sklaverei. Obwohl ursprünglich englisch, wurde *Amazing Grace* ein zentrales Lied der amerikanischen Erweckungsbewegung des frühen 19. Jahrhunderts. Amerikaner sangen es ebenso wie indianische Ureinwohner vom Stamm der Cherokee, die während ihrer Deportation mit *Amazing Grace* ihre Toten beerdigten. Das Lied fand später bei beiden Parteien des amerikanischen Bürgerkrieges (1861–1865) Verbreitung. Mit Interpretationen von afroamerikanischen Gospelsängerinnen wie Aretha Franklin oder Mahalia Jackson, von Arlo Guthrie beim Woodstock Festival 1969 oder der amerikanischen Bürgerrechtsaktivistin Joan Baez 1970 wurde es zum Anti-Sklaverei- und Protestsong und erreichte sogar die britische Top Ten.

Doch war es auch das Lieblingslied des früheren US-Präsidenten Georg W. Bush, der es bei seiner Amtseinführung 2001 gleich dreimal singen ließ und das Lied, mit dem der frühere US-Präsident Ronald Reagan 2004 beigesetzt wurde. Weltweit bekannt wurde *Amazing Grace* schließlich nach dem 11. September 2001. Um der Trauer Hoffnung entgegenzusetzen, sangen es Tausende von Amerikanern bei den Gedenkfeiern für die Opfer der Terroranschläge; an den Händen gefasst, still und ernst.

Bis heute gehört der 1719 erschienene Roman *Robinson Crusoe* des protestantischen Autors Daniel Defoe zum Kanon der Weltliteratur.

und demokratischen Staat legte das Fundament für die Unabhängigkeitserklärung der Vereinigten Staaten, die 1776 in Philadelphia unterzeichnet wurde.

Im 18. Jahrhundert verlor der Puritanismus in Nordamerika an Bedeutung. Stattdessen zog nun eine protestantische Bewegung, die für eine disziplinierte Lebensart und soziales Engagement plädierte, Tausende von Anhängern an: der Methodismus. Er hatte seine Wurzeln in England, verdankte aber auch den Herrnhutern wichtige Einflüsse (vgl. S. 129), denn seine persönliche Bekehrung erfuhr ihr Gründer John Wesley (1703–1791) 1738 bei einem Besuch bei Graf Zinzendorf in Herrnhut. Seitdem wirkte Wesley als charismatischer Wanderprediger. Er wollte die spirituelle Lebendigkeit und die Starre und Apathie der anglikanischen Kirche überwinden und setzte bei seinen Predigten daher ganz auf das Gefühl. Um die Bekehrten geistlich und sozial zu unterstützen, bildete er kleinere Gesellschaften (societies). Hier wurde gebetet, gemeinsam die Bibel gelesen und Hilfe für Bedürftige organisiert. Unterstützung erhielt er von seinem Bruder Charles Wesley (1707–1788), der mit über 7000 Kirchenliedern zu einem der bekanntesten englischen Liederdichter wurde, und seinem Freund, dem Geistlichen George Whitefield (1714–1770). In der Zeit der Industrialisierung sprach ihre Botschaft besonders Arbeiter an, aber auch Frauen, die Wesley ermutigte, Führungsrollen einzunehmen.

Um den Methodismus in Nordamerika zu verbreiten, reiste Whitefield 13-mal zwischen England und Neuengland hin und her. Er war ein begeisternder Verkünder, der, weil ihm das Predigten in den Kirchen verboten war, oft unter freiem Himmel von seiner Bekehrung und Erlösung erzählte. Damit zog er Tausende von Menschen an und konnte zahlreiche Wander- und Reiseprediger gewinnen, die wiederum selbst von Gemeinde zu Gemeinde zogen und dort predigten. Obwohl ursprünglich nur als eine innere Gruppierung der anglikanischen Kirche gedacht, gaben die Methodisten schließlich ihr Band mit der anglikanischen Kirche auf und gründeten nach der amerikanischen Unabhängigkeit 1784 ihre eigene methodistische Kirche in Baltimore.

Der Protestantismus in Kunst und Musik

Mit der Reformation begann sich eine neue Vorstellung von Gott, der Kirche und den Menschen in Deutschland und im nördlichen Europa durchzusetzen. Sie umfasste nicht nur die Theologie, sondern ebenso Musik, Dichtung, Malerei, Architektur und Literatur – also all das, was seit der zweiten Hälfte des 18. Jahrhunderts unter den *schönen Künsten* zusammengefasst wurde oder bis heute im engeren Sinn als *Kultur* bezeichnet wird. Für lutherische oder reformierte Musiker, Maler und Literaten eröffnete der Protestantismus kreative Möglichkeiten, ihr Verhältnis zur Religion und zur Welt neu auszuloten und künstlerisch auszudrücken. Die geschaffenen Werke wurden persönlicher, komplexer oder nachdenklicher. Auf den ersten Blick wirkten sie manchmal weniger religiös als vorher. Doch wer genau hinhörte oder hinsah, konnte nachfühlen, dass sich die Künstler während des Formgebens häufig tief mit Gott und der Bibel, dem Tod und dem Sterben oder der Zukunft und dem Leben auseinander gesetzt hatten. Damit inspirierten sie nachkommende Generationen und schufen Werke, die schließlich sogar zu Klassikern des protestantischen Kulturguts wurden.

Vielleicht mit Ausnahme des Theaters, wo mit dem Engländer William Shakespeare (1564–1616) ein Katholik die Dramen der Weltliteratur prägte, wirkten Protestanten in allen künstlerischen Bereichen des 17. und 18. Jahrhunderts. Evangelische Architekten planten und bauten neue Schlösser, öffentliche Gebäude, Brücken oder große Privathäuser, wie zum Beispiel die berühmte französische Architektenfamilie Androuet du Cerceau. Nachdem seit der Reformation zunächst die alten katholischen Kirchen weiter genutzt worden waren, wurden nun auch eigene, neue evangelische Kirchen gebaut. Die reformatorische Konzentration auf das Wort bildete einen neuen Kirchenstil aus, in dem die Kanzel und der Abendmahlstisch in den Mittelpunkt gerückt wurden. Einen außergewöhnlichen kulturellen Rang haben dabei zum Beispiel die schlesischen Friedenskirchen, die nach dem Westfälischen Frieden von 1648 entstanden. Diese Fachwerkkirchen wurden ohne Glockenturm gebaut und bestanden nur aus Holz und Lehm – mehr wurde den Minderheitsprotestanten in Schlesien nämlich nicht zugestanden.

Auch die europäische Literatur des 17. und 18. Jahrhunderts ist vielfältig vom Protestantismus geprägt. Einen großen Teil der damaligen Literatur machten Erbauungsschriften aus. In Deutschland wurde vor allem Johann Arndts (1555–1621) Andachtsbuch *Vier Bücher vom wahren Christentum* gelesen, in England das 1613 veröffentlichte *Practice of Piety* des Anglikaners Lewis Bayly (1565–1631) und *The Pilgrim's Progress from This World to That Which Is to Come* des englischen Baptisten John Bunyan (1628–1688). Literarisch herausragende, religiöse Gedichte schrieb die Puritanerin Anne Bradstreet (1612–1672), die 1630 nach Massachusetts auswanderte und die erste Dichterin New Englands wurde; sowie der anglikanische Theologe John Donne (1572–1631).

Und schließlich verfassten Protestanten auch erste Romane von hoher literarischer Qualität. Wie man eingeschlossen, abgekapselt oder gefangen überlebt und trotzdem Gott finden kann, war etwa das Thema von Daniel Defoes (1660–1731) *Robinson Crusoe* von 1719 oder von *Jammers Minde (Leidensgedächtnis)*, dem bedeutenden Werk der dänischen Schriftstellerin Leonora Christina Ulfeldt (1621–1698).

Die vielleicht engste Verbindung zwischen dem Protestantismus und der Kunst zeigte sich jedoch in der Musik. Bis zur Reformation war es im Gottesdienst üblich gewesen, dass die Mönche im Chorraum der Kirche auf Lateinisch sangen. Als die Reformatoren dann den Gottesdienst neu gestalteten, war es ihnen aber wichtig, die Idee der Priesterschaft aller Gläubigen zu verwirklichen. Das bedeutete, dass die ganze Gemeinde aktiv am Gottesdienst beteiligt sein sollte. So wurde das Singen von Kirchenliedern in der Landessprache ein fester Bestandteil des lutherischen Gottesdienstes. Das hatte auch mit Luthers großer Liebe zur Musik zu tun, denn er hielt die Musik nach der Theologie für die wichtigste Kunst überhaupt.

Der aus Southampton stammende Prediger Isaac Watts gilt als Vater der englischen Hymnendichtung. Kupferstich aus dem 18. Jahrhundert.

Für die neuen Kirchenlieder wurden alte Choräle oder Hymnen bearbeitet und mit deutschen Texten versehen. Luther selbst schrieb ebenfalls Kirchenlieder, 36 sind von ihm bekannt. Dazu gehören zum Beispiel die Adventslieder *Vom Himmel hoch, da komm ich her* oder *Nun kommt der Heiden Heiland*, die Passions- und Osterlieder *Christ ist erstanden* und *Aus tiefer Not schrei ich zu dir* sowie das deutsche *Agnus Dei* oder auch der Choral *Eine feste Burg ist unser Gott*, den der deutsche Schriftsteller Heinrich Heine einmal als *Marseiller Hymne der Reformation* bezeichnete. Vier Kirchenlieder Luthers enthielt schließlich das zur Jahreswende 1523/1524 erschienene *Achtliederbuch*, das als die erste evangelische Liedersammlung gilt. Kompendien dieser Art waren anfangs noch eher begrenzt verbreitete Broschüren. Mit der vorangehenden Entwicklung des Buchdrucks konnten aber seit der zweiten Hälfte des 16. Jahrhunderts immer mehr professionell gemachte und nicht so teure Gesangbücher gedruckt werden. Sie erreichten ein weites Gemeindepublikum und machten das Kirchenlied zu einem populären Teil des lutherischen Gottesdienstes. Instrumente, Orgel und Chorgesang zur musikalischen Ausgestaltung des Kirchenliedes waren weiterhin erlaubt.

Anders sah die Situation jedoch in den reformierten Gottesdiensten aus. Hier gab es weder Instrumente noch Chor. Calvin war der Meinung, dass im Gottesdienst nur das reine Wort Gottes gesungen werden dürfe – und das waren für ihn die Psalmen. Sie wurden ins Französische übersetzt, mit Melodien unterlegt und in Strophen umgearbeitet. Schließlich erschienen sie zwischen 1539 und 1562 als *Genfer Psalter*, der bis heute die Grundlage des reformierten Kirchengesanges bildet. Er wurde, wie auch seine niederländischen, englischen und deutschen Übersetzungen und späteren Überarbeitungen, von der Gemeinde ein- oder mehrstimmig gesungen, aber immer ohne Instrumente. Zur genauen Abstimmung des Gesangs führte Calvin in Genf das Amt des Kantors ein, das dann später von vielen evangelischen, auch lutherischen, Gemeinden übernommen wurde.

Wie in den reformierten Gemeinden sang man in der anglikanischen Kirche in England ebenfalls zunächst nur Psalmen. Seit dem 17. Jahrhundert waren dann jedoch auch neue, englische Kirchenlieder im Gottesdienst zugelassen. Zu einem der bekanntesten Kirchenlieddichter dieser Zeit entwickelte sich der Prediger Isaac Watts (1674–1748). Weil von ihm über 600 noch heute bekannte und gesungene Hymnen stammen, darunter das 1719 entstandene Weihnachtslied *Joy to the World*, nennt man ihn auch den „Vater der englischen Hymnendichtung". Zusätzliche Impulse erhielt das englische Kirchenlied dann durch die Erweckungsbewegung seit den 1730er-Jahren, beispielsweise durch die Lieder von Charles Wesley (1707–1788), William Cowper (1731–1800) und John Newton (1725–1807), die zusammen 1779 die Kirchenliedersammlung *Olney-Hymnen* verfassten (vgl. S. 112, 114).

In Deutschland entwickelten evangelische Dichter das Kirchenlied im Zeitalter des Barocks, also in der Zeit ab dem Dreißigjährigen Krieg bis etwa zur Mitte des 18. Jahrhunderts, zu einer beliebten künstlerischen Gattung weiter. Sie verfassten geistliche Gedichte, die von Kriegs- und Todeserfahrungen, vom Glaubenskampf und vom Vertrauen auf Gott, aber auch von der Schönheit der Schöpfung handelten. Zeitgenössische Komponisten wie Johann Crüger (1598–1662), Johann Georg Ebeling (1637–1676), Heinrich Schütz (1558–1672) oder später, im 18. Jahrhundert, Johann Sebastian Bach vertonten sie dann. Zu den bekannteren Dichtern dieser Zeit gehören beispielsweise der schlesische Pfarrer Johann Heermann (1585–1647), der über 400 Kirchenlieder verfasste, darunter das Passionslied *Herzliebster Jesu, was hast du verbrochen*, der lutherische Pfarrer Johann Rist (1607–1667), Autor des Weihnachtsliedes *Brich an, du schönes Morgenlicht,* oder der reformierte Dichter Joachim Neander (1650–1680), von dem das Lied *Lobe den Herren, den mächtigen König der Ehren* stammt. Doch es waren nicht nur Männer, die Kirchenlieder schrieben. Mit fast 600 Kirchenliedern war Ämilie Juliane, Reichsgräfin von Schwarzburg-Rudolstadt (1637–1706) eine der kreativsten Dichterinnen des Protestantismus. Von ihren Liedern stehen heute noch zwei im Evangelischen Gesangbuch, das Lied *Bis hierher hat mich Gott gebracht* und das Sterbelied *Wer weiß, wie nahe mir mein Ende!*

Der größte und bekannteste Kirchenlieddichter des Barock war jedoch der Pfarrer Paul Gerhardt (1607–1676). Er wurde in der Nähe von Wittenberg geboren, wo er ab 1628 Theologie studierte. Anschließend arbeitete er als Hauslehrer, zunächst noch in Wittenberg, dann seit 1643 in Berlin. In dieser Zeit entstand ein Großteil seiner Lieder. Sie verknüpften Gerhardts persönliche Pilgerreise zu Gott mit seinen Leidenserfahrungen wie Krankheit und Tod sowie mit den Schrecken des Dreißigjährigen Krieges. Er schrieb einfach, gefühlvoll und zeigte sich Mensch, Tieren und Natur sehr

Der Holzstich aus dem Jahr 1880 zeigt den berühmten Kirchenlieddichter Paul Gerhardt.

nahe. So wurden Lieder wie *Geh aus mein Herz und suche Freud* oder *Fröhlich soll mein Herze springen* fast zu Volksliedern. Doch zugleich drücken diese schlichten Texte tiefe Glaubenssehnsucht und festes Gottvertrauen aus (*Befiehl du deine Wege*). Gerhardt sah sich als Gast auf Erden, der wusste, dass das Leben jederzeit erschüttert werden kann. Das gehörte zu seinen Grunderfahrungen. 1657 Pfarrer an der Nikolaikirche in Berlin geworden, lehnte er es als überzeugter Lutheraner ab, die reformierte Lehre in Berlin und Brandenburg gleichberechtigt anzuerkennen, so wie es der Kurfürst wünschte. Das kostete ihn 1666 sein Pfarramt. Nachdem er zwei Jahre ohne Amt verbringen musste, wurde er 1669 weit weg von Berlin in Kursachsen Diakon. Dort starb er 1676.

Nach dem Kirchenlied entwickelte sich seit Mitte des 17. Jahrhundert in schnellen Schritten die evangelische Kirchenmusik weiter. Seit 1673 machte der Organist Dietrich Buxtehude (1637–1707) mit eigens zur Adventszeit komponierten Abendmusiken an der Lübecker Marienkirche auf sich aufmerksam. Er galt vielen jüngeren Komponisten als Vorbild. Der junge Bach legte sogar über 400 Kilometer zu Fuß nach Lübeck zurück, um Buxtehudes Orgelspiel und seine Komposition zu studieren. Zu Buxtehudes Anhängern gehörte neben dem Hamburger Komponisten Johann Mattheson (1681–1764) auch der 1685 in Halle geborene Georg Friedrich Händel.

Händel war ein musikalisches Wunderkind. Er komponierte bereits mit neun Jahren seine ersten Kantaten (Musikstücke für Instrumente und Gesang) und wurde 1702 als 17-Jähriger Organist an der Domkirche in Halle. Halle verließ er jedoch schon nach einem Jahr, um als Konzertmeister nach Hamburg zu gehen. Dann reiste er vier Jahre lang durch Italien, wo er als Lutheraner auch Rom und den Vatikan besuchte, die italienische Oper studierte und selber zahlreiche Opern, Oratorien und Kantaten schrieb. 1712 siedelte er nach England über und wohnte seitdem in London, ab 1726 sogar als englischer Staatsbürger. In England genoss er hohes Ansehen, wurde gut bezahlt und komponierte zahlreiche Opern, Oratorien, Konzerte und andere Instrumentalstücke. Nachdem er sich langsam von einem schweren physischen Zusammenbruch 1737 erholte, machte er sich an sein Oratorium *Messias*. 1742 in Dublin uraufgeführt, machte es Händel weltberühmt – bis in die Gegenwart: 2009 ließ der deutsche Papst Benedikt XVI. zum 80-jährigen Bestehen des Vatikanstaates erstmals den *Messias* auf vatikanischem Boden aufführen.

Das Libretto des *Messias* von Charles Jennens (1700/01–1773) basierte auf den beiden englischen Bibelübersetzungen, der King-James-Bibel von 1611 und der von Heinrich VIII. autorisierten *Great Bible*, und präsentierte in drei Teilen die aus christlicher Sicht in Jesus Christus erfüllte Prophezeiung des kommenden Messias. Das *Halleluja*, das den zweiten Teil abschließt und zum Erlösungsteil überleitet, wurde zum berühmtesten Satz des Oratoriums. Händel, der 1751 erblindete und 1759 in London starb, spendete die Einnahmen aus den Aufführungen des *Messias* übrigens Armen und Gefangenen.

Neben Händel ist Henry Purcell (1659–1695) als der wichtigste Komponist geistlicher Musik in England zu nennen. Er war seit 1676 Organist an der Westminister Abbey und schuf mit seinem herausragenden *Te Deum* 1694 das erste englische Orchersterstück dieser Art.

Im selben Jahr wie Händel, doch einen Monat später, wurde ein weiteres protestantisches Wunderkind geboren: der Komponist und selbst virtuos Orgel und Klavier spielende Johann Sebastian Bach (1685–1750).

Treue Anhänger bezeichnen Bach sogar mit einer Formulierung des schwedischen Erzbischofs und Friedensnobelpreisträgers Nathan Söderblom (vgl. S. 179) als „fünften Evangelisten“, der weltweit das Evangelium verkündet hat. Der Komponist selbst sah sich jedoch nicht als Star, sondern als gläubiger Lutheraner. Deshalb unterzeichnete er, wie Händel, viele seiner Werke mit der Abkürzung S.D.G., was für den lateinischen Satz *Soli Deo Gloria* („Allein Gott zur Ehre“) steht. Damit drückte Bach in gut reformatorischer Ansicht aus, dass er dieses Musikstück nicht geschaffen habe, um Gott mit einem guten Werk gnädig zu stimmen, sondern allein, um Gott zu ehren. Bach komponierte – neben weltlichen Stücken – ein großes und reiches Werk evangelischer Kirchenmusik, das sich von geistlichen Konzerten über Chormusik, Oratorien, Messen, Kantaten, Passionen bis hin zur Fuge erstreckte. Seine Kantaten, das *Weihnachtsoratorium* mit dem Eingangschor *Jauchzet frohlocket, auf preiset die Tage*, die *Johannes-* und *Matthäuspassion*, die *H-Moll-Messe* und die andere geistliche Musik künden von Schmerz, Leid und Tod, zugleich aber auch immer von Hoffnung, Freude und Zuversicht, oder in der Sprache Luthers: von Sünde und Rechtfertigung. Musikalisch gestaltete Bach die-

Oft bespielte Georg Friedrich Händel die Reichel-Orgel auf der Ostempore der Marktkirche St. Marien in Halle.

Der Maler Elias Gottlob Haußmann schuf 1746 dieses Porträt von Johann Sebastian Bach. Es ist das einzige zeitgenössische Bild des Komponisten, das uns heute bekannt ist.

Johann Sebastian Bach

„Bach ist Anfang und Ende aller Musik", sagte einmal der deutsche Komponist Max Reger. Umso erstaunlicher, dass der Lebensweg dieses großen Musikers, der in der ganzen Welt bekannt geworden ist, sich regional nur über ein ganz kleines Gebiet in Mitteldeutschland erstreckt (mit Ausnahme seiner Reise 1700 nach Lüneburg).

Er wurde 1685 in eine alte, weit verzweigte Musikerfamilie hineingeboren, wuchs also mitten in der Musik auf. Mit neun Jahren starb seine Mutter und nur wenige Monate nach ihr sein Vater. Er kam zu seinem Bruder nach Ohrdruf bei Gotha, wo er Orgel- und Klavierspielen lernte. Nach einem Aufenthalt am Michaeliskloster in Lüneburg und einer kurzen Station in Weimar trat er 1703 als 18-Jähriger eine gut bezahlte Stelle als Organist in Arnstadt an. Hier entstanden seine ersten Orgel- und Klavierstücke. 1707 wechselte er als Organist an die St. Blasiuskirche in Mühlhausen und heiratete kurz darauf seine Cousine Maria Barbara Bach. Bereits im folgenden Jahr wechselte er als Hoforganist und Kammermusiker nach Weimar. Hier verfügte er über ein professionelles Orchester und komponierte über 20 Kantaten. 1717 ging er als Hofkapellmeister nach Köthen. Da das Fürstentum reformiert war und daher keine Orgelmusik im Gottesdienst vorkommen durfte, schrieb Bach nun weltliche Musik für Hausveranstaltungen, Feste, Bälle, Paraden und andere öffentliche Ereignisse. Seinen sozialen Aufstieg begleiteten jedoch traurige private Ereignisse. Von seinen sieben Kindern starb ein Sohn, und als Bach im Sommer 1720 von einer Reise zurückkam, musste er erfahren, dass seine Frau Maria Barbara in der Zwischenzeit gestorben und auch schon begraben worden war. 1721 heiratete Bach erneut. 1723 wurde Bach feierlich in sein neues Amt als Thomaskantor in Leipzig, der damals wichtigsten Messestadt des Deutschen Reiches, eingeführt. Ihm oblag sowohl die musikalische Leitung des Thomanerchores wie auch Unterricht in der Thomasschule. Gleichzeitig war er für den Gottesdienst und die Kirchenmusik in den beiden Hauptkirchen, der Thomaskirche und der Nikolaikirche sowie an der Neuen Kirche und der Peterskirche verantwortlich und betreute die Kirchenmusik in ganz Leipzig. In seinen 27 Leipziger Jahren war Bach enorm produktiv: Regelmäßig schrieb er neue Kantaten, insgesamt ungefähr 300. Hinzu kamen für die Hauptgottesdienste zu Weihnachten, Karfreitag und Ostern Oratorien und Passionen sowie Musik für unterschiedlichste Feierlichkeiten in Leipzig. Nach der *Johannespassion* 1724 in der Nikolaikirche führte Bach 1729 am Karfreitag die *Matthäuspassion* in der Thomaskirche auf. Sie wurde mit drei Stunden Musik für zwei Orgeln, zwei Chöre und zwei Orchester Bachs umfangreichstes Werk und der Höhepunkt seines Schaffens. Privat blieb es bei den Bachs bei einem immer wiederkehrenden Rhythmus von Geburt und Sterben. Mit seiner zweiten Frau Anna Magdalena hatte er dreizehn Kinder, von denen jedoch nur sechs überlebten.

Spätestens ab August 1748 hatte Bach mit dem grauen Star zu kämpfen. Mutig unterzog er sich 1750 zwei Augenoperationen, die jedoch nicht erfolgreich verliefen. Am 28. Juli 1750 starb er mit 65 Jahren an den Folgen eines Schlaganfalls.

Der Thomanerchor, den Bach ab 1723 leitete, ist fast 800 Jahre alt. Bis heute besteht dieser traditionsreiche Jungenchor fort. Hier ein Bild von einem Tag der offenen Tür 2010.

Die Konzentration auf das Wort in Teilen des Protestantismus zeigt sich eindrücklich in der schmucklosen reformierten Kirche im ungarischen Nyirbator.

se Botschaft, indem er in seinen späteren Werken dafür häufig eine gegenläufige Tonfolge einsetzte, den sogenannten Kontrapunkt.

Mit seiner Musik vermittelte Bach zugleich die kraftvolle Bibelübersetzung Luthers, die seinen Werken zugrunde lag. Das hatte freilich unter anderem zur Folge, dass sich Bach, besonders in seinen Passionen, Luthers antijüdische Haltung gegenüber dem angeblich verstockten ungläubigen jüdischen Volk zu eigen machte und sie musikalisch subtil und eingängig weiter gestaltete und transportierte. Inwiefern darin sein eigener Antijudaismus zum Ausdruck kam, ist in der Forschung umstritten. Gleichwohl – geliebt war Bach nicht nur bei Protestanten, sondern beispielsweise auch bei jüdischen Dichterin Rose Ausländer (1901–1988). „Bach mein Blutstrom zum Himmel" hieß es in ihrer *Bachfuge*.

Während die Reformation also den entscheidenden Hintergrund für eine neue Blüte der geistlichen Musik im 17. und 18. Jahrhundert bildete, sah die Situation für die Malerei ganz anders aus. Im Spätmittelalter spielten religiöse Bilder eine wichtige Rolle für Kirche und Frömmigkeit: Kirchen waren mit prächtigen und großformatigen Altarbildern und Wandgemälden ausgestattet, Bildersammlungen mit Szenen aus dem Alten und Neuen Testament sollten den Armen und dem großen Teil der nichtlesefähigen Bevölkerung die biblische Botschaft nahebringen, überall zierten kunstvolle Marien- und Heiligenskulpturen aus Holz oder Marmor die Wege. Für die mittelalterlichen Gläubigen waren diese Bilder nicht nur Dekoration, sondern vor allem ein Medium, mit allen Sinnen den Glauben zu erfahren und Verbindung zu Gott aufzubauen. Wer eine Heiligenstatue berührte, kam so in direkten persönlichen Kontakt mit dem Heiligen und konnte Zuspruch finden. Es ging also nicht nur um ein Abbild von Christus, Gott oder den Heiligen, sondern in den Bildern war Gott real präsent. Darüber hinaus waren die Bilder ein wichtiger Bestandteil des altkirchlichen Bußverständnisses: Wer der Kirche Kunstwerke stiftete, zum Beispiel für den Altar, konnte damit seine zeitlichen Sündenstrafen verringern. Davon profitierten natürlich auch die Maler, die davon lebten, dass sie Aufträge für religiöse Kunstwerke erhielten.

All das veränderte sich mit der Reformation grundlegend. Denn für die Reformatoren stand die Bibel – also das Wort – im Mittelpunkt des Glaubens. Nur sie, und die beiden Sakramente Taufe und Abendmahl, garantierten die direkte Verbindung zu Gott. Man brauchte also keine Bilder mehr, um das Heilige zu erfahren. Dazu kam der schon in den ersten Jahrhunderten des Christentums ausgefochtene Streit, ob man Gott oder Christus überhaupt abbilden könne, wieder auf die Tagesordnung und erhielt neue Schärfe. Die grundsätzliche Antwort des Protestantismus war, dass das Bild kein Glaubenswerk sei. Weder dürfe man Bilder anbeten – dann würden es Götzen – noch dürfe man sich mit ihnen von Sündenstrafen freikaufen.

Die evangelische Distanz zu den Bildern besaß jedoch unterschiedliche Nuancen. So vertrat Luther selbst eher eine moderate Position. Für ihn waren Bilder Teil der menschlichen Erkenntnis und gaben Erinnerung und Sprache Form. Deshalb könnten Bilder, auch mit religiösen Inhalten, helfen, die reformatorische Botschaft zu verbreiten und zu illustrieren. So begrüßte Luther die Altarbilder des Wittenberger Malers Lucas Cranach. Doch in keinem Fall durften religiöse Gemälde an die Stelle eines guten Werkes treten.

Viel radikaler äußerte sich dagegen sein Kollege, der Wittenberger Theologe Andreas Karlstadt (1482–1541). Er lehnte religiöse Bilder in den Kirchen schon 1522 völlig ab und befürwortete die teilweise gewalttätigen Bilderstürme in den Wittenberger Kirchen. Ähnlich wie Karlstadt argumentierten auch Zwingli und Calvin: Man dürfe sich kein Bild von Gott machen. Wo Bilder in den Kirchen hingen, bestünde immer die Gefahr, dass sie vergöttert werden und von der Predigt des Evangeliums ablenkten.

So drangen die Bilderstürmer in die Kirchen ein und zerstörten Heiligenbilder und -skulpturen. Die bildende Kunst geriet damit in den von der Reformation geprägten Ländern in eine tiefe Krise, von der sie sich jahrhundertelang nicht erholte. Denn für die Künstler bedeutete das Bilderverbot nicht nur eine radikale inhaltliche Infragestellung ihres Berufes, sondern auch den finanziellen Ruin, da keine Aufträge mehr für Altargemälde eingingen. Ein so bedeutender Maler wie Hans Holbein der Jüngere (1497–1543) musste, mit einem Empfehlungsschreiben von Erasmus von Rotterdam versehen, das von den Bilderstürmern verwüstete Basel verlassen und 1526 nach London ins Exil gehen.

Nur in den Niederlanden überlebte die große Malerei. Sie waren das einzige protestantische Land in Europa, in dem das 17. Jahrhundert auch zum Goldenen Zeitalter der Künste wurde. Der durch den Sklavenhandel erfolgte enorme wirtschaftliche Aufschwung der Städte brachte ein selbstbewusstes Bürgertum hervor, das sich Kunst leisten konnte. So entwickelte sich trotz des cal-

Die beiden unterschiedlichen Malstile zeigen sich deutlich bei Rubens (links, 1620) und Rembrandt (rechts, 1633) in ihren Darstellungen der selben Szene, nämlich der Aufrichtung des Kreuzes.

vinistischen Bilderverbots eine ganz neuartige Malerei, die zwischen dem Heiligen und dem Alltäglichen, zwischen Religion und der Welt unterschied. Statt religiöser Gemälde wurden nun Themen des alltäglichen Lebens entdeckt und künstlerisch gestaltet. Dazu gehörten Winterlandschaften mit gefrorenen Kanälen, Städte, das Meer, Szenen aus der Seefahrt oder ausgefeilte Naturdarstellungen, die Stillleben. Mit Spezialisierungen auf diese Genres machten sich Maler wie Pieter De Hooch (1629–1684), der später vermutlich zum Katholizismus übergetretene Jan Vermeer (1632–1675), Gerard ter Borch (1617–1681), Jacob van Ruisdael (um 1628–1682), Jan van Goyen (1596–1656) oder Paulus Potter (1625–1654) einen Namen.

Einen ganz neuen künstlerischen Wert erhielten Porträts. Beinahe alle bürgerlichen Berufe wurden dargestellt, es gab Familien- und Frauen-, Einzel- und Gruppenporträts, aber auch Alltagsszenen der armen Bevölkerung. Die Porträts entsprachen der neuen calvinistischen Mentalität der Niederlande: Sie wirkten schlicht, verzichteten auf Gold und Prunk und versuchten, das Wesen des Porträtierten individuell einzufangen. Es entwickelte sich eine ganz andere Form der Malerei, als sie der katholische Süden Europas mit seinen heroischen Bibel- und Heiligenbildern weiterhin pflegte. Natürlich gab es auch einzelne überregional bekannte protestantische Maler in anderen Ländern, wie beispielsweise die französische Stilllebenmalerin Louise Moillon (1610–1696). Doch die niederländischen Maler wurden sogar ins evangelische Ausland gerufen, zum Beispiel an den dänischen Königshof, um der neuen protestantisch geprägten Weltauffassung künstlerischen Ausdruck zu verleihen.

Die Geschichtsschreibung machte diese beiden unterschiedlichen Stile später idealtypisch an den unterschiedlichen Konfessionen der beiden großen Maler des 17. Jahrhun-

Der größte protestantische Maler: Rembrandt van Rijn

Der Maler, der unter seinem Vornamen bekannt wurde, kam 1606 als Sohn eines Müllers im niederländischen Leiden zur Welt. Seine Eltern ermöglichten ihm eine gute Ausbildung und schickten ihn von 1613 bis 1620 an die streng calvinistische Lateinschule in Leiden. Nach einem kurzen Intermezzo an der ebenfalls calvinistisch geprägten Leidener Universität ließ er sich von 1620 bis 1624 in Leiden und Amsterdam zum Maler ausbilden. Anschließend gründete er 1625 in Leiden eine eigene Werkstatt. Er hatte Erfolg und erhielt zahlreiche Aufträge. 1631 zog er als junger Meister in die aufstrebende Stadt Amsterdam um, wo er 1634 die vermögende Saskia van Uylenburgh heiratete. Sein Aufstieg zum gefeierten Künstler hielt an. Obwohl reformiert, hatte er Kontakte zu Mennoniten und Juden, die auch auf seinen Bildern erscheinen. Gleichwohl fielen auch zahlreiche Schatten auf sein Leben. Der Tod riss Lücken und veränderte seinen Malstil: Drei seiner vier Kinder starben während seiner Ehe mit Saskia, aber auch seine Mutter, mehrere nahestehende Verwandte und 1642 schließlich Saskia selbst. Dann geriet er in finanzielle Nöte, musste sein Haus und seine Bildersammlung verkaufen und war seit 1656 zahlungsunfähig. Verschuldet, vergessen und vereinsamt starb er 1669 in Amsterdam. Sein Werk umfasst über 300 Gemälde und über 1000 Zeichnungen.

Rembrandts Porträt von Margaretha de Greer (1661) zeigt, wie tief der Künstler in das Wesen der von ihm Porträtierten einzudringen vermochte.

derts fest: an dem der Aristokratie zugeneigten Katholiken Peter Paul Rubens (1577–1640) aus den südlichen, zum spanischen Königreich gehörenden Niederlanden und an dem bürgerlichen Protestanten Rembrandt van Rijn (1606–1669) aus den unabhängigen nördlichen Niederlanden. Zwar gehören viele aus diesem Gegensatz konstruierte Verallgemeinerungen in den Kontext der Konfessionsbildung des 19. Jahrhunderts. Doch bleibt die Tatsache, dass der niederländische Maler Rembrandt van Rijn der erste große protestantische Maler der Moderne wurde. In seinen Bildern erfasste er wie kein zweiter die Tiefe und Komplexität des Menschen, blickte auf seine Leiden und seine Gebrochenheit. Er holte das individuell Menschliche aus seinen Modellen hervor und versuchte, ihr wahres Wesen, sowie ihre besondere Beziehung zu Gott festzuhalten. Das schloss auch ihn selbst ein, wovon mehr als 40 Selbstporträts zeugen – während Rubens im Vergleich nur vier Selbstporträts malte.

Inseln der Frömmigkeit

Die lange Dauer, die vielen Toten, die Grausamkeiten, Verluste und Verwüstungen des Dreißigjährigen Krieges hinterließen tiefe Spuren im Bewusstsein der Menschen in Europa. Es herrschte Armut, Angst und Unsicherheit. Wem sollte man jetzt noch vertrauen? Wie konnte man trotz der vergangenen konfessionellen Machtkämpfe eine Perspektive für die Zukunft gewinnen, in der Christus der Lebensmittelpunkt blieb?

Eine Möglichkeit war, sich radikal von den äußeren Realitäten, von Politik, kirchlicher Macht sowie lebensfern und verkopft erscheinender Theologie abzuwenden. Stattdessen sollte der Blick nach innen gerichtet werden, auf das nach Halt und Trost suchende Selbst. Die individuelle Erfahrung und die Frage, wie man gemeinsam mit anderen Suchenden eine eigene fromme Gemeinschaft außerhalb der gottfernen Welt errichten könne, stand im Mittelpunkt dieser neuen evangelischen Reformbewegung, die seit dem 17. Jahrhundert in Europa und in Nordamerika Anhänger fand.

In Deutschland erprobte der rheinische Pfarrer Theodor Undereyck (1635–1693) erstmals diese neue Form der gemeinschaftlichen Frömmigkeit. Er hielt ab 1661 Treffen ab, in denen gleichgesinnte Protestanten in privaten Wohnungen zusammen kamen, die Bibel lasen, über den Glauben sprachen, Andacht hielten und gemeinsam beteten. In ähnlicher Weise versammelten sich beispielsweise seit 1669 in Frankfurt am Main in einem offenen Kreis fromme Gläubige zur Andacht und Erbauung bei dem aus dem Elsass stammenden lutherischen Pfarrer Philipp Jakob Spener (1635–1705). Während diese privaten Zusammenkünfte von Nicht-Teilnehmern abwertend „Konventikel“ genannt wurden, bezeichnete Spener sie selber als *collegia pietatis* (Zusammenkünfte zur Frömmigkeit). Die Idee von frommen Erbauungszirkeln in privaten Häusern fand schnell Anklang und verbreitete sich über Deutschland hinaus – in den Norden, nach Dänemark und Norwegen, in den Osten, nach Russland, aber auch in den Westen, nach England und in die Niederlande, sowie schließlich nach Nordamerika.

Von dem lateinischen Begriff für Frömmigkeit – *pietas* – leitete sich dann schließlich der Name dieser neuen Frömmigkeitsrichtung ab: *Pietismus.* Zu ihrem Reformprogramm wurde die 1675 von Spener verfasste Schrift *Pia Desideria oder Hertzliches Verlangen nach gottgefälliger Besserung der wahren Evangelischen Kirchen.* In diesem Titel klang bereits an, dass es dem Pietismus nicht um Abtrennung von der evangelischen Kirche ging, sondern um ihre religiöse Erneuerung. Als „Kirche in der Kirche“ *(ecclesia in ecclesia)* bezeichnete man daher auch dieses Modell. Neben der Frömmigkeit engagierten sich die Pietisten für die Armen. So gründete Spener 1679 das Frankfurter Armen-, Waisen- und Arbeitshaus und begann seit 1693, die Armenfürsorge in Berlin neu zu organisieren. Diese Verbindung von gelebter Frömmigkeit und sozialem Einsatz inspirierte viele Protestanten dieser Zeit. Sie eröffnete etwa für den in Halle und Glaucha wirkenden Pädagogen und Theologen August Hermann Francke (1663–1727)

Kupferstich aus dem Jahr 1705 mit dem Porträt des evangelischen Theologen und Pietisten Philipp Jakob Spener.

Das ehemalige Pädagogikum der Franckeschen Stiftung in Halle, davor das 1829 von Christian Daniel Rauch geschaffene Francke-Denkmal.

eine ganz neue, evangelische Lebensperspektive. Nachdem Francke Spener 1687 zum ersten Mal begegnet war, machte er im selben Jahr eine tiefe, lebensverändernde Gotteserfahrung, die er mit den folgenden Worten schilderte: „Als ich mich niederlegte, glaubte ich nicht, dass ein Gott wäre; als ich aufstand, hätte ich es wohl ohne Furcht und Zweifel mit der Vergießung meines Bluts bekräftigt.“ Ein persönliches Bekehrungerlebnis wie das von Francke gehörte seitdem zur pietistischen Frömmigkeit dazu.

Franckes Pietismus war der Anfang eines erfolgreichen, von tiefem Glauben geprägten evangelischen Unternehmertums, das 1695 mit der Gründung einer Armenschule in Glaucha begann. Bald folgte nach holländischem Vorbild die Umwandlung in ein Internat; weiterhin wurden ein Waisenhaus und andere Einrichtungen gegründet. So entstand eine pietistisch geprägte Schulstadt mit Schul- und Wohngebäuden und Wirtschaftsbereichen, in der bis zu 2500 Menschen lebten: die Franckeschen Stiftungen.

Das Neue an den Franckeschen Stiftungen war, dass hier eine soziale Initiative ohne eine direkte Bindung an die Gemeinde verwirklicht wurde. Allerdings handelte es sich bei Franckes Initiativen nicht um ein echtes sozialreformerisches Programm, das wirtschaftliche und gesellschaftliche Strukturen verändern wollte. Franckes Ausgangspunkte waren stattdessen die Erweckung und die Bekehrung. Gleichwohl zogen die Franckeschen Stiftungen und der sogenannte Hallesche Pietismus an. Ob es die pietistisch geprägte Theologenausbildung an der Universität Halle oder die Dänisch-Hallesche Mission war, die die ersten evangelischen Missionare nach Indien schickte: Die Franckeschen Stiftungen und der sogenannte Hallesche Pietismus strahlten bis weit über die Grenzen Deutschlands aus.

Ähnlich, aber noch radikaler, waren die sozialen Initiativen der ebenfalls dem Pietismus zuzuordnenden „Herrnhuter Brüdergemeine“, da auch hier Krankenpflege, Alters- und Invalidenversorgung von einer von der Ortsgemeinde unabhängigen, christlichen Freiwilligengemeinde geleistet wurde. Ihr Gründer war Nikolaus Ludwig Reichsgraf von Zinzendorf und Pottendorf (1700–1760). Er begann 1722, auf seinem Gut in Berthelsdorf in der Oberlausitz religiöse Flüchtlinge aus Mähren anzusiedeln: die Böhmischen Brüder, die von der Gegenreformation vertrieben worden waren. Zinzendorf ging es dabei um mehr als nur politisches Asyl: Er wollte eine Art soziale Liebesgemeinschaft der echten Christen aus allen Kirchen und Konfessionen schaffen. So entstand nicht weit entfernt von Berthelsdorf eine neue geistige Heimat für all diejenigen, die auf der Suche nach einer frommen, aber auch praktisch orientierten Glau-

Der erste evangelische Missionar: Bartholomäus Ziegenbalg

1682 im sächsischen Pulsnitz geboren, erlebte Ziegenbalg mit 16 Jahren seine Bekehrung. Seit 1703 studierte er Theologie bei Francke an der Universität Halle. 1705 wurde er dann zusammen mit seinem Freund Heinrich Plütschau (1676–1752) zum Dienst in der vom dänischen König Friedrich IV. (1671–1730, reg. ab 1699) gestifteten Dänisch-Halleschen Mission berufen.

Von Kopenhagen aus erreichten sie 1706 das damals dänische Tranquebar (heute Tharangambadi) an der Südostküste Indiens. Dort widmete sich Ziegenbalg gemeinsam mit weiteren Missionaren aus Halle dem Aufbau der Mission. Neben der Gemeindegründung 1707 bemühte er sich, die Kultur des Landes gründlich kennenzulernen und das Evangelium in den landesspezifischen Kontext einzubetten. Er lernte Tamilisch und übersetzte das Neue und Teile des Alten Testaments sowie Texte Luthers ins Tamilische. Außerdem gründete er 1707 eine Schule für Mädchen und 1716 ein Seminar, an dem Lehrer und Prediger ausgebildet wurden. Damit setzte er für alle weiteren evangelischen Missionstätigkeiten Maßstäbe. Von Krankheit geschwächt, starb er zwar bereits 1719 in Tranquebar. Die von ihm begründete Evangelisch-Lutherische Tamilkirche existiert jedoch noch heute.

Der Missionar und Religionsforscher Bartholomäus Ziegenbalg gründete 1706 in Südindien die erste evangelische Mission. Gedruckter Kupferstich aus dem Jahr 1735.

Seit 1731 werden jedes Jahr in Herrnhut Losungen gezogen und zu einem Andachtsbuch zusammengefasst. Die Losungen werden in über 50 Sprachen weltweit verbreitet. In diesem Saal der Herrnhuter Brüder-Unität findet die Ziehung statt.

bens- und Lebensgemeinschaft waren: Herrnhut. Das bedeutete so viel wie: unter des Herrn (Ob) Hut, also Schutz. Dem Theologen Zinzendorf war dabei wichtig, dass der Glaube im Kreuzestod Jesu verankert war – „Wir sind Sünder und doch Kinder", lautete eines seiner Mottos. Deshalb spielten hierarchische Fragen bei den Herrnhutern eine geringe Rolle. Die Bibel wurde sehr anschaulich ausgelegt, damit alle an ihr teilhaben konnten.

Bald erhielten die Böhmischen Brüder Zulauf aus anderen Kirchen und Orten. Aus den Böhmischen Brüdern wurde die Herrnhuter Brüdergemeine, die auch als Evangelische Brüder-Unität bezeichnet wird. In Sachsen geduldet, wurde sie bereits 1749 in England als eigenständige Kirche anerkannt. Als Zinzendorf 1760 starb, vererbte er den Brüdern sein Schloss und sein Gut. Mit ihren 1732 begonnenen weltweiten Missionstätigkeiten in der Karibik, in Grönland, Südafrika, Nordamerika und Surinam wurde die Herrnhuter Brüdergemeine so zum Exportmodell. Während bis 1760 bereits über 300 Missionare weltweit im Einsatz waren, gehören der Herrnhuter Brüdergemeine heute weltweit 825 000 Mitglieder in 19 selbstständigen Kirchen an, davon etwa 80 Prozent in Afrika.

Zum religiösen Aufbruch des 16. Jahrhunderts gehörten ebenso andere, teilweise radikalere Bewegungen: die Täufer etwa, die die Kindertaufe ablehnten und stattdessen auf die bewusste Taufe der Erwachsenen setzten (vgl. S. 67). Sie hatten sich seit den 1520er-Jahren vor allem in Süddeutschland, in Tirol, in den rheinischen Gebieten, in Norddeutschland und in den Niederlanden verbreitet. Wie für Luther, bildete auch für sie die Bibel das Zentrum und die Richtschnur des Glaubens. Doch in vielem gingen die Täufer weiter als Luther und wurden deswegen selbst von evangelischer Seite als Ketzer angesehen. Die Grundlage dafür lieferte der Artikel 9 des *Augsburger Bekenntnisses*, in dem die Täufer als Wiedertäufer bezeichnet und verworfen wurden. Verfolgt wurden sie freilich auch von der anderen Seite, von den Katholiken und Kaiser Karl V. Er belegte 1529 reichsweit das Taufen von Erwachsenen, also den Eintritt in die Täufergemeinde, mit der Todesstrafe. Den Täufern blieb also nur die Möglichkeit zu fliehen oder auszuwandern – in die Weltabgeschiedenheit und in andere Länder.

Einen Teil zog es an den Niederrhein und in die nördlichen Niederlande, wo sich unter Menno Simons die gemäßigten Täufer zu einer neuen, friedlichen Glaubensgemeinschaft, den Mennoniten (vgl. S. 68), zusammengeschlossen hatten, und wo seit 1573 Glaubensfreiheit herrschte. Dort sind sie bis heute unter dem Namen *Algemene Doopsgezinde Sociëteit* bekannt.

Auch wenn sie von den Lutheranern oder Reformierten nicht anerkannt waren, bildeten zentrale Ideen der Reformation die Basis der Mennoniten. Dazu gehörte zum einen der herausragende Stellenwert der Bibel, insbesondere der Bergpredigt. Mit der Bibel begründeten die Mennoniten nicht nur die Erwachsenentaufe, sondern beispielsweise auch, warum Christen keine weltliche Gewalt ausüben, keinen Militärdienst leisten oder keine Eide

Im Jahr 1722 gründete Reichsgraf Nikolaus Ludwig von Zinzendorf und Pottendorf, hier auf einem zeitgenössischen Gemälde, die Herrnhuter Brüdergemeine.

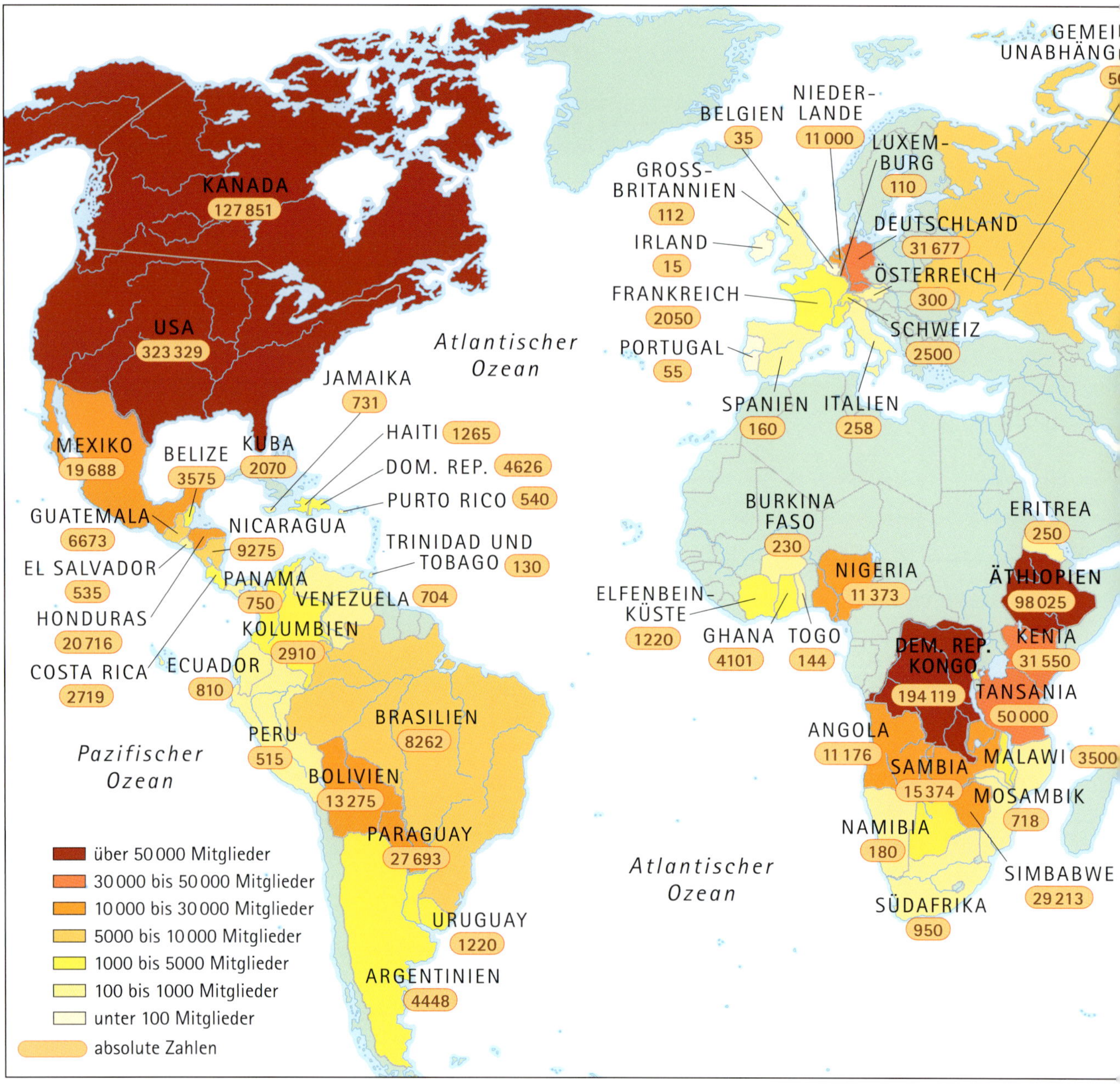

Anzahl der Mennoniten, Hutterer und Amischen heute

ablegen sollten. Zum anderen waren alle mennonitischen Gemeinden nach dem Prinzip der Priesterschaft aller Gläubigen aufgebaut, wonach auch die Laien predigten. Wirtschaftlich versorgten sich die Gemeinden selbst. Doch das Zuhause, das die mennonitische Glaubensfamilie bot, hatte einen hohen Preis: Wer die strenge Gemeindedisziplin nicht einhielt, konnte aus der Gemeinde verbannt werden.

Von den Niederlanden wanderten zahlreiche Mennoniten im 16. und 17. Jahrhundert weiter aus in Richtung Nord- und Ostsee. Weil sie eine vorbildliche Arbeitsmoral hatten und wussten, wie man feuchte Gebiete trockenlegt, Deiche baut, Landwirtschaft betreibt und neues Land gewinnt, waren die niederländischen Mennoniten als neue Siedler in den bevölkerungsarmen Gebieten von Preußen und dem westlichen Polen sehr gefragt. So bilde-

ten sich hier zahlreiche mennonitische Gemeinden. Aus den gleichen Gründen lud die Zarin Katharina II., die als Katharina die Große bekannt wurde (1729–1796; reg. ab 1762), die Mennoniten ein, sich im südlichen Russland, der heutigen Ukraine, niederzulassen und das Land zu kolonisieren. Dort gründeten sie seit Ende des 18. Jahrhunderts zahlreiche mennonitische Siedlungen, in denen sie einen eigenen bis in die Gegenwart gebräuchlichen niederdeutschen Dialekt, das Plautdietsche, im Alltag sprachen. Diesen kann man auch heute noch manchmal in Deutschland hören – ungefähr zehn Prozent aller seit den 1970er-Jahren in die Bundesrepublik eingewanderten Russlanddeutschen entstammen mennonitischen Gemeinden und sprechen plautdietsch.

Neben Osteuropa gehörte auch Nordamerika zu den bevorzugten Auswanderungsgebieten der Mennoniten. Vor allem Mennoniten aus dem süddeutschen Raum ließen sich seit 1683 in Pennsylvania nieder (vgl. S. 112). Dort wurde 1708 in *Germantown* die erste mennonitische Kirche eingeweiht. Ihnen folgten in den anschließenden Jahrzehnten mehrere Tausend Mennoniten, vor allem aus Süddeutschland, dem Elsass und der Schweiz. Aus ihren neu gebildeten Gemeinden entstand die Mennonitische Kirche *(Mennonite Church)*. Wie die Russlandmennoniten verband auch sie eine gemeinsame, eigene Sprache, die sich aus verschiedenen süddeutschen Dialekten herleitete und zum Erkennungszeichen der amerikanischen Mennoniten wurde: Das Pennsylvania Deitsch (engl. *Pennsylvania Dutch*).

Von den Mennoniten spalteten sich weitere Gemeinschaften ab. Zu ihnen gehören beispielsweise die aus dem Filmklassiker *Der einzige Zeuge* mit Harrison Ford weltweit bekannt gewordenen Amischen (engl. *Amish*). Ihr Name leitet sich von ihrem Gründungsvater ab, dem Schweizer Jakob Ammann. Er wurde 1644 geboren und im schweizerischen Erlenbach reformiert getauft. Wahrscheinlich trat er 1679 zu den Mennoniten über und wurde Gemeindeleiter. Hier setzte er sich für eine strengere und rigorosere Gemeindedisziplin ein, was 1693 zur Abspaltung seiner Anhänger vom Rest der mennonitischen Gemeinde führte. Seine Anhänger gründeten weitere Gemeinden in

Der deutsche Dialekt Pennsylvania Dutch ist noch heute unter Amischen und Mennoniten in Amerika verbreitet. Das Foto dieses jungen Mannes ist in Intercourse entstanden, ca. 100 Kilometer östlich von Philadelphia.

2010: Lutheraner entschuldigen sich bei den Mennoniten

Bis in die Gegenwart hielten sich die evangelischen Kirchen auf Distanz zu den weltweit lebenden Täufern, die nach mennonitischen Angaben gegenwärtig ungefähr 1,6 Millionen Gläubige zählen. Erst seit den 1990er-Jahren mehrten sich die Stimmen aus dem protestantischen Raum, die darauf hinwiesen, dass die heutigen Mennoniten nicht mehr mit den Täufern der Reformationszeit und deren Verwerfung im Augsburger Bekenntnis gleichzusetzen seien. Im Juli 2010 äußerte die Vollversammlung des Lutherischen Weltbundes, die weltweite Vertretung der Lutheraner, „tiefen Schmerz" über die im evangelischen Namen begangenen grausamen Verfolgungen der Mennoniten im 16. und 17. Jahrhundert und bat offiziell um Entschuldigung.

Deutschland, der Schweiz und im Elsass, wurden aber nach wie vor stark verfolgt. So wanderten sie wie die Mennoniten ab 1683 nach Nordamerika aus und gründeten dort neue Siedlungen, die sie aus eigenen Kräften bewirtschafteten. Ihr theologisches und ethisches Profil glich dem der Mennoniten: Sie lehnten die Kindertaufe und den Eid ab und verweigerten sämtliche Militärdienste. Insgesamt aber zeichneten sie sich durch eine viel strengere Gemeindedisziplin aus und lebten – und leben in fast gleicher Weise auch heute – sehr viel abgesonderter von der Welt. Das zeigt sich an scheinbaren Äußerlichkeiten wie der Kleidung: Für Frauen sind Kleider mit Schürze und das Tragen eines Häubchens verpflichtend, Männer müssen einen breiten Hut tragen. Die Überzeugung, nur in der Abgeschiedenheit von der Welt gottesfürchtig leben zu können, hat aber viele Auswirkungen auf den Alltag und die konkrete Lebensgestaltung der Amischen. So verweigern sie sich bis heute allen Errungenschaften der Moderne, wie beispielsweise Elektrizität, Telefonen, Internet oder Autos. Stattdessen pflügen sie ihre Felder wie im 17. Jahrhundert mit Pferden und fahren in Kutschen.

Neben den Amischen gehören die Hutterer zur Familie der Mennoniten. Diese Glaubensgemeinschaft wurde von dem Tiroler Täufer Jakob Hutter (um 1500–1536) begründet und lehnte, wie die Mennoniten, Kindertaufe und Waffendienste ab. Auch sie zogen es vor, ganz abgeschieden von der Welt zu leben. Daher gründeten sie in abgelegenen Gegenden eigene Siedlungen, die sogenannten Klosterhöfe, wo sie alles selbst be- und erwirtschafteten. Doch waren sie in einer Hinsicht noch radikaler als die Mennoniten: Sie lehnten Besitz und Eigentum des Einzelnen ab und bauten auf eine christlich-kommunistische Gütergemeinschaft der Gemeinde. Sie wurden, wie die anderen Täufergruppen, verfolgt und flohen daher zunächst ostwärts, nach Mähren, Siebenbürgen und nach Südrussland (Ukraine), wo sie Land urbar machten und sich als Siedler niederließen. Im 19. Jahrhundert wanderten die Hutterer dann in die USA und später vor allem nach Kanada aus.

Die Amischen verzichten weitgehend auf die Technik der Moderne. Bauern bestellen noch heute mit Pferden und einfachen Pflügen ihre Felder, wie auf diesem Bild.

GRUSS aus dem Ev. Johannesstift.
Plotzensee b. Berlin.
herzliche Grüße von

V.

An der Seite der Macht – an der Seite der Machtlosen: Das 19. Jahrhundert

1858 gründete Johann Hinrich Wichern das Evangelische Johannesstift in Berlin. Von 1864 bis 1910 war das Johannesstift am Plötzensee ansässig, bevor es nach Spandau umzog, wo es sich heute noch befindet. Das Johannesstift wuchs schnell zu einer der größten diakonischen Einrichtungen in Deutschland heran. Diese Postkarte stammt aus der Zeit um 1900.

Historiker bezeichnen das 19. Jahrhundert häufig auch als das „lange 19. Jahrhundert“. Damit meinen sie die Periode, die von der Französischen Revolution 1789 bis zum Ausbruch des Ersten Weltkrieges 1914 reicht. In diesem eigentlich 125 Jahre andauernden Jahrhundert setzte sich in Europa und Nordamerika in beinahe allen Lebensbereichen – Politik, Wirtschaft, Gesellschaft, Kultur – die Moderne durch. Revolutionen und Reformen bewirkten große Veränderung. Vernunft war das Gebot des Jahrhunderts, die Suche nach spiritueller Erweckung die Gegenreaktion darauf.

Die alte, christliche Ständeordnung wurde aufgelöst und eröffnete Raum für eine bürgerliche Gesellschaft, für Marktwirtschaft, Urbanisierung, Industrialisierung und Globalisierung. Für die Protestanten und ihre Kirche bedeuteten diese Prozesse eine große Herausforderung.

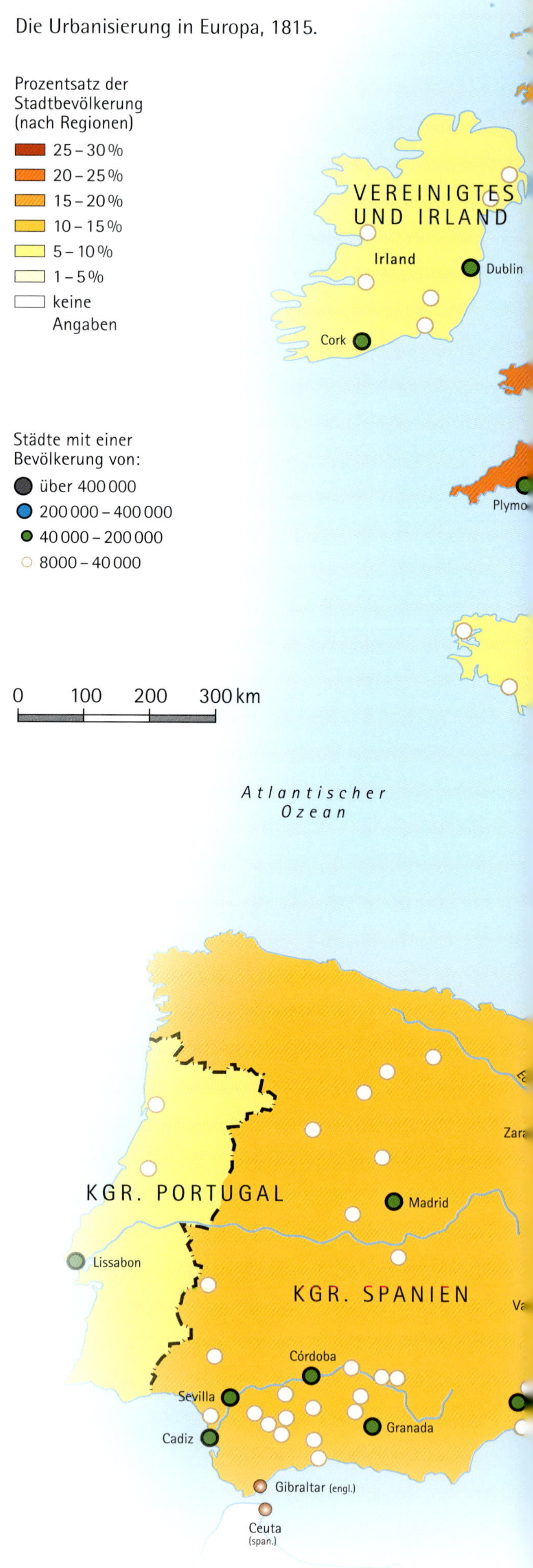

Protestantismus und Moderne

Mit seinem berühmt gewordenen Ausspruch „Von hier und heute geht eine Epoche der Weltgeschichte aus“ erkannte Goethe schon früh die herausragende geschichtliche Bedeutung der Französischen Revolution 1789. Der Sturm auf das Pariser Stadtgefängnis, die Bastille, am 14. Juli 1789 wurde zum Symbol für das Ende des *Ancien Régime*. Damit war die alte Ordnung gemeint, in der die Menschen mit ihrer Geburt in einen festen Stand der Gesellschaft – und meistens in starke wirtschaftliche Abhängigkeit – hineinwuchsen. Ihre Lebensmöglichkeiten waren also von vorneherein beschränkt. Die Parole der Revolutionäre, *Liberté, Égalité et Fraternité* (Freiheit, Gleichheit und Brüderlichkeit), wandte sich gegen die absolute Monarchie. Das Volk wurde zum obersten Souverän der neuen Republik Frankreich.

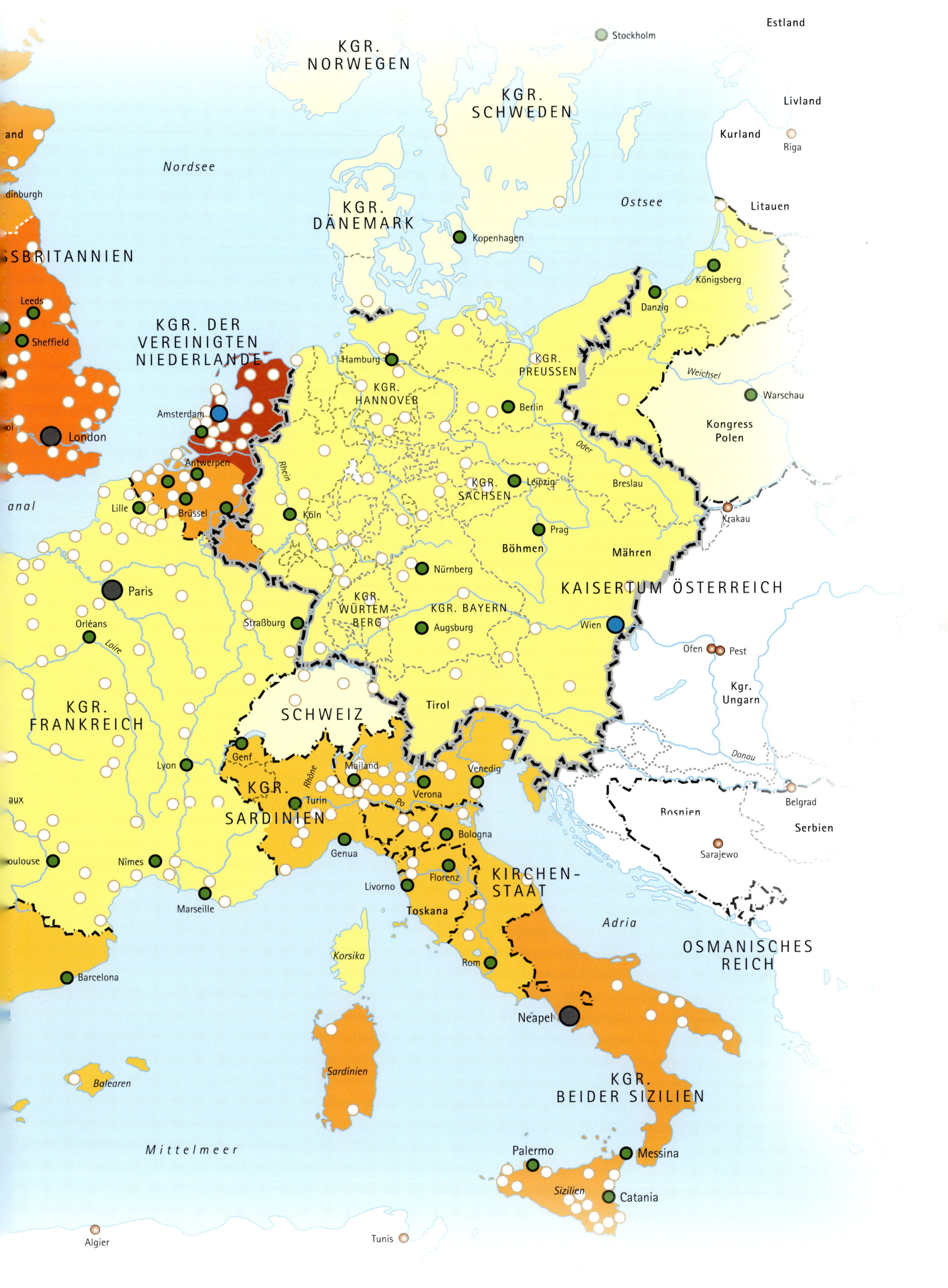

KGR. NORWEGEN
KGR. SCHWEDEN
Stockholm
Estland
Livland
Kurland
Riga
Nordsee
Ostsee
KGR. DÄNEMARK
Kopenhagen
Litauen
Königsberg
Danzig
GROSSBRITANNIEN
Leeds
Sheffield
London
Edinburgh
KGR. DER VEREINIGTEN NIEDERLANDE
Amsterdam
Antwerpen
Brüssel
Lille
Hamburg
KGR. HANNOVER
KGR. PREUSSEN
Berlin
Weichsel
Warschau
Kongress Polen
Oder
Rhein
Köln
KGR. SACHSEN
Leipzig
Breslau
Krakau
Prag
Böhmen
Mähren
Nürnberg
KAISERTUM ÖSTERREICH
Paris
KGR. WÜRTEMBERG
KGR. BAYERN
Straßburg
Augsburg
Wien
Orléans
Loire
Ofen
Pest
Kgr. Ungarn
KGR. FRANKREICH
SCHWEIZ
Tirol
Genf
Lyon
Rhône
Mailand
Venedig
Verona
Donau
KGR. SARDINIEN
Turin
Po
Bologna
Genua
Bosnien
Belgrad
Serbien
Sarajewo
Toulouse
Nîmes
Marseille
Livorno
Florenz
Toskana
KIRCHENSTAAT
Adria
OSMANISCHES REICH
Barcelona
Korsika
Rom
Neapel
Sardinien
Balearen
KGR. BEIDER SIZILIEN
Mittelmeer
Palermo
Messina
Sizilien
Catania
Algier
Tunis

Von diesen revolutionären Umstürzen war besonders die katholische Kirche in Frankreich betroffen. Sie war mit dem Königtum und dem Adel verflochten und genoss zahlreiche Privilegien. Jetzt wurden Priester verhaftet, Kirchen geplündert und die christlichen Feste verboten. Weil der Zehnte, die Abgabe an die Kirche, abgeschafft wurde, verlor die katholische Kirche zunächst fast die Hälfte ihrer Einnahmen. Dann wurde der kirchliche Grundbesitz eingezogen und nationalisiert. Die Verweltlichung von Kirchengütern wird seitdem als *Säkularisation* bezeichnet. Doch die revolutionäre Religionspolitik wollte nicht nur eine absolute Trennung zwischen Kirche und Staat, sondern stellte das Glaubensmonopol der katholischen Kirche grundsätzlich in Frage. Das wiederum kam den französischen Protestanten, den Hugenotten, zugute, die noch bis 1730 verfolgt worden waren (vgl. S. 74). Die Erklärung der Menschen- und Bürgerrechte vom 26. August 1789 und die Verfassung von 1791 gewährten ihnen nun erstmals die bürgerliche Gleichheit, die Gewissens- und die Religionsfreiheit. Am 22. Mai 1791 fand in Paris, in der Kirche Saint Louis du Louvre, der erste offizielle evangelische Gottesdienst unter der Leitung des Pfarrers Paul-Henri Marron statt.

Anders als die Katholiken standen die Protestanten der Revolution also nicht grundsätzlich feindlich

Am 14. Juli 1789 setzten die Pariser Bürger zum Sturm auf die Bastille an.

gegenüber. Doch formten sie keine eigene politische Gruppierung, sondern engagierten sich als Einzelpersonen. Einer von ihnen war der Theologe und Prediger Jean-Paul Rabaut (1743–1793), genannt Rabaut Saint Étienne. Er stammte aus Nîmes, wo sich relativ viele Hugenotten gegen die Katholiken behauptet hatten, und setzte sich besonders für die religiöse Emanzipation der Protestanten ein.

1789 wurde er zum Abgeordneten der Generalstände des Dritten Standes des Bezirkes Nîmes gewählt und dann Mitglied in der aus den Generalständen hervorgegangenen Nationalversammlung. Hier engagierte er sich besonders für die Menschen- und Bürgerrechte und die Religionsfreiheit und hatte maßgeblichen Anteil an der Menschenrechtserklärung. Im März 1790 wurde er zum Präsidenten der Nationalversammlung gewählt, im Januar 1793 zum Präsidenten der die Nationalversammlung ersetzenden verfassungsgebenden Versammlung, dem 1792 gegründeten Nationalkonvent der ersten Republik. Im Konvent, in dem 15 evangelische Laien vertreten waren, zählte er zu den gemäßigten Girondisten und sprach sich gegen die vom Konvent vorgenommene Verurteilung des französischen Königs Ludwig XVI. aus. Das brach ihm letztlich selbst wortwörtlich das Genick. Er wurde am 5. Dezember 1793, in der Zeit der *Grande Terreur*, der seit dem Juni 1793 andauernden Schreckensherrschaft unter den Revolutionären Georges Danton und Maximilien de Robespierre, vor ein Revolutionstribunal geführt und guillotiniert.

Ähnlich erging es auch anderen Protestanten, wie etwa Antoine-Pierre-Joseph-Marie Barnave (1761–1793), der neben dem Marquis de Mirabeau (1749–1791) einer der großen Redner in der Nationalversammlung war und sich für den König eingesetzt hatte. Er wurde am 28. November 1793 hingerichtet.

Nicolas Eustache Maurin schuf 1832 diese Kreidelithographie von Rabaut Saint Étienne.

Die erst kurz zuvor gewonnene Religionsfreiheit für die Protestanten kam in den Jahren des Terrors und der radikalen Entchristlichung 1793/94 zum Stillstand. Die meisten Pfarrer verzichteten auf ihr Amt und die Abhaltung öffentlicher Gottesdienste. Höchstens privat fanden sie noch statt. Erst nach der Hinrichtung Robespierres am 28. Juli 1794 kehrten die evangelischen Pfarrer wieder in ihre Ämter zurück, hielten Gottesdienste und bekamen 1795 erneut die Religionsfreiheit gesetzlich garantiert.

Der revolutionäre Sturm, der über die Menschen und ihre politische Ordnung seit 1789 hinweggefegt war, blieb in seiner Radikalität, mit seiner konsequenten Trennung von Staat und Kirche und mit seinen positiven Auswirkungen für die Protestanten zunächst auf Frankreich begrenzt. Außerhalb Frankreichs konnten Protestanten der Französi-

Immanuel Kant auf einem Gemälde von Gottfried Doeppler, 1791

schen Revolution nur wenig abgewinnen. Doch die Ideen der Freiheit, der Menschenrechte und der Demokratie, wie sie nicht nur in Frankreich, sondern schon bereits 1776 in der Unabhängigkeitserklärung der Vereinigten Staaten von Amerika formuliert worden waren, begeisterten auch in anderen europäischen Ländern und inspirierten bis 1848 Freiheitsbewegungen und Reformen.

Den Boden für die notwendige Modernisierung, aber auch für den Abschied vom absoluten, christlichen Staat hatte unter anderem bereits seit dem Ende des 17. Jahrhundert die Bewegung der Aufklärung bereitet. Ihre Vertreter, vor allem Bürger und Akademiker an den Universitäten, verkörperten einen Bewusstseinswandel, weil sie nun mit Zuversicht und Optimismus auf die Welt schauten und zum sinnvollen und nützlichen Engagement im Diesseits aufriefen. Grundlegend waren für sie die Vernunft und der Verstand, ebenso wie die Humanität und die religiöse Toleranz.

Mit ihnen kritisierten Philosophen wie der Engländer John Locke (1632–1704) oder der Franzose Voltaire (1694–1778) die absolute Monarchie und die Ständegesellschaft, die die Menschen in Furcht und Abhängigkeit hielt und sie daran hinderte, sich selbstbestimmt zu entfalten. Wenn die Menschen verstehen würden, warum sie in unfreien Verhältnissen lebten, würden sie sich selbst daraus befreien, oder, wie es der Königsberger Philosoph Immanuel Kant (1724–1804) in seiner berühmten Antwort auf die Frage „Was ist Aufklärung?“ formulierte: „Aufklärung ist der Ausgang des Menschen aus seiner selbstverschuldeten Unmündigkeit.“

Die Aufklärung wirkte in viele Richtungen, in die Staatstheorie ebenso wie in die Naturwissenschaften, in die Philosophie oder in die Pädagogik. Aber auch die Religion gehörte zu ihren Themen, wobei die Grenzen zur Religionskritik fließend waren. Der französische Philosoph Jean-Jacques Rousseau (1712–1778) etwa provozierte mit seiner Überzeugung, dass der Mensch von Natur aus gut sei. Das war für Theologen und Kirchenvertreter, für die Sünde und Sündhaftigkeit zum Menschen gehörten, nicht hinnehmbar. Daneben vertraten viele Aufklärer seit der Schrift John Lockes über *Die Vernunftgemäßheit des Christentums* von 1695 eine tolerante und vernunftgeleitete Position gegenüber der Religion. Das Christentum war ihrer Ansicht nach eine natürliche Vernunftreligion, die zu einem moralisch und sittlich guten Leben anleiten könne.

In Deutschland fand die Aufklärung einen protestantischen Nährboden. Das Universalgenie Gottfried Wilhelm Leibniz (1646–1716), der von den Pietisten Spener und Francke (vgl. S. 128) beeinflusst war, verband Theologie und Naturwissenschaft und verschmolz die beiden unterschiedlichen Disziplinen zu einer eigenständigen, aufgeklärten Philosophie. In seinem Werk *Theodizee* von 1710 versuchte Leibniz, das Übel und das Böse in der Welt mit Gott in Einklang zu bringen. Dabei setzte er voraus, dass Gott als Schöpfer das Gute geschaffen habe, ja, sogar das Gute sei. Zugleich habe Gott aber, argumentierte Leibniz gut lutherisch, dem Menschen die Freiheit gelassen, sich dafür einzusetzen, dass die Welt besser werde. Deshalb sei diese Welt immer nur die „beste aller möglichen Welten".

Neben Leibniz und Kant verkörperte der aus einer lutherischen Familie stammende Dichter Gotthold Ephraim Lessing (1729–1781) die deutsche Aufklärung. In seinem Drama *Nathan der Weise* von 1779 behandelte er die Frage nach der religiösen Toleranz und präsentierte im dritten Aufzug die *Ringparabel*. In ihr wollte ein Vater seinem Sohn einen kostbaren Ring vererben. Da er jedoch drei Söhne hatte, die er alle gleich schätzte, ließ er zwei identische Kopien des Ringes anfertigen und gab dann jedem seiner Söhne einen Ring. Nach seinem Tod wollten die Söhne wissen, welcher Ring der wahre sei. Doch der echte Ring konnte nicht mehr

Der Protestantismus – die moderne Religion des Kapitalismus?

Mit seiner 1904/1905 erschienenen Schrift *Die protestantische Ethik und der Geist des Kapitalismus* versuchte der deutsche Soziologe Max Weber (1864–1920) zu erklären, wie es zu Unterschieden in der wirtschaftlichen Entwicklung verschiedener Länder und Kulturen gekommen ist und warum sich schließlich im Westen die moderne, kapitalistische Wirtschaft durchgesetzt hat. Die Antwort sah Weber in den unterschiedlichen religiösen Vorstellungen einer Gesellschaft. Seiner Meinung nach waren die protestantischen Gruppen, die Gottes Gnadenzusage besonders eng mit einer tätigen Lebenspraxis, Askese und Sparsamkeit verbanden, wirtschaftlich besonders erfolgreich. Dazu zählte er den Calvinismus und den Pietismus, aber auch den Methodismus und die Quäker. Webers These inspirierte Viele. Sie fand bis heute sowohl Zustimmung als auch Ablehnung oder wurde in einzelnen Argumenten verfeinert.

Max Weber um 1900 als Professor in Heidelberg.

von den anderen unterschieden werden. Lessing verdeutlichte mit dieser Geschichte die aufgeklärte Auffassung, dass die drei Weltreligionen Judentum, Christentum und Islam eigentlich alle gleich untereinander sind und im Guten miteinander auskommen sollten – auch wenn sich ihre Anhänger für die Auserwählten halten.

Dass Aufklärer wie Lessing Religion und Gott als vernünftig und als kommunikationsfähig denken konnten, machte den christlichen Glauben zu einem ernsthaften Sujet der zeitgenössischen Gelehrten. Doch zur gleichen Zeit relativierte ihn der Maßstab der Vernunft und der religiösen Toleranz.

Nach Lessings Werk *Nathan der Weise* schuf der Maler Moritz Daniel Oppenheim 1845 das Gemälde *Die Betrachtung der Ringe*.

Mit dieser Spannung konnte der Protestantismus insgesamt besser umgehen als die katholische Kirche. Denn zum einen stammten die Aufklärer, insbesondere in Deutschland, häufig aus evangelischen Familien, hatten eine protestantische Ausbildung oder gar ein Theologiestudium absolviert (oder zumindest angefangen). Zum anderen aber hatte die Reformation in gewisser Weise der Moderne den Weg geebnet. Mit ihrem Leitspruch *Sola Scriptura* (Allein die Schrift) befreite sie die Theologie und die Wissenschaft aus der Umklammerung von Kirche und Scholastik und ermöglichte ihnen eine freie Existenz an von der Kirche unabhängigen Schulen und Universitäten.

Das bedeutete jedoch zugleich, dass sich theologische Entwürfe und protestantische Frömmigkeit freier und vielfältiger entwickeln konnten. Als Antwort auf die Aufklärung, die Entwicklung der Naturwissenschaften und die Französische Revolution entstand so ein breites Spektrum an Denkrichtungen und Lebenshaltungen im europäischen Protestantismus, das bis heute ausgeprägt ist. Diese Bandbreite ließ sich allgemein in die Richtungen konservativ, liberal und vermittelnd einteilen, wobei aber innerhalb dieser Ausprägungen ganz unterschiedliche Gesichtspunkte eine Rolle spielen konnten. In Deutschland etwa entstand das Neuluthertum, dessen konservative Theologen sich auf Luther und die lutherischen Bekenntnisschriften zurückzogen. Sie lehnten alle Versuche moderner Theologie ab und hielten daran fest, dass sich Gott in der Heiligen Schrift offenbare und sie daher wortwörtlich zu verstehen sei. Teilweise schlossen sich Neulutheraner der Erweckungsbewegung an.

Von der inneren Ausrichtung her ähnlich richtete sich beispielsweise in den Niederlanden gegen Ende des 19. Jahrhunderts der konservative Neocalvinismus aus. Er ging auf den Theologen

Intellektueller mit großem Gefühl: Friedrich Daniel Ernst Schleiermacher

Schleiermacher wurde 1768 in Breslau geboren. Sein pietistisch orientierter Vater übergab ihn den Herrnhutern (vgl. S. 130) zur Erziehung und Ausbildung. Doch als sich Schleiermacher intensiver mit Themen der Aufklärung auseinanderzusetzen begann, überkamen ihn Zweifel. So löste er sich von den Herrnhutern, begann in Halle Theologie zu studieren und kam 1796 als Prediger nach Berlin. Hier lernte er die führenden Romantiker Berlins wie die Brüder Schlegel oder die Humboldt-Brüder kennen und erhielt Zutritt in den literarischen Salon der Jüdin Henriette Hertz. Zu ihr entwickelte er eine intensive Freundschaft. 1789 erschienen seine *Reden über die Religion*. Sein Umgang mit den jüdischen Damen der literarischen Gesellschaft, zu denen neben Henriette Hertz auch Rahel Varnhagen und Dorothea Veit gehörten, machte ihn jedoch der Kirchenleitung suspekt. So musste er 1802 Berlin verlassen. Nachdem er 1804 eine außerordentliche Professur in Halle erhalten hatte, kam er jedoch 1806 nach Berlin zurück, wurde 1810 Professor der Theologie an der neugegründeten Berliner Universität und ein Jahr später Mitglied der Preußischen Akademie der Wissenschaften. Daneben engagierte er sich in der preußischen Bildungspolitik und setzte sich für eine vom Staat unabhängige Kirche ein. Mit seinem Lehrbuch *Der christliche Glaube nach den Grundsätzen der evangelischen Kirche* von 1821/22 verfasste er die erste gesamtprotestantische Dogmatik. Als er 1834 starb, begleiteten weit über 20000 Menschen quer durch alle Schichten seinen Sarg bis zum Dreifaltigkeitsfriedhof.

Um 1800 entstand dieser nachträglich kolorierte Kupferstich des Theologen Schleiermacher von Johann Heinrich Lips.

Herman Bavinck (1854–1921) und den Theologen und Politiker Abraham Kuyper (1837–1920) zurück. Sie waren gegen die Aufklärung, den Sozialismus und den Liberalismus, orientierten sich aber auf der anderen Seite stark auf die Kultur und die Gesellschaft hin. Hier zeigten sie sich zudem als außerordentlich innovativ. So gründete Kuyper 1871/72 eine neue kirchliche Wochenzeitung sowie die Tageszeitung *De Standaard*, die bis 1944 existierte und dann in der bis heute erscheinenden überregionalen Tageszeitung *Trouw* aufging. 1879 entstand unter Kuyper die erste politische Partei der Niederlande, die Anti-Revolutionäre Partei (niederländisch *Anti-Revolutionaire Partij*). Sie richtete sich mit ihrem Namen und ihrem Programm eindeutig gegen die von der Französischen Revolution proklamierte Freiheit des Menschen und pochte stattdessen besonders auf die Souveränität Gottes. Unter Kuyper, der bis zu seinem Tod Vorsitzender der Partei und von 1901 bis 1905 Ministerpräsident war, setzte sie sich dafür ein, dass öffentliche und private, also vor allem kirchliche, Schulen einander gleichgestellt wurden. In diese Richtung passte auch sein anderes, großes Projekt: der Aufbau einer vom Staat unabhängigen Universität, deren christliches Funda-

Dieses zeitgenössische Gemälde zeigt den dänischen Volkserzieher, Geistlichen und Schriftsteller Nicolaj Frederik Severin Grundtvig.

ment die Heilige Schrift bilden sollte. Sie wurde 1880 als *Vrije Universiteit Amsterdam* (Freie Universität Amsterdam; abgekürzt VA) gegründet, und Kuyper übernahm dort den Lehrstuhl für Systematische Theologie. Bis heute ist sie neben der staatlichen *Universiteit van Amsterdam* (abgekürzt UvA) die zweite wichtige Universität der niederländischen Hauptstadt. Kuypers orthodox-calvinistisches Programm führte schließlich 1892 dazu, dass sich eine eigene Bewegung von der Reformierten Kirche (Hervormde Kerk) abspaltete und sich mit der bereits 1884 abgespaltenen Gruppierung *Afscheiding* zu den *Gereformeerde Kerken in Nederland* (Reformierte Kirchen in den Niederlanden) zusammenschloss. In Südafrika ging diese Richtung in der *Nederduitse Gereformeerde Kerk* auf und wurde zur Konfession der Buren (vgl. S. 219).

Im Gegensatz zur konservativen Theologie, die an der Heiligkeit der Bibel festhielt, setzten dagegen die liberalen Theologen im 19. Jahrhundert alles daran, ihr Fach als eine moderne Wissenschaft zu etablieren. Theologie wurde nun an eigenen Fakultäten an staatlichen Universitäten gelehrt. Sie umfasste mehrere Einzeldisziplinen, die bis heute Teil des Fächerkanons sind: die biblischen Fächer Altes und Neues Testament, die Kirchen-, Theologie- und Dogmengeschichte, die Systematische Theologie, in der über theologische Theorien nachgedacht wird, sowie die Praktische Theologie als eine Theorie dessen, was in der kirchlichen Gemeindearbeit täglich passiert.

Inhaltlich löste sich die liberale Theologie von kirchlichen und dogmatischen Vorgaben. Sie trennte Glauben und Offenbarung von Wissen und Erkenntnis und legte sehr viel Wert darauf, dass ihre Forschungsergebnisse für alle einsichtig und nachvollziehbar waren. Dazu nutzten die liberalen Theologen die historisch-kritische Methode. Mit ihr erarbeiteten sie beispielsweise, wie die einzelnen Bücher der Bibel oder ausgewählte Textstellen zeitlich entstanden waren und vor welchem geschichtlichen Hintergrund bestimmte Begriffe und Bilder verwendet wurden. Für viele veränderte sich mit diesem Denkansatz auch das Bild und die Rolle von Jesus Christus. Er war nun nicht mehr als Offenbarung Gottes interessant, sondern als ein ethisch guter Mensch. Wie Jesus als historische Persönlichkeit gewesen sein könnte, erforschten der Theologe David Friedrich Strauß (1808–1874), der französische Philosoph Joseph Ernest Renan (1823–1892) oder auch der berühmte Arzt und Theologe Albert Schweitzer (1875–1965).

Zum größten liberalen Theologen des 19. Jahrhunderts wurde schließlich der vor allem in Berlin wirkende Friedrich Daniel Ernst Schleiermacher

(1768–1834). Ihm war bewusst, dass der aufgeklärte und vernunftgeleitete Mensch mit der Offenbarung Gottes in der Heiligen Schrift Schwierigkeiten haben musste. So entwickelte er einen neuen Ansatz, den man als erfahrungsorientiert bezeichnen kann. Religion war für Schleiermacher nun nicht mehr Erkenntnis und Wissen, sondern eine Anschauung und ein „Gefühl der schlechthinnigen Abhängigkeit", das jeder Mensch, wenn er sich offen stellte, erfahren konnte. Mit diesem Ansatz, der in mancherlei Hinsicht sogar psychologische Aspekte des Menschen aufnahm, beeinflusste Schleiermacher zahlreiche Theologen innerhalb und außerhalb Deutschlands.

Die liberale Theologie war nicht nur ein Phänomen des deutschen Protestantismus, sondern fand überall dort ihre Anhänger (und Kritiker), wo die Aufklärung breitere Wirkungen entfaltet hatte. Dazu zählten auch England, wo dieser wissenschaftliche Ansatz auch von Theologen und Bischöfen wie Joseph Barber Lightfoot (1828–1889) oder Brooke Foss Westcott (1825–1901) vertreten wurde, und die Vereinigten Staaten von Amerika. Hier kam bei Theologen wie Shailer Mathews (1863–1941) oder Walther Rauschenbusch (1861–1918) noch ein besonderes Engagement für sozial Schwache in der sogenannten *Social Gospel* Bewegung hinzu (vgl. S. 217).

Neben der liberalen und konservativen Richtung gab es außerdem Theologen, die eine Mittlerposition einnahmen. Dazu zählte beispielsweise der bekannte dänische Theologe, Dichter und Pädagoge Nicolaj Frederik Severin Grundtvig (1783–1872), der von dem allumfassenden Humanismus des deutschen Philosophen und Theologen Johann Gottfried Herder (1744–1803) beeinflusst war, trotzdem aber ein strenger Lutheraner blieb. Die Vernunft wollte er nur dann als Maßstab gelten lassen, wenn sie sich an der Wahrheit der Zeit orientiere. Zugleich versuchte er, den Menschen ernst zu nehmen und zu ethischem Verhalten zu motivieren. Weil er davon überzeugt war, dass lebenslanges Lernen zum erwachsenen Menschen dazu gehört, gründete er 1844 die erste Volkshochschule überhaupt. Darüber hinaus versuchte er, die dänische Kultur und Gesellschaft mit dem Christentum zusammen zu bringen. 1861 wurde er zum Bischof von Seeland ernannt und zählt bis heute zu den herausragenden Protestanten Dänemarks.

Der zweite berühmte dänische Theologe und Dichter des 19. Jahrhunderts, Søren Kierkegaard (1813–1855), konnte dagegen mit Grundtvig gar nichts anfangen. Er warf ihm einen naiven Objektivismus vor und entfaltete selber eine geradezu antiwissenschaftliche, subjektive Theologie, mit der er die philosophische Richtung des Existenzialismus begründete. Sein theologisches und persönliches Thema war die innere Zerrissenheit des Menschen und seine Ängste. Er wollte herausfinden, wie sich Erlösung und Wahrheit dazu verhalten. Besonders

Kierkegaard an seinem Schreibtisch, zeitgenössische Zeichnung.

Das evangelische Pfarrhaus war ein Hort von Bildung und Kultur. Hier besucht Wilhelm Busch das Haus seines Neffen, des Pastors Hermann Nöldecke.

bekannt wurde sein Werk *Entweder – Oder* von 1853.

Die vielfältigen und inspirierenden theologischen Entwürfe, die das 19. Jahrhundert hervorbrachte, zeigen, wie sehr sich der Protestantismus als eine eigene geistige, aber auch lebenspraktische Kraft in der hereinbrechenden Moderne zu behaupten vermochte. Er war nicht einfach nur „anti" und gegen die Vernunft, den Liberalismus und den Individualismus. Er passte sich aber auch nicht komplett dem Strom der Zeit an und warf vorbehaltlos seine Traditionen über Bord. Das Dazwischen-Sein, Suchen und Ringen machte seine eigene Modernität aus und öffnete ihn für innerkirchliche Reformen und religiöse Erneuerung.

Zwar sahen auch evangelische Kirchenvertreter und Theologen, dass Religion, Kirche und Glauben für einen Großteil der Bevölkerung immer weniger wichtig wurden – vor allem für die Arbeiterschaft und das Bildungsbürgertum in den größeren Städten. Doch waren sie davon überzeugt, dass sie diesen Trend zur Verweltlichung aus eigener Kraft aufhalten und umkehren könnten, indem sie sich zum Beispiel mit besonderen Aktivitäten den vom Glauben abgefallenen Bevölkerungsgruppen zuwandten. Aus diesem Impuls entstanden unter anderem die Tätigkeiten der Inneren Mission, die sich der Armen, Obdachlosen und Verwahrlosten annahm (vgl. S. 162). Dabei kam der evangelischen Kirche entgegen, dass sich im 19. Jahrhundert das moderne Vereinswesen zu entwickeln begann. Bis die Vereine allerdings allgemein akzeptiert waren, dauerte es eine Weile. Erst 1848 wurde in der ersten demokratischen Verfassung in Deutschland, die in der Frankfurter Paulskirche angenommen wurde, das Recht, sich frei mit anderen Gleichgesinnten zu versammeln und zu organisieren, als Grundrecht festgelegt. Seitdem entfaltete sich der Verein als eine Keimzelle der allmählich entstehenden Bürgergesellschaft.

Den Protestanten eröffneten die Vereine nun eine Chance, sich gesellschaftlich, politisch und kulturell gegen die Entchristlichung zu engagieren, ohne dabei in feste kirchliche Strukturen und Abhängigkeiten eingebunden zu sein. So entstanden im 19. Jahrhundert viele evangelische Vereine: Verschiedene Bibel- und Missionsgesellschaften (vgl. S. 169), kleinere karitative Vereine, der Dachverband der Inneren Mission, der Kirchentag, die kirchenpolitisch orientierten Vereine wie etwa der Deutsche Protestantenverein oder die Christlich-Soziale Arbeiterpartei, aber auch wissenschaftlich-theologische Vereine, Berufsverbände oder Frauen- oder Jugendverbände. Das Engagement von Protestanten in den konfessionellen Vereinen veränderte den Protestantismus in (mindestens) zwei Aspekten: Zum einen wurde das Spektrum von evangelischer Kirche breiter und umfasste nicht mehr nur die Kirchenleitungen an der Spitze und die Gemeinden an der Basis. Zum anderen etablierten die evangelischen Vereine eine bürgerliche Kultur und ein bürgerliches Bildungsideal, was zu einer gewissen Verbürgerlichung des Protestantismus führte.

Die großen sozialen und politischen Veränderungen führten jedoch zugleich zu einem Wandel in der Rolle des evangelischen Pfarrers und des evangelischen Pfarrhauses.

Seit Martin Luther und Johannes Bugenhagen im 16. Jahrhundert war das evangelische Pfarrhaus einer der wichtigsten Orte, wo Bildung und Kultur gelebt und vermittelt wurden. Der Altkatholik Johann Friedrich von Schulte (1827–1914) untersuchte als erster Wissenschaftler 1600 deutsche Biografien bekannter Persönlichkeiten bis 1900 und stellte dabei fest, dass über die Hälfte aus einem evangelischen Pfarrhaus stammten. Ganz unterschiedliche Geistesgrößen wie etwa der Schriftsteller Hermann Hesse, der Dichter Gotthold Ephraim Lessing, der Philosoph Friedrich Nietzsche, der Begründer des Kindergartens, Friedrich Fröbel, der Baumeister Karl Friedrich Schinkel

Protestantische Bildungsbürger: Gruppenfoto von evangelischen Pfarrern, 1893.

oder der Archäologe Heinrich Schliemann waren Pfarrerssöhne.

Bis ins frühe 19. Jahrhundert hinein war der Pfarrer häufig der einzige Akademiker in der Gemeinde, der vor allem auf dem Land und in kleineren Städten Zugang zu einer bürgerlichen Lebensweise bot. Darüber hinaus war er fest in die Strukturen vor Ort eingebunden und ein wichtiger Teil der lokalen Kommunikation und der Geselligkeit.

Verschiedene Reformen im Pfarrstand veränderten diese traditionelle Rolle jedoch im 19. Jahrhundert grundlegend. So wurde zum Beispiel eine ihrem staatlichen Pendant angeglichene Pfarrerbesoldung eingeführt und die Pfarrer wurden rechtlich (fast) den Beamten gleichgestellt. Parallel dazu veränderten sich ihre Arbeitsschwerpunkte: Weil die Gemeinden nun viel größer als früher waren, konnten die einzelnen Gemeindemitglieder nicht mehr so persönlich betreut werden. Stattdessen nahm die Verwaltungsarbeit zu. Analog zum Staat und seinen Beamten verstanden sich die Pfarrer jetzt stärker als Kirchenbeamte. Auch äußerlich passten sie sich dem neuen Status an und trugen nun, nach einer Anordnung des preußischen Königs Friedrich Wilhelm III. (1770–1840, reg. ab 1797) von 1811, als Amtstracht einen schwarzen, bodenlangen Talar. Während Pfarrer zuvor häufig noch bunte Messgewänder getragen hatten, wurde jetzt das schwarze Gewand mit einem weißen Kragen zum Erkennungsmerkmal des evangelischen Pfarrers in Deutschland. Bis heute gibt es in der Form des Kragens regionale Unterschiede, es kann beispielsweise auch ein Stehkragen oder eine Halskrause sein. Dazu enthält der Halskragen, den man als Beffchen bezeichnet, eine Botschaft über die genaue protestantische Richtung seines Trägers oder seiner Trägerin. Denn in der lutherischen Kirche verläuft der Kragen wie ein umgedrehtes V, während in der reformierten Kirche ein breites, glattes Beffchen üblich ist. Das unierte Beffchen dagegen ist, seiner theologischen Ausrichtung entsprechend, halb geöffnet.

Ferdinand Hodlers Gemälde „Der Pfarrer" (1879) zeigt einen ernsten und würdevollen Prediger im schwarzen Talar.

Diese und weitere Erneuerungen führten nach und nach dazu, dass die Pfarrer eine eigene Berufsgruppe ausbildeten, die nicht mehr so stark im Dorf oder in der Stadt und mit einer solch herausragenden Stellung wie zuvor im Kleinbürgertum oder Bildungsbürgertum integriert war. Hinzu kamen politische Entscheidungen, die außerhalb der Kirche getroffen wurden, aber zu einem öffentlichen Bedeutungsverlust des Pfarrers führten. Als beispielsweise 1872 die staatliche Schulaufsicht eingeführt wurde, brauchte man keine Pfarrer mehr im staatlichen Bildungswesen. Nachdem die zivile Eheschließung erlaubt worden war, relativierte sich die Bedeutung der kirchlichen Trauung, und damit auch diejenige des Pfarrers. Zudem sank die Zahl der Theologiestudenten in Deutschland: Studierten 1830 noch 27 Prozent aller Studenten Theologie, so war es 1875 nur noch ein Zehntel.

Angesichts dieser Entwicklungen sah sich der Pfarrerstand in der Krise. Er blickte zurück auf die

„goldenen Zeiten" des evangelischen Pfarrhauses und schuf sich nun ein eigenes Bild vom Pfarrhaus als Hort der Bürgerlichkeit im 19. Jahrhundert. Dazu entstanden die neuen Genres der Pfarrhausliteratur und der Pfarrhausgeschichte. Seitdem ist das evangelische Pfarrhaus zum protestantischen Symbol für das Bildungsbürgertum geworden.

Zwischen Thron und Altar

In der Geschichte wird häufig das Bild von einer Ehe zwischen Thron und Altar benutzt, wenn man die enge Beziehung zwischen dem Staat und der Kirche deutlich machen möchte. Diese prägte die christliche Kirche des Mittelalters, wo weltliche und geistliche Macht direkt miteinander verknüpft waren.

Erst die Reformation leitete allmählich eine stärkere Trennung zwischen weltlicher und geistlicher Herrschaft ein – was den Papst ebenso betraf wie auf der anderen Seite die Könige oder Fürsten. Doch für die evangelischen Christen vor Ort blieb die Beziehung zwischen Staat und Kirche von Bedeutung, wenn sie sowohl Glaubende als auch Untertanen sein wollten. In diesem Konflikt gaben verschiedene Schriften Luthers Orientierung. In ihnen unterschied Luther zwischen dem vollkommenen Reich Gottes und dem unvollkommenen weltlichen Reich, die aber beide letztlich von Gott regiert werden. Doch zeichnen sie sich durch unterschiedliche Funktionsweisen und Ziele aus. Weil der weltliche Herrscher innerhalb seines Reiches dazu verpflichtet sei, Recht und Ordnung unter den Menschen zu schaffen, müsse der Christ die weltliche Autorität achten und dem Landesherrn gehorchen, argumentierte Luther und mit ihm eine Vielzahl lutherischer Theologen. Freilich dürfe der Christ auch, wenn der Herrscher keinen Raum für den Glauben eröffne, Widerstand leisten.

Luthers Modell sah also noch keine moderne Trennung von Kirche und Staat vor, sondern machte die Verantwortung des Landesherren für das Gemeinwesen deutlich und wies auf die doppelte Verantwortung des Christen hin.

Auch nach Luther blieb das Verhältnis zwischen Landesherrn, Obrigkeit und Staat auf der einen Seite und der Kirche mit ihren Gläubigen auf der anderen ein spannungsreiches Thema, denn nun war die evangelische Kirche ja eine eigenständige Konfession. Die Leitlinien gaben zunächst der Augsburger Religionsfrieden von 1555 und der Westfälische Frieden von 1648 vor. Ob man katholisch, lutherisch oder reformiert war, richtete sich seitdem nach der Konfessionszugehörigkeit des jeweiligen Landesfürsten oder Landesherren (vgl. S. 98).

Das war jedoch nicht der einzige Bezugspunkt, den der Landesherr mit dem Glauben hatte. Denn der Landesherr war darüber hinaus auch derjenige, der sozusagen als oberster Bischof (Lateinisch: *summus episcopus*) oder als oberster Dienstherr (Lateinisch ebenfalls: *summus episcopus*) die Kirche in seinem Herrschaftsgebiet leitete. Diese Funktion wird als *landesherrliches Kirchenregiment* oder als *Summepiscopat* bezeichnet. Das konnte dann sogar dazu führen, dass ein katholischer Landesfürst die Kirchenleitung über die evangelische Kirche ausübte, wie das beispielsweise im Königreich Bayern mit seinem katholischen König der Fall war.

Das landesherrliche Kirchenregiment bildete bis 1918 die Grundlage des Protestantismus und gehört zu seinem besonderen Profil in Deutschland. Erst allmählich begann sich im 19. Jahrhundert der moderne Gedanke durchzusetzen, dass die Kirche ein Recht hat, ihre eigenen Angelegenheiten

Der Holzstich von 1896 zeigt die Mitglieder des Vorparlaments 1848 beim Einzug in die Frankfurter Paulskirche. Die Forderung nach einem Selbstbestimmungsrecht der Kirchen konnte noch nicht durchgesetzt werden.

selbstständig zu ordnen und zu organisieren. Entsprechende Formulierungen wurden erstmals in die preußische Verfassung von 1848 und dann 1849 in die Verfassung der Frankfurter Paulskirchenversammlung aufgenommen. Allerdings bezogen sich diese eher auf erweiterte Mitwirkungsmöglichkeiten von Pfarrern und Gemeindemitgliedern, und tasteten den Status des Landesherren kaum an. Erst mit Artikel 137 der Weimarer Reichsverfassung von 1919 wurde das kirchliche Selbstbestimmungsrecht Bestandteil des allgemeinen Rechts. Seitdem üben Kirchensynoden, Landeskirchenämter oder Konsistorien die Kirchenleitung aus.

Durch das landesherrliche Kirchenregiment entwickelte sich der deutsche Protestantismus in den jeweiligen Gebieten und Provinzen zu einer lokalen oder regionalen Größe. Es gab kein übergeordnetes, gesamtprotestantisches Bewusstsein und keine entsprechende Institution. Freilich blieben die Territorien und ihre Grenzen stetigem Wandel unterworfen. Besonders große und tiefgreifende Veränderungen vollzogen sich nach der Französischen Revolution 1789 und der Herrschaft Napoleon Bonapartes (1769–1821), die 1806 zum Ende des Heiligen Römischen Reiches Deutscher Nation führte. Nachdem die Fürsten ihre linksrheinischen Gebiete an Frankreich hatten abtreten müssen, wurden sie mit kirchlichem Grundbesitz und kirchlichem Vermögen rechts des Rheins entschädigt. Alle geistlichen Fürstentümer (bis auf Mainz) wurden aufgehoben und weltlichen Fürstentümern übertragen. Das betraf über 10 000 Quadratkilometer geistliches Territorium mit einem Siebtel der deutschen Bevölkerung. Außerdem wurden 45 der 51 freien Reichsstädte in die benachbarten Fürstentümer eingegliedert und die mehr als tausend kleinen Herrschaften in 34 deutschen Staaten zusammengefasst.

Der Wiener Kongress 1815 legte dann die neuen Grenzen in Deutschland und Europa fest, wobei das Königreich Preußen nun in den Westen Deutschland hineinwuchs und neuer Nachbar Frankreichs wurde. All diese territorialen Veränderungen erforderten neue rechtliche und bürokratische Strukturen, die auch das landesherrliche Kirchenregiment betrafen. Eine umfassende Modernisierung mit neuen Kirchenverfassungen war die Folge. Das konfessionelle Schulwesen, die Besoldung und die Ausbildung der Pfarrer wurden neu geregelt. Dazu entstand in den Kirchen der jeweiligen Herrschaften, den Landeskirchen, eine eigene (staatliche) Kirchenbehörde. Ihre Bezeichnung variierte, in Preußen trug sie beispielsweise den Namen Konsistorium, und ihre Mitglieder wurden als Konsistorialrat oder Oberkonsistorialrat bezeichnet. Die Juristen und Theologen in den Konsistorien waren für die Verwaltung und alle Rechtsfragen in den Gemeinden und Kirchenkreisen des Territoriums zuständig. Der Leiter dieser staatlichen Kirchenverwaltung war meist ein Jurist. Daneben gab es noch einen direkten Vorgesetzen der Pfarrer, den Superintendenten oder Dekan. Er wiederum stand unter der Aufsicht des Generalsuperintendenten oder des Prälaten.

Aus den territorialen Veränderungen, die mit dem Wiener Kongress 1815 einen Abschluss fanden, ging das Königreich Preußen als eine neue Großmacht hervor. Es hatte zwar einige Gebiete an Russland abgeben müssen, aber im Osten die Provinz Posen und im Westen Teile Westfalens und des Rheinlandes hinzugewonnen, die zu den Provinzen Rheinland und Westfalen wurden. Das Gebiet Preußens umfasste nun mehr als 278 000 Quadratkilometer und hatte zehn Millionen Einwohner. Weil die Mehrheit der preußischen Einwohner Protestanten waren, verstand sich Preußen als protestantische Führungsmacht. Der preußische König Friedrich Wilhelm III. wollte zwischen den Reformierten, deren Anzahl in Preußen durch die Gebietsveränderungen gestiegen war, und den Lutheranern einen Ausgleich und eine gemeinsame neue Kirchenverfassung schaffen.

Er rief, dem Beispiel des Herzogtums Nassau vom August 1817 folgend, am 27. September 1817 öffentlich dazu auf, dass Reformierte und Lutheraner gemeinsam eine „neu belebte, evangelisch-

Schulterschluss von Thron und Altar: Ein Pfarrer segnet Soldaten des Lützowschen Freikorps, das in den Befreiungskriegen (1813–1815) gegen die Franzosen kämpfte.

christliche Kirche" bilden sollten und besuchte dazu symbolisch einen gemeinsamen Gottesdienst mit Abendmahl. Diese Initiative fand, von einigen strengen Lutheranern abgesehen, große Zustimmung. Unterstützt wurde der Unionsgedanke von Theologen wie dem Berliner Professor Friedrich Schleiermacher (vgl. S. 145), der unter anderem die Schrift *Der christliche Glaube nach den Grundsätzen der evangelischen Kirche im Zusammenhange dargestellt* verfasste. Am 31. Oktober 1817, dem 300. Jubiläum von Luthers Thesenanschlag, wurden überall in Preußen gemeinsame lutherisch-reformierte Gottesdienste gefeiert.

Antonio Schrader schuf 1817 dieses Porträt von Friedrich Wilhelm III. nach einem Gemälde von François Gérard.

Doch blieben trotz dieser Feiern viele rechtliche und dogmatische Fragen ungeklärt. So kam es zu Protesten, als Friedrich Wilhelm 1822 selbst eine neue Gottesdienstordnung verfasste und für allgemein verbindlich erklären wollte. Der Widerspruch bezog sich auf theologische Gesichtspunkte, wie zum Beispiel die Rolle der Liturgie oder die Auswahl der Abendmahlsworte, aber auch auf die Rolle des Landesherren. Durfte er eine eigene Gottesdienstordnung erlassen oder fiel dieses Recht in den Bereich der Kirche? Auch Schleiermacher gehörte nun zu den Kritikern des Königs. So blieb es in Preußen schließlich bei einem Kompromiss: Zwar wurde eine gemeinsame Leitung und Verwaltung beschlossen, eine gemeinsame Lehre und ein gemeinsames Bekenntnis konnten aber nicht formuliert werden. In Preußen bestanden weiterhin lutherische, reformierte oder unierte Gemeinden. Die Preußische Union, die auch als Evangelische Kirche der Preußischen Union bezeichnet wurde, blieb damit hinter den Unionen, wie sie beispielsweise in Nassau, Baden oder auch der Pfalz vollzogen wurden, zurück. Dort war es gelungen, Verwaltung, Gottesdienst und Lehre miteinander zu verschmelzen.

Die vom preußischen König vorangetriebene Union war nicht nur eine kircheninterne Angelegenheit. In ihr drückte sich ein politisches Anliegen Friedrich Wilhelms III. aus, das ihn von seinen Vorgängern unterschied: Denn während Preußen unter Friedrich II. (1712–1786, reg. ab 1740), den man auch den Friedrich den Großen nannte, ein Staat der Aufklärung war, weltlich und religiös tolerant, mischte sich Friedrich Wilhelm III. sehr viel direkter in die Belange der Religion ein. Er war kein religiös neutraler Herrscher, sondern betonte die christliche Ausrichtung des Staates und versuchte, seine eigenen Vorstellungen eines geeinten und erneuerten Protestantismus durchzusetzen. Dazu gehörte auch, dass Juden und Katholiken nur untergeordnete Positionen einnehmen konnten.

Die Entwicklung hin zu einer besonderen preußisch-christlichen Staatsfrömmigkeit setzte sich nach Friedrich Wilhelms Tod 1840 unter seinem Sohn Friedrich Wilhelm IV. (1795–1861, reg. ab 1840) fort und wurde sogar noch gesteigert. Denn der von der Erweckungsbewegung geprägte Friedrich Wilhelm IV. war ein echter Romantiker, für den Religion und Politik eine Einheit bildeten. Er glaubte an den christlichen Staat, der sich mit dem Katholizismus ausgesöhnt zeige, und wollte vor allen politischen Veränderungen eine umfassende geistige und religiöse Erneuerung. Seine Vorstellungen einer neuen Kirche hatte er 1840, noch als Kronprinz, in einem Brief formuliert und selber als „Sommernachtstraum" bezeichnet. Darin umriss er eine heilige bischöfliche Kirche des Urchristentums, die über den Konfessionen stehe, und sah Preußen als das von Gott erwählte Land, das den ersten Schritt der großen religiösen Erneuerung wage. Dazu solle die Kirche aus ihren staatlichen Strukturen befreit werden. Dann sei der Landesherr nicht mehr als Vertreter des landesherrlichen Kirchenregiments nötig; er würde nur noch Schutzherr und Friedensrichter sein.

Von diesen neuen kirchenpolitischen Vorstellungen konnte Friedrich Wilhelm IV. allerdings nur wenig umsetzen. Sie blieben auch für seinen Bruder Wilhelm I. (1797–1888), der seit 1858 als Prinzregent die Regierungsgeschäfte führte, 1861 dann formell die Thronfolge antrat, eine christliche Utopie. Denn im Gegensatz zu Friedrich Wilhelm IV. wollte er einen starken Protestantismus und ein starkes landesherrliches Kirchenregiment. Das zelebrierte er regelrecht bei seiner Krönung zum König von Preußen am 18. Oktober 1861, als er vor der Krönungsversammlung die Krone vom Altar nahm und sie sich selbst aufsetzte. Von daher verwunderte es nicht, dass die deutschen Protestanten nach dem Deutsch-Französischen Krieg, der unter der Parole „Für Gott und das Vaterland" geführt worden war, die Gründung des Kaiserreiches 1871 und die Krönung Wilhelms I. zum Deutschen Kaiser mit großen Hoffnungen und mit Stolz begleiteten.

Diese frühe Fotografie von 1861 zeigt den preußischen König Friedrich Wilhelm IV., der sich für eine kirchliche Erneuerung einsetzte.

1874 wurde im Kaiserreich die Zivilehe eingeführt. Ein Jahr später schuf Benjamin Vautier das Gemälde „Der Gang zur Ziviltrauung“.

Ein neuer protestantischer Staat wartete darauf verwirklicht zu werden: Das „heilige evangelische Reich deutscher Nation“, wie es der Berliner Theologe und Politiker Adolf Stoecker (1835–1909) nannte. Doch die hohen Erwartungen zerbrachen schnell. Zunächst einmal gelang es den Landeskirchen nicht, sich national zu einigen. Die dazu im Oktober 1817 in Berlin einberufene Versammlung, die über eine evangelische Abendmahlsgemeinschaft und eine gesamtkirchliche Vertretung diskutierte, scheiterte. Dann erwies sich das neue Kaiserreich als ein wenig heiliges Reich. 1874 wurde die Zivilehe eingeführt (vgl. S. 151), was schon bald zum Rückgang der kirchlichen Trauungen und Taufen führte. Im seit 1871 unter Bismarck primär gegen den Katholizismus geführten Kulturkampf setzte sich schließlich eine liberale Politik durch, die mit ihrer Trennung von Staat und Kirche auch auf den Protestantismus wirkte.

Zur gleichen Zeit hatte sich seit Beginn des 19. Jahrhunderts Berlin zu einer Stadt entwickelt, die nicht nur als „Hauptstadt des Protestantismus“ bezeichnet, sondern in der der Protestantismus auch äußerlich sichtbar wurde. Denn als wachsende, dynamische Stadt mit zunehmender Einwohnerzahl brauchten die neu entstandenen Gemeinden in Berlin zusätzliche Kirchen. Daher wurden zwischen 1890 und 1905 insgesamt 53 neue Gotteshäuser in und um Berlin gebaut; meistens in den neu errichteten Arbeitervierteln. Die Sakralbauten wurden finanziell durch den von Kaiser Wilhelm II. (1859–1941, reg. 1888–1918) 1890 gegründeten Evangelischen Kirchenbauverein unterstützt, der aus dem Evangelisch-Kirchlichen Hilfsverein und der Kirchenbau-Kommission hervorging. Mit seinem Engagement für neue evangelische Kirchen hatte der Kirchenbauverein viel Erfolg: Bis 1912 wurden ungefähr 13 Millionen Reichsmark als Spenden eingesammelt – nach heutiger Kaufkraft knapp das Zehnfache an Euro. Obwohl die Kirchen aus praktischen Erwägungen für die neuen Gemeinden gebaut worden waren, verfolgte der Kirchenbauverein zugleich das Ziel, mit den neuen Kirchen ein sichtbares Zeichen gegen die Entchristlichung und die Verwahrlosung der Gesellschaft zu richten. Noch heute prägen die sogenannten „Kaiser-Wilhelm-Kirchen“ Berlins Straßenzüge. Man erkennt sie von außen an ihrer neugotischen Architektur, ihren roten Backsteinfassaden und ihrer aufstrebenden Turmspitze.

Zwei Kirchen aus der Ära des Kirchenbauvereins gehören bis heute zu den Wahrzeichen Berlins: Einerseits die 1891 von Wilhelm II. eingeweihte Kaiser-Wilhelm-Gedächtniskirche, die an seinen Groß-

Der Berliner Dom zu Beginn der 1990er-Jahre.

Die letzte deutsche Kaiserin – Die Kirchen-Juste

Auguste Viktoria Friederike Luise Feodora Jenny von Schleswig-Holstein-Sonderburg-Augustenburg wurde 1858 in der Niederlausitz geboren und entstammte einer der ältesten Fürstenfamilien Deutschlands. 1881 heiratete sie Wilhelm II. Nach ihrer Krönung zur Kaiserin 1888 engagierte sie sich in zahlreichen evangelischen Vereinen. Dazu gehörten der Kirchenbauverein, wo sie Schirmherrin war, aber auch der Vaterländische Frauenverein, die evangelische Frauenhilfe oder die Deutsche Sektion des Roten Kreuzes, die sie selbst initiiert hatte. Sie war tief gläubig und wollte deshalb so viel Gutes wie möglich für die Armen tun. Das brachte ihr den Spitznamen „Kirchen-Juste" (Juste: Berlinerisch für Guste) ein. Ihre Wohltätigkeit und ihre als vorbildhaft eingeschätzte Rolle als Ehefrau und Mutter von sieben Kindern machte sie unter der Berliner Bevölkerung enorm populär. Die große Kluft zwischen Kaiser und Bevölkerung konnte sie freilich damit nicht zudecken. Nach der Abdankung Wilhelms II. 1918 ging sie mit ihm ins holländische Exil, wo sie 1921 starb. Ihre Beerdigung in Berlin wurde zu einem Großereignis.

Die Kaiserin engagierte sich sowohl für kirchliche als auch für weitere soziale Belange. Diese Bildpostkarte aus dem Ersten Weltkrieg zeigt sie und die Kronprinzessin beim Besuch verwundeter Soldaten.

vater Wilhelm I. erinnern und zum Zentrum des Neuen Westens rund um den Kurfürstendamm werden sollte. Daneben stammt der Berliner Dom am Lustgarten aus der Ära Wilhelms II. Er verkörpert wie kein anderes Gebäude die Macht des Protestantismus. Als der Neubau des Doms 1905 eingeweiht wurde (das sehr viel bescheidenere Vorgängergebäude war zuvor abgerissen worden), erklärte der Kaiser, dass der Protestantismus nun in Kürze den Katholizismus als wichtigste Weltreligion ablösen und der Berliner Dom dann sein Hauptquartier sein werde. Doch der Berliner Dom untermauerte nicht nur den protestantischen Führungsanspruch, sondern symbolisierte für viele einen Ort, an dem Nationalismus und Protestantismus – Thron und Altar – zusammenkamen. Hier wurden im Ersten Weltkrieg Kriegspredigten gehalten, setzten sich die Nazis im Dritten Reich wirkungsvoll mit ihren Aufmärschen in Szene und wurde der Nationalsozialist Ludwig Müller (1883–1945) als Reichsbischof in sein Amt eingeführt. Den Dom ganz als „Reichsrenommierkirche" der Nazis zu etablieren, gelang den Deutschen Christen aber nicht.

Protestantismus und soziale Frage in Deutschland

Mit der von England ausgehenden Industrialisierung veränderten sich die wirtschaftlichen und gesellschaftlichen Strukturen in Deutschland und in vielen anderen europäischen Ländern im 19. Jahrhundert grundlegend. Seit 1780 wuchs die Bevölkerung um das Dreifache. Technische Entwicklungen, Erfindungen und neue Maschinen beschleunigten Industrie, Handel, Verkehr und Gewerbe und erhöhten die Produktivität. Die teils noch agrarisch-ständisch geprägte Gesellschaft mit ihren traditionellen Werten begann sich aufzulösen, und eine ungeheure Dynamik erfasste sämtliche Lebensbereiche. In der Hoffnung auf Arbeit, Unterkunft und bessere Lebensmöglichkeiten bewegten sich seit 1800 Massen von Menschen vom Land in die Stadt. Die Kehrseite des Fortschritts waren Arbeitslosigkeit, Obdachlosigkeit, Kinderarbeit, Seuchen, Hunger und Verwahrlosung, vor allem bei den unteren Schichten in den Städten. Die Befreiungskriege gegen Napoleon von 1813 bis 1815 brachten zusätzliches Elend – Kranke, Verwundete, Invaliden und Kriegsgefangene.

Um die sichtbare soziale Not zu lindern, ergriffen einzelne Protestanten in der ersten Hälfte des 19. Jahrhunderts privat die Initiative. Sie gehörten meist zur Erweckungsbewegung und waren davon überzeugt, dass Armut ein christliches und gottgefälliges Leben verhindere und deshalb bekämpft werden müsse.

So gründete etwa der Kaufmann Johann Gerhard Oncken (1800–1884) 1825 in Hamburg zusam-

Ein gut besuchter Gottesdienst. Gerade in den Städten blieben die Gotteshäuser im 19. Jahrhundert oft leer – vor allem die Arbeiter gingen nicht mehr in die Kirche. Gemälde von Anne Sophie Petersen, 1890.

Amalie Sieveking, 1844.

Theodor Fliedner, um 1864.

men mit dem lutherischen Pfarrer Johann Wilhelm Rautenberg (1791–1865) eine Sonntagsschule für arme Kinder. Diese Idee hatte er aus England mitgebracht, wo er in Kontakt mit der Erweckungsbewegung gekommen war und sich schließlich zum Christentum bekehrt hatte. Zur Erweckungsbewegung zählte auch die Hamburger Senatorentochter Amalie Sieveking (1794–1859). Sie gründete ebenfalls 1825 zusammen mit 13 weiteren bürgerlichen Frauen einen „Weiblichen Verein für Armen- und Krankenpflege". Solche Wohltätigkeitsvereine waren seit 1820 in großer Zahl entstanden. Sie ermöglichten Frauen, die ja kein politisches Wahlrecht besaßen, über die Familie hinaus öffentlich zu wirken. Wie man Frauen für soziales Engagement gewinnen kann, wurde eine Herausforderung in der kirchlichen sozialen Arbeit des ebenfalls zur Erweckungsbewegung zählenden Pfarrers Theodor Fliedner (1800–1864). Er hatte sich zunächst der Gefängnisfürsorge angenommen, konzentrierte sich dann aber auf die katastrophalen Zustände in den damaligen Krankenhäusern, die eher einer Art Gefängnis glichen.

In Kaiserswerth bei Düsseldorf entwickelte Fliedner Grundlagen einer neuen Pflegeausbildung und eröffnete dazu 1836 zusammen mit seiner Frau Friederike (1800–1842) ein Haus für weibliche Pflegerinnen und Fürsorgerinnen, das sogenannte „Diakonissenhaus". Diesem wurden weitere soziale Einrichtungen angegliedert, die schließlich zu den „Kaiserswerther Anstalten" zusammenwuchsen. Hier erhielten evangelische Frauen erstmals qualifizierten Unterricht in der Krankenpflege. Sie lernten, die Kranken ganzheitlich wahrzunehmen und zu betreuen, und machten sich mit medizinischen Grundlagen vertraut. Angeregt durch Vorbilder aus England und den Niederlanden führte Fliedner schließlich einen neuen weiblichen Beruf

Von Kaiserswerth ausgehende Diakonissenhäuser Ende des 19. Jahrhunderts.

ein: die Diakonisse. Damit eröffnete sich für Protestantinnen zum ersten Mal außerhalb von Ehe und Mutterschaft eine standesgemäße berufliche Perspektive. Das kam schon äußerlich in der Tracht der Diakonisse, die mit ihrem Häubchen und ihrem dunklen Kleid der Tracht der Bürgersfrau glich, zum Ausdruck. Die Diakonissen lebten als Gemeinschaft zusammen im Mutterhaus. Sie waren unverheiratet und hatten einen dreifachen Dienstauftrag: für den Herrn Jesu, für Hilfsbedürftige aller Art und untereinander.

Das Kaiserswerther Modell der Mutterhaus-Diakonie wurde innerhalb kürzester Zeit ein „Exportschlager". 1857 gab es bereits 244 Schwestern im Verband und 165 eingesegnete Diakonissen. Schnell entstanden auswärtige Stationen oder neu gegründete Diakonissenhäuser in England, Frankreich, den Niederlanden und der Schweiz, schließlich sogar in Nordamerika, Jerusalem und Konstantinopel.

Johann Hinrich Wichern, der Gründer des Rauhen Hauses, auf einer Lithografie aus dem Jahr 1858.

Eine weitere zentrale Gestalt der evangelischen Sozialarbeit in Deutschland wurde der Hamburger Pfarrer Johann Hinrich Wichern (1808–1881). Er war seit 1832 Oberlehrer an der von Oncken und Rautenberg gegründeten Sonntagsschule für arme Kinder. Doch täglich mit der Not in den Elendsquartieren in der Hamburger Vorstadt konfrontiert, wollte er noch mehr dagegen unternehmen. So gründete er 1833 eine „Rettungsanstalt für sittlich verwahrloste Kinder" im nahe gelegenen Dorf Horn. Hier, im sogenannten „Rauhen Haus", wurden zunächst zwölf Kinder zwischen fünf und 18 Jahren in Häusern mit familienähnlichen Strukturen betreut. Um ihnen eine gute Zukunftsperspektive zu ermöglichen, erhielten sie Unterricht und konnten verschiedene handwerkliche Tätigkeiten lernen. Das sprach sich herum. 1845 lebten im Rauhen Haus schon 93 Kinder. Besucher kamen von nah und fern, um sich diese besondere Einrichtung anzusehen. Aber auch Wichern blieb aktiv. Er reiste quer durch ganz Deutschland, um für sein Rauhes Haus und die Einrichtung weiterer Rettungshäuser zu werben. Dabei wollte er über die private Initiative hinausgehen und zusammen mit einem starken christlichen Staat den Kampf gegen die Verelendung der Massen führen. Denn Wichern war davon überzeugt, dass die neuen sozialen Bewegungen von Kommunismus, Sozialdemokratie und Liberalismus mit ihren gottlosen Ideen letztlich dafür verantwortlich waren, dass die Bevölkerung in Elend und Armut lebte. Von Revolutionen und verbrieften Menschenrechten hielt er daher nichts.

Im September 1848 stellte Wichern in Wittenberg seine Überlegungen zur sozialen Frage auf einer repräsentativen Vertretung des kirchlichen Protestantismus in Deutschland vor, dem Kirchentag (nicht zu verwechseln mit den Kirchentagen seit 1949). Hier und in seiner 1849 verfassten Schrift über *Die innere Mission der deutschen evangelischen Kirche* führte er aus, wie er sich das soziale Engagement der evangelischen Kirche vorstellte: nämlich als eine umfassende erweckliche Erneuerung, als eine „Volksmission" gegen die massenhafte Gottlosigkeit und Armut. Männer und Frauen sollten sich an den Brennpunkten der sozialen Not in Vereinen zusammenschließen, um Bedürftigen aller Art geistlich und leiblich zu helfen.

Nach Wicherns Impuls wurde im Januar 1849 ein *Centralausschuß für die Innere Mission der deutschen evangelischen Kirche* gegründet. Mit ihm begann ein neues Kapitel des evangelischen Sozialengagements, das man auch als Diakonie bezeichnet. Zum ersten Mal existierte jetzt eine zentrale Stelle, die die unterschiedlichen Heime, Rettungshäuser und Anstalten, sowie die sozial-missionarischen Vereine, Ausschüsse und Netzwerke zusammenfasste und koordinierte. Das bedeutete eine gesellschaftliche Stärkung des Protestantismus, denn nun gab es neben den Landeskirchen ein einheitlich organisiertes evangelisches Verbandswesen.

Doch obwohl die soziale Fürsorge enorm erfolgreich war, blieb die umfassende religiöse und sittliche Erneuerung des Volkes aus, auf die die Protestanten gesetzt hatten. Das neue, 1871 gegründete Reich mit seinem ersten Reichskanzler Otto von Bismarck (1815–1898) hatte seine eigenen sozialpolitischen Vorstellungen. Bismarck wollte weg von der klassischen Armenfürsorge und den christlichen Initiativen Einzelner. Stattdessen

Im Rauhen Haus wurde gearbeitet: Blick in den Knabenarbeitssaal, um 1855.

Die Bodelschwinghschen Anstalten in Bethel bei Bielefeld, 1932. Epileptische Mädchen werden im Freien unterrichtet.

sollte der neutrale Staat Sozialpolitik machen und die Arbeiterfrage politisch lösen.

Die Innere Mission entwickelte sich aber trotzdem weiter. So entstanden seit den 1870er-Jahren beispielsweise in vielen deutschen Städten Stadtmissionen. Das waren Vereine, in denen sich evangelische Laien und Pfarrer auf ganz vielfältige Weise gegen die unmittelbare städtische Armut engagierten. Daneben gab es weiterhin Sonntagsschulen, Rettungshäuser für verwahrloste Kinder, „Herbergen zur Heimat", die wandernden Handwerkern Übernachtungsmöglichkeiten anboten, Besuchsdienste bei Armen, Kranken und Familien oder Hilfen für Obdachlose.

Neue diakonische Einrichtungen bildeten sich jedoch nicht nur im städtischen Armutsbereich, sondern auch im Krankenwesen und in der Gesundheitsfürsorge. 1867 wurde in Bielefeld die „Rheinisch-Westfälische Anstalt für Epileptische" gegründet, die zu einer der bekanntesten evangelischen diakonischen Einrichtungen heranwuchs. Sie erhielt seit 1874 von ihrem Leiter Friedrich von Bodelschwingh (1831–1910) den Namen „Bethel", was auf Hebräisch „Haus Gottes" bedeutet. Neben den Epileptikern fanden hier nun körperlich und geistig Behinderte einen Ort, wo man ihnen mit Anerkennung und Mitmenschlichkeit begegnete. Da eines von Bodelschwinghs Mottos lautete „Arbeit statt Almosen", wurden Werkstätten und familiäre Wohngemeinschaften eingerichtet. Außerdem wurden in Bethel Diakonissen und Diakone ausgebildet. Anfänglich nur für 150 Kranke geplant, wurden 1910 bereits 2000 Pflegebedürftige in zahlreichen Pflege- und Krankenstationen von über 1300 Schwestern und zahlreichen anderen Mitarbeitern betreut. Bethel, die „Stadt der Barmherzigkeit“, wurde so zu einem christlichen Gegenentwurf zur säkularisierten Industriewelt.

Mit einer eigenen Sozialpolitik tat sich der deutsche Protestantismus allerdings schwer. Der Kontakt zur Arbeiterschaft war gebrochen. Die Idee eines christlich-monarchischen Staates, der Sittlichkeit und Moral bewahrte, überzeugte nicht mehr. Deshalb blieb die von dem Berliner Hof- und Domprediger Adolf Stoecker gegründete Christlich-Soziale Arbeiterpartei eine politische Randerscheinung, obwohl er zusätzlich versuchte, mit antisemitischen Äußerungen eine breitere Wählerschaft zu erreichen. In ähnlicher Weise gelang es den evangelischen Arbeitervereinen nicht, eine Brücke zwischen evangelischer Kirche und Arbeiterschaft zu schlagen. Sie besaßen um 1914 ca. 168 000 Mitglieder, was nur einem Drittel der Mitglieder katholischer Arbeitervereine entsprach.

Adolf Stoecker und der protestantische Antisemitismus

Der „Hofprediger aller Deutschen“, wie viele Stoecker-Anhänger seinen offiziellen Titel als sich im Ruhestand befindenden Hofprediger a.D. auflösten, ist ein prominentes Beispiel dafür, wie sich der traditionelle, christliche Antijudaismus mit dem „modernen“, politisch-völkischen Antisemitismus verband. Dass die Juden Jesus nicht als Messias anerkannten, ihn deshalb ans Kreuz geschlagen hatten und seitdem als Ungläubige aus Gottes Bund herausgefallen seien und Strafe (und eine besondere „Judenmission“) verdienten, gehörte zu den theologischen Stereotypen, die schon Luther verkündete, und die bis heute in evangelischen und katholischen Predigten zu hören sind. Stoecker fügte dieser Deutung aber eine neue Dimension hinzu, die er vor allem in der politischen Öffentlichkeit lauthals und oft demagogisch vertrat, zum Beispiel in seiner Rede *Unsere Forderungen an das moderne Judentum* von 1879. Hier machte Stoecker das „Judentum“ zusätzlich verantwortlich für all die seiner Meinung nach negativen politischen Kräfte, die jetzt die Einheit des christlich konservativen Staates und der deutschen Nation bedrohten: für den Liberalismus mit seinen Menschen- und Bürgerrechten, für die Sozialdemokratie und für den wirtschaftlichen Kapitalismus mit seinem sozialen Elend und seiner Säkularisierung. Für sein Ideal von der christlichen deutschen Nation wurden Juden pauschal zu einer zerstörerischen Bedrohung – und zu einer anderen „Rasse“. Dieser neue protestantische Antisemitismus prägte nachkommende Theologengenerationen, wie etwa die späteren Bischöfe von Berlin-Brandenburg und Bayern, Otto Dibelius (1880–1967) und Hans Meiser (1881–1956), tief, und machte den nationalsozialistischen Antisemitismus in den 1930er-Jahren in weiten protestantischen Kreisen „hoffähig“ – auch, wenn Goebbels betonte, dass die NSDAP einen ganz anderen Antisemitismus als den Stoeckers vertrete.

Adolf Stoecker (1835–1909) auf einer Porträtaufnahme um 1885.

Friedrich von Bodelschwingh

Friedrich von Bodelschwingh engagierte sich sein Leben lang für die Armen, wurde aber selbst 1831 in eine wohlhabende, von der Erweckungsbewegung geprägte Adelsfamilie im westfälischen Tecklenburg hineingeboren. Als sein Vater preußischer Minister wurde, lebte er ab 1842 in Berlin, wo er Spielgefährte des gleichaltrigen späteren Kaisers Friedrich III. wurde. Vielleicht blieb er deshalb sein Leben lang ein überzeugter Monarchist. Doch die Märzrevolution 1848 erschütterte seine geordnete und behütete Welt. Sein Vater wurde entlassen und die Familie kehrte nach Westfalen zurück.

Nach seinem Theologiestudium betreute er seit 1858 als Pfarrer deutsche Auswanderer in den Armenvierteln von Paris und versuchte, Not zu lindern, wo es ging. Das tägliche Elend sah er dabei mehr und mehr als eine Folge fehlenden Glaubens. Zusammen mit seiner Frau Ida kehrte er 1864 schließlich nach Deutschland zurück und wurde Gemeindepfarrer in Dellwig an der Ruhr. Auch hier begegneten ihm Verwahrlosung und Not. 1868 traf es ihn ganz persönlich, als seine vier Kinder innerhalb von zwei Wochen an Diphterie starben (seine Frau und er bekamen später vier weitere Kinder). Vier Jahre später wurde er dann Leiter der Rheinisch-Westfälischen Anstalt für Epileptische in Bielefeld. Mit viel Engagement, Kreativität und Organisationstalent baute er die Einrichtung aus, sammelte Spenden und schuf neue Arbeitsplätze. Daneben kümmerte er sich um die Wanderarbeiter. Er gründete verschiedene Arbeitskolonien, in denen die Wanderarbeiter Arbeit finden konnten und setzte schließlich 1903 als Abgeordneter im Preußischen Landtag das Preußische Wanderarbeitsstättengesetz durch. Jetzt erhielten Wanderarbeiter gegen Arbeit eine Übernachtung. Anerkannt und als autoritärer „Vater Bodelschwingh" gefürchtet, starb er 1910.

Friedrich von Bodelschwingh mit Schwestern der von ihm gegründeten Anstalten im Jahr 1910.

Trotz der Distanz zur politischen Arbeitervertretung wirkten Protestanten aber auch in der Bismarckschen Sozialpolitik gestaltend mit. Der Verwaltungsjurist Theodor Lohmann (1831–1905) gehörte beispielsweise zu den Kräften, die sich für Mitbestimmungsrechte der Arbeitnehmer und für ihre gesetzliche Krankenversicherung stark machten und sich damit zumindest teilweise bei Bismarck durchsetzen konnten. Seine grundlegenden Gedanken zum Verhältnis von Protestantismus und Sozialpolitik formulierte er 1884 in der Schrift *Die Aufgaben der Kirche und ihrer inneren Mission gegenüber den wirtschaftlichen und gesellschaftlichen Kämpfen der Gegenwart.* Darin entwarf er das Modell einer versöhnenden Arbeiterpolitik, in dem dem Christentum eine entscheidende Rolle bei der friedlichen Lösung der sozialen Konflikte zugesprochen wurde. Einen anderen Ansatz vertrat dagegen der Theologe Friedrich Naumann (1860–1919). Er wollte, im Gegensatz zu Stoecker und Lohmann, die soziale Frage durch ein Bündnis von Liberalismus und Protestantismus lösen. Diesen Ansatz vertrat er in einer liberal gesinnten Gruppe auf dem Evangelisch-Sozialen Kongress, der 1890 gegründet worden war. Der Kongress war ein öffentliches Forum des Protestantismus, wo die unterschiedlichen theologischen und kirchenpolitischen Richtungen zusammenkamen und über die sozialen Aspekte der protestantischen Ethik debattierten.

Mission, Kolonialisierung und Globalisierung

Das 19. Jahrhundert entwickelte sich zum großen Jahrhundert der protestantischen Mission. Nun wurde aus dem europäischen und nordamerikanischen Protestantismus ein globales Bekenntnis,

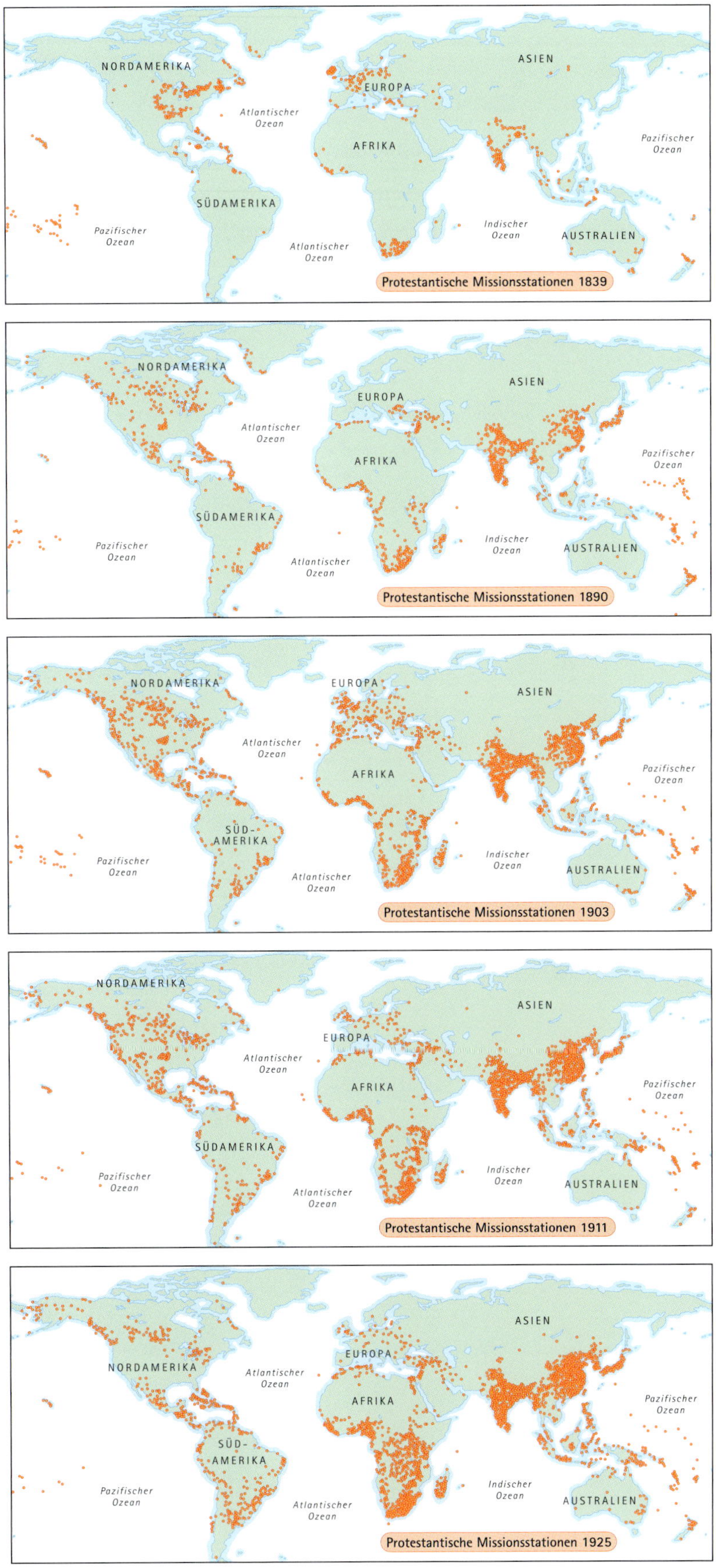

Die Entwicklung der protestantischen Mission seit Mitte des 19. Jahrhunderts.

dem sich auf der ganzen Erde Menschen zuwandten.

Das hatten sich die ersten Reformatoren, Luther und Calvin etwa, in dieser Weise noch nicht vorstellen können. Sie wollten die alte Kirche im Reich und in seinen angrenzenden Ländern mit einer neuen Theologie reformieren. Ihr Gegenüber waren deshalb der Papst, die katholische Dogmatik, die Kirchenhierarchie und die Volksfrömmigkeit. Gelegentlich kamen auch Juden oder die Türken im Osmanischen Reich in den Blick. Eine umfassende, weltweite Massenevangelisierung von Nichtchristen, also Heiden, lag aber noch jenseits des Horizontes der Reformatoren des 16. Jahrhunderts. Das hatte zum Teil seine Ursache in ihren theologischen Ideen von der Rechtfertigung bzw. der Vorherbestimmung. Denn für sie war klar: Nur Gott alleine ist es, der die Beziehung zum Menschen mit Gnade oder Erwählung herstellt. Der Mensch selbst kann nichts dazu beitragen und bleibt passiv auf Gott angewiesen.

Diese reformatorischen Grundgedanken veränderten sich im Pietismus des 17. Jahrhunderts. Jetzt kam es auf die bewusste, innerliche Hinwendung zu Gott an. Glauben war für die Pietisten einerseits Gnade Gottes, aber andererseits auch eine aktive, innerliche Bewegung. Erst diese religiöse Erfahrung, sich selber zu Gott bekehren zu können, bildete die Voraussetzung für erste missionarisch motivierte Reisen außerhalb des eigenen Landes, wie sie etwa Vertreter der Herrnhuter Brüdergemeine, des Hallischen Pietismus oder der Basler Mission unternommen hatten, um Heiden für das Christentum zu gewinnen (vgl. S. 129).

Entscheidende Impulse für die protestantische Mission des 19. Jahrhunderts kamen schließlich zusammen mit dem Pietismus aus der englischen und nordamerikanischen Erweckungsbewegung

Missionar Stäcker bei der Heidenpredigt S. VI

Ein deutscher Missionar „bei der Heidenpredigt" in Indien, Fotopostkarte um 1910.

des 18. Jahrhunderts. Lebendige Bekehrungspredigten, etwa von dem Methodisten George Whitefield oder dem charismatischen Prediger und Theologen Jonathan Edwards (1703–1758), ergriffen die Massen und ließen sie zittern. Emotional aufgerührt, entbrannte bei vielen der Wunsch, neue Gebiete des Glaubens zu erschließen und Heiden an dieser großartigen religiösen Erfahrung teilhaben zu lassen. Prediger und Literatur stachelten die Leidenschaft an. Zu viel gelesenen Bestsellern des neuen Missionsdranges wurden etwa Edwards' Schrift *The Life of David Brainerd* von 1749, in der er das Leben eines amerikanischen Indianermissionars schilderte, oder auch das 1786 von dem baptistischen Missionar William Carey (1761–1834) verfasste Plädoyer, konkrete Maßnahmen zur Bekehrung der Heiden zu ergreifen *An Enquiry into the Obligations of Christians to use Means for the Conversion of the Heathen.* Carey, der von den Reisebeschreibungen des englischen Südseeentdeckers James Cook (1728–1779) tief beeindruckt war, machte nach dem großen Erfolg seiner Schrift einen weiteren Schritt, um das Christentum in die entlegensten Ecken der Welt zu bringen: Er gründete 1792 die erste evangelische Missionsgesellschaft, die *Baptist Missionary Society.* Sie schickte bereits ein Jahr später die ersten Missionare nach Indien.

Ihrem Beispiel folgten rasch weitere Gründungen wie etwa 1795 die überkonfessionelle, von Anglikanern und Nonkonformisten getragene *London Missionary Society* oder 1799 die *Church Mission Society*, zu der der Politiker und Sklavereigegner William Wilberforce (1759–1833) gehörte. Auch außerhalb Englands wurden die missionarischen Impulse rasch aufgegriffen. 1796 entstand in Schottland die presbyterianische *Schottische Missionsgesellschaft (The Scottish Missionary Society).* Ein Jahr später kam in Rotterdam erstmals die neue *Niederländische Missionsgemeinschaft (Nederlandsch Zendeling Genootschap)* zusammen, die überwiegend von der niederländischen reformierten Kirche *(Nederlands Hervormde Kerk)* getragen wurde. Die Gründungswelle schwappte ebenfalls nach Nordamerika über, wo bislang überwiegend innerhalb des Landes Mission unter den indianischen Ureinwohnern betrieben worden war. 1810 entstand mit dem *American Board of Commissioners for Foreign Mission* erstmals eine Institution, die Missionare nun außerhalb Amerikas entsandte. Das Gleiche galt für Frankreich, wo sich 1822 die reformierte Pariser Missionsgesellschaft *(Société des missions évangéliques de Paris)* konstituierte.

Auch in Deutschland fanden sich quer durch die Regionen breite Kreise aus dem Bürgertum und dem Adel, die die neuen Missionsgesellschaften und die Evangelisation der Welt unterstützen. Als erstes wurde 1824 die *Berliner Missionsgesellschaft* als eine *Gesellschaft zur Förderung der Evangelischen Missionen unter den Heiden* gegründet. Sie schickte 1834 ihre ersten Missionare nach Südafrika und zählte 1901 bereits 76 Haupt- und über 450 Nebenstationen. Noch erfolgreicher wurde die *Rheinische Missionsgesellschaft*, die 1828 aus den drei evangelischen Missionsvereinen in Elberfeld, Barmen und Köln hervorgegangen war, und in der Folgezeit zur größten deutschen Missionsgesellschaft heranwuchs. Genauso faszinierte die Missionsarbeit an anderen Orten, wie etwa an der Elbe, wo 1836 in Hamburg die *Norddeutsche Mission* und im gleichen Jahr in Dresden die *Evangelisch-Lutherische Missionsgesellschaft* entstanden. Die Dresdner Mission trat zugleich die Nachfolge der *Dänisch-Halleschen Mission* an und schickte ihre Missionare daher zunächst 1840 nach Tranquebar in Indien, wo bereits im 18. Jahrhundert der Missionar Bartholomäus Ziegenbalg gewirkt hatte (vgl. S. 129).

Die beispiellose Zunahme an Missionsaktivitäten war sicherlich ein Erfolg der protestantischen Erweckungsbewegungen in Europa und Nordamerika. Doch schufen erst zwei weitere wichtige Entwicklungen des 19. Jahrhunderts die Voraussetzungen dafür, dass überhaupt so etwas wie ein globales Gefühl für die eigene Konfession entstehen konnte. Hier steht an erster Stelle die seit dem 16. Jahrhundert verstärkt einsetzende Kolonialisierung, an der sich nach Spanien und Portugal zunehmend auch die protestantisch geprägten Länder Großbritannien, die Niederlande und Dänemark beteiligten. Ihre Kolonien entstanden in Amerika, Asien und Afrika, den bevorzugten Missionsgebieten, wobei in Asien vor allem Indien und China Schwerpunkte bildeten.

Daneben waren die neuen Missionsgesellschaften aber Ausdruck einer Gesellschaft, die sich mehr und mehr als eine unabhängige bürgerschaftliche Kraft gegenüber dem Staat und teilweise sogar gegenüber der Institution Kirche verstand. Vor allem in Großbritannien und in Nordamerika bildete das freiwillige Engagement Tausender das Rückgrat für die konkrete Missionsarbeit. Sie sammelten Spenden ein, verwalteten die Gelder, berichteten über die Missionsarbeit in Zeitschriften und Zusammenkünften, warben neue Missionare, suchten Ehefrauen für sie, druckten Bibeln und organisierten alles, was die Missionsstationen im Ausland brauchten.

Doch ging es nicht nur darum, alles bereitzustellen, was der unmittelbaren Bekehrung dienen könnte. Mission war ein sehr vielschichtiges Anliegen. Reiserouten mussten geplant, Landkarten und völkerkundliche Literatur studiert werden, die Missionare brauchten sprachliche und medizinische Kompetenzen. Auch praktische und fachliche Hilfe beim Bau von Kirchen, Schulen und Krankenhäusern in den Missionsgebieten war gefragt.

Weil sich die meisten Missionsgesellschaften als unabhängig vom Staat verstanden, war die protestantische Mission nicht identisch mit der staatlichen Kolonialpolitik. Zudem gab es große Unterschiede unter den verschiedenen Organisationen. Aber die Kolonien galten als missionarisches Einfallstor. Die evangelischen Prediger kamen zusammen mit dem Kolonialapparat, privaten Siedlern, Händlern und Kaufleuten in die neuen Gebiete und gehörten daher, nicht zuletzt wegen ihrer Bildung, in gewisser Weise zur kolonialen Elite. Doch wollten sich die protestantischen Missionare nicht nur von den Eroberungsmissionen der Portugiesen und Spanier im 16. und 17. Jahrhundert absetzen, von rigorosen Massentaufen und kultureller Intoleranz, sondern auch von der wirtschaftlichen Ausbeutung der Einheimischen. So versuchten sie häufig mit anderen Methoden und Werten und ohne staatliche Unterstützung, Menschen für den christlichen Glauben zu gewinnen und zu taufen. Damit kamen sie teilweise in Konflikt mit den kolonialen Interessen; etwa, wenn sie die einheimischen Sprachen in ihren Missionsschulen verankerten, sich die einheimische Kultur aneigneten und sich für ein besseres Leben der Einheimischen einsetzten. Vielen westlichen Missionaren wurde vor Ort bewusst, dass sie selbst Lernende waren und ihre Mission ein Dialog, der ihren eigenen Glauben veränderte.

Durch den neuen Glauben, die Schulen und die medizinische Versorgung verbesserten sich die Lebensmöglichkeiten der Einheimischen. In vielen Missionsländern stiegen auf diese Weise Arme in eine neue protestantische Mittelschicht auf. Das zeigt beispielsweise der Lebensweg des ersten chinesischen Pfarrers Liang Fa (1789–1855).

Er ließ sich 1816 taufen, wurde 1821 ordiniert und war seitdem nicht nur als Prediger und Missionar, unter anderem in Malaysia und Hong Kong, unterwegs, sondern verbreitete das Christentum auch durch seine chinesischen Bücher und Broschüren. Sogar der Aufstieg in die höhere Kirchenleitung war möglich. So wurde Samuel Ajayi Crowther (1809–1891) aus Nigeria der erste anglikanische Bischof afrikanischer Herkunft und Vedanayagam Samuel Azariah (1874–1945) der erste indische anglikanische Bischof.

war der eigentliche Motor der Kolonialisierung, denn er sicherte den wirtschaftlichen Profit der Kolonien in Nord- und Südamerika, in Afrika und auf den westindischen Inseln. Forscher schätzen, dass zwischen 1500 und 1850 ungefähr zwölf Millionen Sklaven aus Afrika verschifft und zum Arbeiten auf die Plantagen in Amerika und auf die westindischen Inseln verkauft wurden. Als einer der ersten, der Afrikaner als Arbeitssklaven über das Meer verschiffte, gilt übrigens der englische Freibeuter Sir John Hawkins (1532–1595)

Gefangene Afrikaner werden an die Küste gebracht, um als Sklaven verkauft zu werden. Holzstich aus dem 19. Jahrhundert.

Ein Feld, in dem es ebenfalls zu Konflikten zwischen Missionaren und Kolonialregierungen kam, war der transatlantische Sklavenhandel. Spanien und Portugal betrieben seit dem 17. Jahrhundert am intensivsten diesen Handel, später dann die Niederlande und seit dem 18. Jahrhundert Großbritannien. Die europäischen Handelskompanien sorgten für die Abwicklung. Der Sklavenhandel

mit seinem aus Lübeck gekauften Schiff *Jesus*. Er legte 1562 an der Küste Sierra Leones an und nahm 300 Sklaven an Bord, die er dann nach Amerika brachte. Westafrika wurde damit zum Zentrum des Sklavenhandels.

Das Bekenntnis zu Jesus machte fast 200 Jahre später dieselbe Küste zum Symbol und Ausgangspunkt der Anti-Sklaverei-Bewegung *(Society for*

Drei Frauen – drei Missionen: Ann Hasseltine Judson, Christiane Kähler und Pandita Ramabai Sarasvati

Ihre Herkunftsländer, ihre Lebenswege und ihre Persönlichkeiten waren höchst unterschiedlich. Und doch verband sie einiges: Sie hatten einen starken Glauben, gingen in die Fremde, lernten dort neue Sprachen, engagierten sich für Arme, Frauen und Kinder – und waren überall die ersten.

Ann Hasseltine wurde 1789 in Bradford (Massachusetts) als Tochter eines Diakons geboren. Erfasst von der amerikanischen Erweckungsbewegung, beschloss sie 1806, ihr weiteres Leben völlig Gott anzuvertrauen. Sie las viel religiöse Literatur und studierte an der Bradforder Akademie. 1812 heiratete sie den gerade zum Missionar ernannten Adoniram Judson. Kurz danach brachen sie beide gemeinsam nach Indien auf. In Kalkutta ließen sich die Judsons taufen und wurden Baptisten. Schließlich gründeten sie 1813 in Rangoon in Burma (Birma) ihre Mission. Ann war damit die erste amerikanische Missionarin, die außerhalb Amerikas wirkte und die erste Amerikanerin in Burma. Sie lernte Burmesisch und kleidete sich nach burmesischer Sitte. Ein besonderes Anliegen waren ihr die Frauen, die kaum Rechte hatten. Jeden Sonntag unterrichtete sie einen Kreis von Frauen, deren Lebenswirklichkeit sie mit eigenen Geschichten zu erfassen suchte. Daneben hielt sie die Geschichte der Mission fest und übersetzte einen Katechismus sowie das Matthäusevangelium ins Burmesische. Doch das Leben in Burma war rau. Sechs Jahre dauerte es bis zur ersten Taufe. Anns erstes Kind starb, ihr Mann saß im Britisch-Burmesischen Krieg fast zwei Jahre lang im Gefängnis und ihre Gesundheit verschlechterte sich rapide. 1826 starb sie, mit 37 Jahren, in Amherst, Burma.

In eine ganz andere Richtung verschlug es dagegen die 1800 in Osnabrück geborene Christiane Muss. Nach einer unglücklichen Kindheit ohne Eltern hatte sie zunächst seit 1825 als Handarbeitslehrerin gearbeitet. 1832 wurde sie als „Missionsbraut" von der Rheinischen Missionsgesellschaft für den Hamburger Missionar Heinrich Jacob Kähler ausgewählt. Mit ihm reiste sie kurz nach der Hochzeit im Juli 1832 nach Südafrika. Ihr Mann starb dort bereits 1833; doch sie blieb, obwohl sie schwanger war. Damit wurde sie die erste rheinische Missionsschwester in Südafrika. Christiane Kähler arbeitete dann als Haushälterin in der Missionsstation in Stellenbosch, die seit 1830 von dem deutschen Missionar Daniel Lückhoff (1803–1890) geleitet wurde. Sie lernte Englisch und Niederländisch und kümmerte sich vor allem um Frauen und Mädchen. Sie brachte ihnen Handarbeiten bei, las biblische Geschichten, besuchte Kranke und sorgte dafür, dass die Kinder eine Ausbildung erhielten. 1838 erlebte sie mit, wie Hunderte von Sklaven freigelassen wurden und nun zur Versorgung in die Mission kamen. Wie Ann Judson dokumentierte auch Kähler das Leben in der Mission, schrieb Tagebücher und Briefe. Als erste „Diakonisse auf dem Missionsfelde", wie sie der deutsche Missionsforscher Gustav Warneck nannte, starb sie 1871 in Stellenbosch.

Die soziale Stärkung der rechtlosen Frauen war auch der Missionarin Ramabai Sarasvati besonders wichtig. Sie wurde 1858 in Gangamoola im südwestin-

Effecting the Abolition of Slavery), die aus einem kleinen Kreis von englischen Quäkern (vgl. 112) und Anhängern der Erweckungsbewegung bestand. Sie finanzierten hier 1788 eine Siedlung für freigelassene Sklaven, die 1799 in Freetown umbenannt wurde. Nachdem 1807 Großbritannien als erstes Land den Sklavenhandel im eigenen Herrschaftsgebiet verboten hatte – ein maßgeblicher Erfolg der Anti-Sklaverei-Bewegung und des erweckten Politikers William Wilberforce – siedelten sich hier in den nächsten Jahrzehnten ungefähr 50 000 ehemalige Sklaven an. Sie waren bereits Christen und von der nordamerikanischen Erweckungsbewegung geprägt. Mit ihrem missionarischen Engagement trugen sie nun dazu bei, dass ein neuer schwarzer Protestantismus in Westafrika entstand; mit einer eigenen Frömmigkeit, eigenen Kirchen, eigenen Predigern und eigenen Missionaren.

Große missionarische Wirkung entfaltete die Brahmanentochter Pandita Ramabai Sarasvati.

dischen Staat Karnataka in eine hoch gebildete, hinduistische Brahmanenfamilie hineingeboren. Ihr Vater und ihre Mutter sorgten dafür, dass sie eine exzellente Bildung bekam. So konnte sie, was sehr ungewöhnlich für ein Mädchen ihrer Kaste war, die klassische altindische Sprache Sanskrit lesen und schreiben. Nachdem ihre Eltern und ihre Schwester zwischen 1874 und 1876 an Hungertyphus gestorben waren, zog sie mit ihrem Bruder bis 1878 als Wandergelehrte durch Indien. Hier wurde ihr zum ersten Mal die ausweglose Situation der Frauen, insbesondere der Kinderbräute und Kinderwitwen, bewusst. Anschließend verbrachte sie zwei Jahre als Weisheitslehrerin in Kalkutta, wo ihr die gelehrten Brahmanen die Titel Pandita (Professor) und Sarasvati (göttliche Verkörperung der Sprache) verliehen. 1880 heiratete sie einen Rechtsanwalt einer niedrigeren Kaste, der aber schon kurz nach der Geburt ihrer Tochter 1881 starb. Sie lernte Englisch und ging 1883 mit ihrer Tochter nach England, was durch ein Stipendium ermöglicht wurde. Hier trat sie zusammen mit ihrer Tochter 1883 zum Christentum über und ließ sich taufen. Von England siedelte sie in die Vereinigten Staaten über, wo sie 1887 ihr erfolgreiches Buch über die hinduistische Frau der höheren Kaste veröffentlichte. Darin sprach sie sich vor allem für das Recht junger Witwen aus höheren Kasten auf Bildung aus. Ein Unterstützerkreis ermöglichte ihr dann 1889 die Rückkehr nach Indien, wo sie ab 1890 in Poona ein Haus des Lernens aufbaute, das später *Mukti Sadan*, Haus des Heils, genannt wurde. Fast 50 arme und verstoßene junge Witwen wurden dort aufgenommen und ausgebildet. Kurz vor der Jahrhundertwende gab es auch einen Kindergarten. Die fast 2000 Mädchen, die bereits um 1900 auf der Station lebten, konnten sich zur Lehrerin, zur Krankenschwester oder zur Missionarin ausbilden lassen. Daneben arbeitete die mindestens 11 Sprachen sprechende Ramabai an der Übersetzung der Bibel aus dem Griechischen und Hebräischen in ein einfaches Indisch für einfache Leute. 1913 erschien ihr Neues Testament auf Marathai; im März 1922 folgte ihre komplette Bibelübersetzung. Damit war sie auch die erste weibliche Bibelübersetzerin der Welt. Einen Monat später, am 5. April 1922, starb sie.

Seit Mitte des 19. Jahrhunderts wurden dann Stimmen lauter, welche die Mission mit neuen imperialen und nationalen Forderungen mischten. Nicht nur der Glaube, sondern der Export der ganzen westlichen Zivilisation sei das Ziel, und ein ganzer Kontinent müsse den Weg vom „Dunklen ins Helle“ beschreiten. Für viele verkörperte diese neue Richtung der schottische Missionar und Afrikaentdecker David Livingstone (1813–1873). Er wurde mit seinem Ausspruch „I go back to Africa to try to make an open path for commerce and Christianity“ von 1857 berühmt und galt vielen als Verkörperung einer neuen imperialen Weltmission.

SALVS MVNDI

VI.

Protestantismus in einer Welt der Möglichkeiten: Das 20. Jahrhundert

Gelebte Ökumene: Beim 2. Ökumenischen Kirchentag in München 2010 fand auch eine orthodoxe Vesper statt, zu der Gläubige aller Konfessionen eingeladen waren.

Regelmäßig veranstaltet der YMCA Volleyballturniere in der ganzen Welt, wie hier 1948 in Warschau. Die Sportart wurde – ebenso wie Basketball – vom YMCA erfunden.

Das 20. Jahrhundert war ein Zeitalter der extremen Gewalt, der Zerstörung, der Kriege, der Ideologien und der Diktaturen. Zugleich aber eröffnete es völlig neue Formen der Kommunikation über nationale Grenzen hinweg, schuf globale Organisationen und Netzwerke und verband zur gleichen Zeit das Lokale mit dem Universalen. Eingebettet zwischen diesen beiden Polen, die als wesentliche Merkmale des 20. Jahrhunderts angesehen werden können, vollzog sich auch die Geschichte des modernen Protestantismus.

Die Ökumenische Bewegung: Vision von der Einheit der Kirche

Von Anfang an gehörten zur Geschichte des Christentums Trennungen und Abspaltungen. Zugleich trägt die christlichen Kirchen jedoch die Hoffnung, dass diese Trennungen eines Tages überwunden werden können, „damit sie alle eins seien", wie es das Johannesevangelium im 21. Vers des 17. Kapitels formuliert. Seit der Mitte des 19. Jahrhunderts erlebte diese Idee von der grenzüberschreitenden

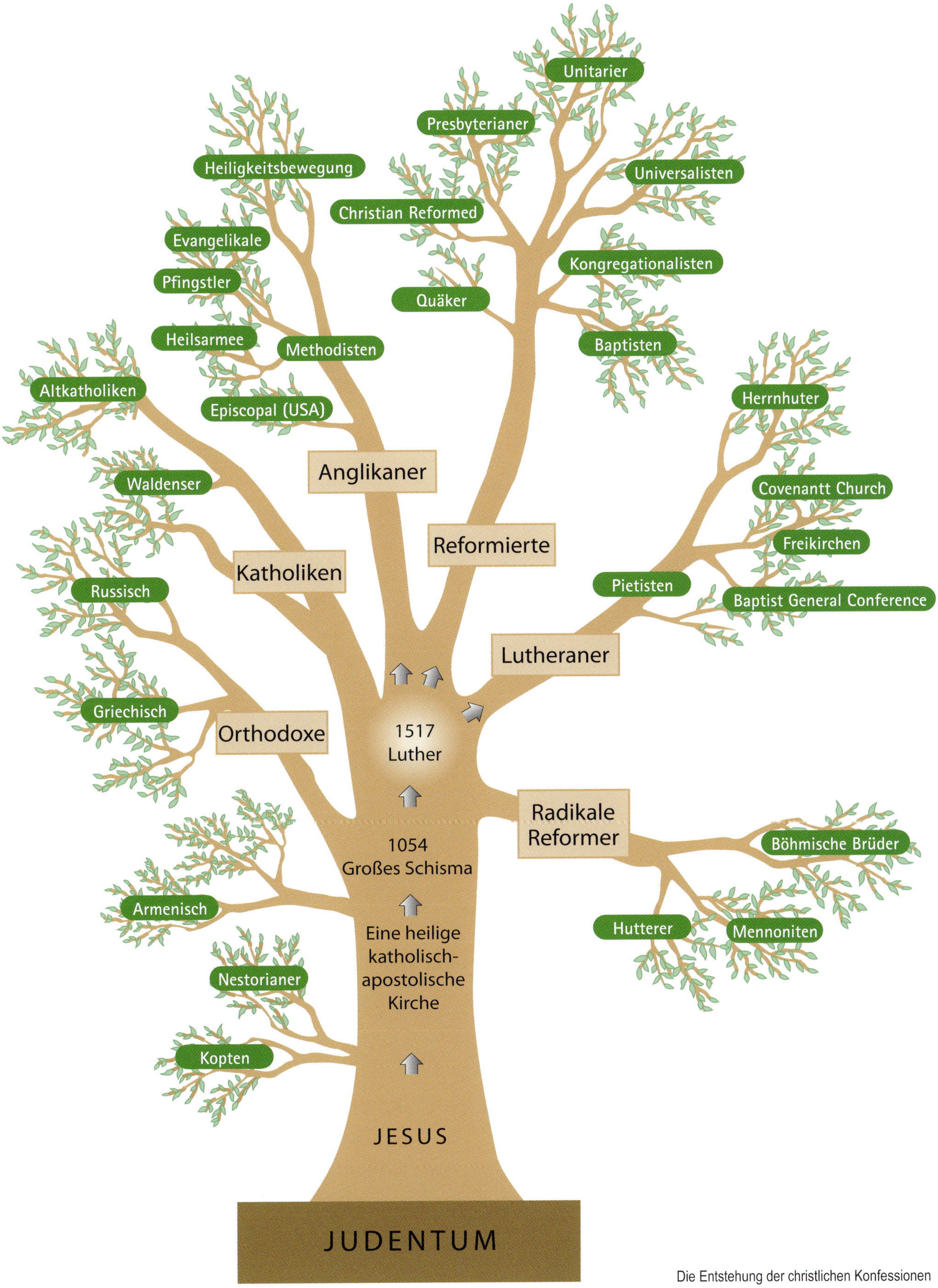

Die Entstehung der christlichen Konfessionen

Wer für die Einrichtungen des YMCA spendete, erhielt eine Anstecknadel mit dem Symbol der Organisation und einem Vereinshaus.

und überkonfessionellen Einheit, die mit dem aus dem Griechischen abgeleiteten Wort *Ökumene* bezeichnet wird (*oíkos* für die ganze bewohnte Erde), eine Renaissance.

Vor allem Protestanten, die aus der englischen und amerikanischen Erweckungsbewegung kamen, ließen sich begeistern. Sie wollten das Christentum erneuern und auf der ganzen Welt junge Menschen für das Evangelium gewinnen. Bekehrung und Mission an den sozialen Brennpunkten der Moderne, in den Städten, war ihr Programm, wobei ihnen Kirchlichkeit und ein bestimmtes Bekenntnis weniger wichtig waren als die persönliche Entscheidung für Christus. Ihre Vision war eine weltweite dynamische Gemeinschaft, die den Einzelnen vor Ort in seinem persönlichen Glauben und im Alltag spirituell stärkte und praktisch unterstützte.

Eine der ersten dieser Initiativen richtete sich auf junge Männer in englischen Städten und nannte sich *Young Men's Christian Association*. Weit über christliche Kreise hinaus ist sie vielen bis heute vor allem unter ihrer englischen Abkürzung YMCA bekannt, die 1978 durch den Hit *YMCA* der Gruppe Village People weltweit populär wurde. Tatsächlich geht es in dem Lied um die christliche Jugendbewegung, die aus einem 1844 von dem englischen Geschäftsmann George Williams (1821–1905) gegründeten Jungmännerkreis hervorging: Es erzählt, wie sich ein junger Mann einsam und verloren in der neuen Stadt fühlt und dann den Tipp bekommt, dass es da einen Ort gibt, wo er gut essen, günstig übernachten und eine Menge Spaß haben kann – den YMCA. Genau das machte den Erfolg des YMCA aus, der sich nach seiner Gründung innerhalb eines Jahres beinahe in allen größeren englischen Städten verbreitete, seit 1851 in Australien, Frankreich, Indien und in den USA eigene Gruppen bildete und schließlich 1855 einen eigenen Weltbund in Paris gründete: Er bot Jungen und jungen Männern mitten in der Sündhaftigkeit der Stadt ein christliches Zuhause an, das nicht nur sicher, sauber und günstig war, sondern ein Ort, an dem sie zusammen mit anderen Jungen gemeinsam beteten und die Bibel lasen, Zeltlager veranstalteten, Schwimmkurse belegten, sich fortbildeten oder Sport trieben. Voraussetzung für die Mitgliedschaft war lediglich die persönliche Entscheidung für Christus.

Während in Deutschland die erste YMCA-Gruppe als *Christlicher Verein Junger Männer (CVJM)* erst 1883 in Berlin gegründet wurde, erlebte der YMCA, besonders in Großbritannien und in den USA, von den 1880er-Jahren an bis in die späten 1950er-Jahre einen Boom. Zu seinem hohen Ansehen in der amerikanischen und britischen Öffentlichkeit trug nicht zuletzt seine aktive moralische Unterstützung der britischen und amerikanischen Truppen in den beiden Weltkriegen bei. Von dieser politischen Funktion abgesehen, hatte der YMCA mit seinen modernen Vereinshäusern und attraktiven Freizeitangeboten jungen Männern einiges zu bieten. Als ein reiner Männerbund bot er zudem Freiräume, die eigene Identität als christlicher Mann zu entdecken und zu entwickeln. Angesichts der zunehmenden Sichtbarkeit von Frauen in Kirche und Gesellschaft verband auch das die jungen christlichen Männer weltweit.

Das große missionarische Bewusstsein, das Initiativen wie den YMCA oder sein weibliches Pendant, den *Christlichen Verein junger Frauen* (engl. *Young Women's Christian Association*, abgekürzt *YWCA*) prägte, führte innerhalb kurzer Zeit

Friedensnobelpreise für ökumenische Pioniere

Zwei herausragende Gestalten der protestantischen Ökumene wurden für ihr völkerverbindendes Engagement mit dem Friedensnobelpreis geehrt:
1930 erhielt ihn Nathan Söderblom (1866–1931), der seit 1914 Erzbischof der lutherischen Kirche von Schweden war und bereits im Ersten Weltkrieg immer wieder Versöhnung zwischen den Kriegsparteien und den christlichen Kirchen angemahnt hatte. Nach dem Krieg setzte er sich weiter unermüdlich dafür ein, dass die Kirchen mit einer Stimme über die drängenden Probleme der Zeit sprechen sollten.

Erzbischof Nathan Söderblom trat während des Ersten Weltkriegs für die Völkerverständigung ein.

Nach Söderblom wurde 1946 ein weiterer „Gründungsvater" der ökumenischen Bewegung ausgezeichnet, der amerikanische Methodist John Raleigh Mott (1865–1955). Motts geistliche Heimat war der YMCA, dem er seit 1888 angehörte, zunächst als nationaler Sekretär, dann als internationaler Sekretär und schließlich von 1926 bis 1937 als Präsident des Weltbundes. Er war außerdem Mitbegründer des Christlichen Studentenweltbundes, Vorsitzender des Internationalen Missionsrates und hauptverantwortlich für die Weltmissionskonferenz von Edinburgh 1910. Auch bei der Gründung des Ökumenischen Rates der Kirchen 1948 wirkte er maßgeblich mit.
Neben Söderblom und Mott sind jedoch mindestens drei weitere Friedensnobelpreisträger mit der ökumenischen Bewegung verbunden. So gehörte der Schweizer Geschäftsmann Jean Henry Dunant (1828–

John Raleigh Mott auf einer zeitgenössischen Fotografie.

1910), der Gründer des Internationalen Roten Kreuzes, zu den Mitbegründern des YMCA in Genf und war derjenige, der die entscheidenden Impulse zur Errichtung des YMCA-Weltbundes gab. 1901 wurde ihm der erste Friedensnobelpreis überhaupt verliehen.
Aber auch der 1919 mit dem Friedensnobelpreis ausgezeichnete amerikanische Präsident Woodrow Wilson (1856–1924) förderte den YMCA. Und schließlich findet sich mit dem ehemaligen finnischen Diplomaten und Staatspräsidenten Martti Ahtisaari (*1937), der sich besonders 1999 um den Kosovo-Friedensplan verdient gemacht hat und vor allem dafür 2008 den Friedensnobelpreis erhielt, ein weiteres überzeugtes YMCA-Mitglied. Ahtisaari gehört seit 1957 dem YMCA im finnischen Oulu an und begann 1960 seine erste internationale Mission als junger Lehrer in einem YMCA-Projekt in Pakistan.

Der Gründer des Internationalen Roten Kreuz, Jean Henry Dunant, auf einem zeitgenössischen Stich.

dazu, dass weitere christliche Jugendbewegungen entstanden. Zu einem wichtigen Vorläufer der protestantischen ökumenischen Bewegung im 20. Jahrhundert wurde die älteste internationale Studentenbewegung überhaupt, der 1895 gegründete *Christliche Studentenweltbund* (engl. *World Student Christian Federation*, abgekürzt *WSCF*). Er wandte sich an Studenten aller Fachrichtungen und wollte sie zur persönlichen Entscheidung für Christus und für eine lebendige, biblisch orientierte Gemeinschaft gewinnen (zunächst nur die männlichen Studenten). Dazu gab es Evangelisationsabende und Bibelstunden, aber auch gemeinsame Bibelkreise, Gebetsstunden und Gebetsgemeinschaften. Wie der YMCA organisierte sich der Christliche Studentenweltbund von unten nach oben. Kern waren die Studentengruppen vor Ort, die dann Delegierte in übergeordnete regionale und nationale Verbände schickten. In Deutschland gehörte die 1897 gegründete *Deutsche Christliche Studentenvereinigung (DCSV)* bis zu ihrem Verbot durch die Nationalsozialisten 1938 zum Christlichen Studentenweltbund.

Über dreißig Jahre lang, von 1895 bis 1929, leitete der begnadete methodistische Prediger und Organisator John R. Mott (1865–1955) aus den Vereinigten Staaten den Christlichen Studentenweltbund als Generalsekretär. An seiner Person wurde die enge Verbindung zwischen YMCA und Studentenweltbund besonders deutlich, denn er war seit 1915 zugleich Leiter des amerikanischen YMCA und von 1926 bis 1937 Präsident des Weltverbandes.

Im Gegensatz zum YMCA öffnete sich der Christliche Studentenweltbund jedoch zunehmend der theologischen Moderne und trat aus dem Schatten der Erweckungsbewegung des 19. Jahrhunderts heraus: Zur ursprünglich konservativen und bibeltreuen Frömmigkeit gesellten sich nun Vertreter liberalerer theologischer Ansätze. Schließlich hielt die Moderne soweit Einzug, dass auch Frauen Mitglieder werden durften. Die Engländerin Clara Ruth Rouse (1872–1956), die von 1899 bis 1901 Missionarin in Indien gewesen war, arbeitete von 1905 bis 1924 als Geschäftsführerin des Christlichen Studentenweltbundes. Unter ihrer Hand wuchs der Studentenweltbund zu einer umfassenden internationalen ökumenischen Bewegung heran, die auf allen Kontinenten vertreten war und 1924 weltweit 3000 Gruppen mit 300 000 Mitgliedern zählen konnte. Ferner formte und zog der Studentenweltbund Persönlichkeiten an, die bis weit in das 20. Jahrhundert ihr Leben in den Dienst der Ökumene stellten, darunter die beiden späteren Generalsekretäre des Ökumenischen Rates der Kirchen, Willem Visser 't Hooft (1900–1985) und Philip Potter (*1921).

Mission und Evangelisierung sowie der praktische Dienst der Kirche an der Welt blieben die beiden Schwerpunkte der sich formierenden Ökumene. Die zunehmende Vernetzung der ökumenischen Beziehungen führte dann zur ersten großen, internationalen Weltmissionskonferenz. Sie fand 1910 im schottischen Edinburgh statt und wurde zu einem Symbol des modernen, ökumenischen Aufbruchs. Über 1200 Vertreter aus den weltweit 159 protestantischen Missionsgesellschaften und Missionsräten kamen erstmals zusammen und erarbeiteten eine gründliche Momentaufnahme der weltweiten christlichen Mission. Unter der Leitung von Mott und dem schottischen Theologen und Missionar Joseph H. Oldham (1874–1969) gingen von Edinburgh vielfältige Impulse in die Ökumene aus. Dazu gehörte beispielsweise 1921 die Gründung des *Internationalen Missionsrates*, der in der Folgezeit zu einer der zentralen Säulen der ökumenischen Bewegung wurde.

Nach dem Ersten Weltkrieg kam die Ökumene allerdings nur schleppend wieder in Gang. Erst langsam lösten sich die Fronten und setzten sich neue theologische Gedanken, etwa von dem Schweizer Karl Barth (1886–1968, vgl. S. 204) oder dem Amerikaner Reinhold Niebuhr (1892–1971) durch.

Dabei hatte sich längst das Profil der ökumenischen Bewegung verändert. Nun waren es nicht mehr nur Gruppen und kleinere Personenkreise, die in der Ökumene aktiv waren, sondern Kirchen und ihre offiziellen Delegierten. Dazu gehörten auch verschiedene orthodoxe Kirchenvertreter. So hatte beispielsweise das Patriarchat von Konstantinopel mit seiner Enzyklika *An die Kirchen Christi überall* von 1920 dazu aufgerufen, dass sich die orthodoxen Kirchen in der modernen ökumenischen Bewegung engagierten sollten.

Die informellen Zusammenkünfte blieben jedoch ein wesentliches Element der Ökumene. So initiierte 1932 die aus einer lutherisch-reformierten Tradition stammende Elsässerin und Vizepräsidentin des Studentenweltbundes Suzanne de Dietrich (1891–1981) erstmals ein Treffen, zu dem über 30 protestantische, römisch-katholische und orthodoxe Theologen zusammenkamen – und das, obwohl Papst Pius XI. (1857–1939, Papst ab 1922) in seiner Enzyklika *Mortalium animos* von 1928 ausdrücklich vor solchen ökumenischen Zusammenkünften und Versuchen, das Christentum zu einigen, gewarnt hatte. Für ihn blieb die römisch-katholische Kirche die einzig wahre christliche Kirche. Mit diesem Absolutheitsanspruch waren die protestantischen, anglikanischen und orthodoxen Ökumeniker natürlich nicht einverstanden. Gleichwohl sahen auch sie theologische

In jungen Jahren bereiste Suzanne de Dietrich Indien. Später nahm sie eine wichtige Rolle in der Ökumene ein.

und kirchenrechtliche Stolpersteine, die den Weg zur kirchlichen Einheit erschwerten, wie etwa das Sakramentsverständnis oder die uneinheitlichen liturgischen und gottesdienstlichen Traditionen. Die *Bewegung für Glauben und Kirchenverfassung* (engl. *Faith and Order*), die nach Edinburgh 1910 entstanden war, wollte für diese Themen ein Diskussionsforum bilden und lud 1927 zu ihrer ersten Konferenz im schweizerischen Lausanne ein. Parallel dazu bildete sich eine weitere Initiative, die sich *Bewegung für Praktisches Christentum* (engl. *Life and Work*) nannte, und die besonders gegenwärtige soziale und ethische Herausforderungen für das Christentum im Blick hatte. Sie hielt ihre erste Konferenz 1925 in Stockholm ab. Doch schnell wurde sichtbar, dass die Einheit nur im Zusammenschluss dieser beiden Richtungen realisiert werden könne. So beschlossen die beiden Gruppen 1938 im niederländischen Utrecht, sich zu einem gemeinsamen ökumenischen Gremium mit Sitz in Genf zu vereinigen: dem *Ökumenischen Rat der Kirchen*. Mit dem Ausbruch des Zweiten Weltkriegs 1939 stockten jedoch alle weiteren offiziellen Schritte zur Umsetzung, und die Vereinigungsbemühungen lagen zunächst auf Eis.

Inoffiziell freilich schlug nun die Stunde der wirklichen ökumenischen Bewährung. Mit der Machtergreifung der Nationalsozialisten in Deutschland 1933 hatte sich für die junge ökumenische Bewegung ein Grundsatzproblem offenbart: Wem sollte man in einer Diktatur Glauben schenken? Ist die von den offiziellen – und häufig auch staatsnahen – Kirchenvertretern repräsentierte Kirche die „wahre" Kirche, die den ökumenischen Beistand braucht? Die Bewegung für Praktisches Christentum, die 1934 auf der dänischen Insel Fanø zusammenkam, entschied sich zum „Nein" auf diese Frage und bekundete der dem „Dritten Reich" kritisch gegenüberstehenden *Bekennenden Kirche* statt der vom Nationalsozialismus unterstützten *Kirche der Deutschen Christen* ihre Solidarität (vgl. S. 197). Das wurde dann auch die Leitlinie des 1938 zum zukünftigen Generalsekretär des Ökumenischen Rates der Kirchen bestimmten niederländischen Theologen Willem Visser 't Hooft.

Hooft verkörperte die neue ökumenische Generation: Er kam aus einer remonstrantischen Familie, einer humanistisch gesinnten Richtung des Calvinismus, die die Prädestinationslehre ablehnt, und nahm schon als Schüler an Jungencamps der niederländischen christlichen Studentenvereinigung *(Nederlandse Christen-Studenten Vereniging)* teil. Nach seinem Theologieexamen 1924 wurde er zum Sekretär des YMCA-Weltbundes und 1931 zum Generalsekretär des christlichen Studentenweltbundes berufen. Zusammen mit Mott lernte er nun die Ökumene in ihrer ganzen Fülle kennen und war seit den 1930er-Jahren auf allen internationalen Kirchenkonferenzen anwesend. In dieser Zeit wurde er stark von der Theologie Karl Barths geprägt, der das Wort Gottes gegen die totalitäre Ideologie setzte und die Christen in Deutschland zum Widerstand gegen das nationalsozialistische Regime aufrief (vgl. S. 204). So wurde Visser 't Hoofts kleines Büro in Genf, in der neutralen

Seit 1924 lebte und wirkte Willem Visser 't Hooft in Genf.

Schweiz, in den Kriegsjahren zu einem Ort, an dem die unterschiedlichsten Fäden und Kontakte zusammenliefen. Von hier aus wurde Ökumene gelebt, wurde Flüchtlingen und Evakuierten geholfen und fanden geheime Informationen ihren Weg in den europäischen Widerstand. Auch Mitglieder des deutschen Widerstandes, wie Dietrich Bonhoeffer oder Adam von Trott, suchten Hooft auf und hofften, über ihn Unterstützung bei den Alliierten für den deutschen Widerstand zu finden. Für Hooft, aber auch andere ökumenische Persönlichkeiten wie den Bischof von Chichester, George Bell (1883–1958), oder den Erzbischof von Canterbury, William Temple (1881–1944), war dabei der Gedanke zentral, dass in Zeiten, in denen das Christentum elementar bedroht sei, der gemeinsame Glaube an den einen Gott im Mittelpunkt stehen müsse und die Ökumene mit den bedrängten Gliedern ihrer Gemeinschaft mitleide.

Nach dem Ende des Zweiten Weltkriegs fand im August 1948 endlich die lange geplante Vollversammlung in Amsterdam statt. 147 Delegierte aus protestantischen, anglikanischen und orthodoxen Kirchen (allerdings nicht aus Osteuropa) begründeten nun offiziell den Ökumenischen Rat der Kirchen. Visser 't Hooft wurde zum ersten Generalsekretär ernannt, was er bis zu seinem Ruhestand 1966 blieb. Mit der Gründung des Ökumenischen Rates der Kirchen (engl. *World Council of Churches, WCC*) integrierten sich auch die Bewegungen *Glauben und Kirchenverfassung* sowie *Praktisches Christentum* als eigene Programmeinheiten in die neue Organisation, 1961 kam schließlich der Internationale Missionsrat hinzu. Doch schon bei der Gründungsversammlung zeigte sich, dass der neue Ökumenische Rat nun in eine komplett veränderte machtpolitische Welt eintrat. Der Kalte Krieg, und mit ihm der Systemgegensatz von West und Ost, von Kapitalismus und Kommunismus, wurden zur neuen Herausforderung für die internationale kirchliche Gemeinschaft. Welchen Weg die Ökumene in diesem Konflikt gehen solle, war heftig umstritten. Der Ökumenische Rat der Kirchen entschied sich zwar für einen Mittelweg, der unabhängig von den Machtblöcken bleiben wollte. In der Realität war dieser „Dritte Weg“ jedoch nicht so einfach zu gehen. Vor allem die Debatten um die Religionsfreiheit in Mittel- und Osteuropa drohten die Gemeinschaft vielfach zu zerreißen.

Sozialethisch machte sich der Ökumenische Rat in Amsterdam das von Oldham und Barth inspirierte Konzept der „Verantwortlichen Gesellschaft“ *(Responsible Society)* zu eigen: die Verantwortung der Christen in einer freien Gesellschaft vor Gott und den Menschen. Für die Ökumene ergaben sich

Generalsekretär Philip Alford Potter während einer Tagung des Ökumenischen Rates der Kirchen 1974 in Berlin.

Mitglieder des Ökumenischen Rates der Kirchen heute

daraus vielfältige Aufgaben. Angefangen von den unmittelbaren Hilfen zum Wiederaufbau der Kirchen nach Kriegsende, dem weltweiten Einsatz für Flüchtlinge, Migranten und Frauen, über tagespolitische und theologische Stellungnahmen bis hin zum Einsatz gegen Rassismus und Apartheid.

Dabei veränderte sich seit den 1960er-Jahren das internationale Gesicht der Ökumene. Neben vielen

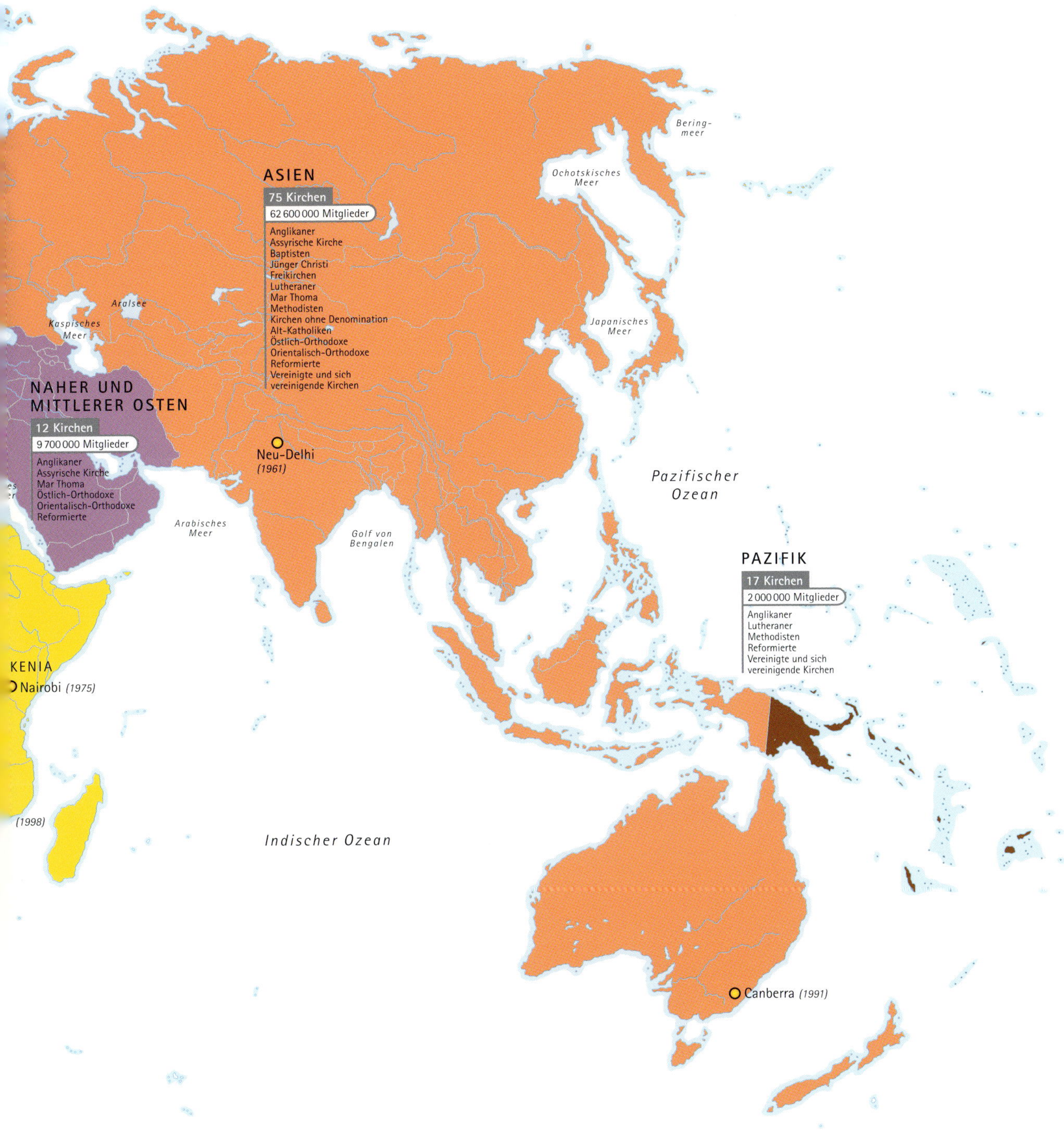

anderen kleineren Kirchengemeinschaften traten 1961 die orthodoxen Kirchen Osteuropas dem Ökumenischen Rat bei. Seit dem Zweiten Vatikanischen Konzil zeigte sich die römisch-katholische Kirche an der Ökumene interessiert. Im Juni 1969 besuchte Papst Paul VI. (1897–1978, Papst ab 1963) erstmals den Ökumenischen Rat in Genf. Eine weitere wichtige Veränderung brachte der Generationenwechsel mit sich. Unter Hoofts Nachfolger, dem presbyterianischen Theologen Eugene C. Blake (1906–1985) aus den USA, begann sich der Ökumenische Rat zu „globalisieren" und wurde zu einer modernen, nichtstaatlichen Organisation. Das bedeutete das Ende der alten angloamerikanisch geprägten Ökumene. Die Stimmen von Vertretern der erst unabhängig gewordenen Kirchen aus ehemaligen Kolonialgebieten des Südens wurden lauter, die Nord-Süd-Perspektive löste den Ost-West-Konflikt ab. Bei der Weltkonferenz für Kirche und Gesellschaft 1966 in Genf kam erstmals die Hälfte aller Delegierten aus der „Dritten Welt"; 1972 wurde einstimmig mit dem 51-jährigen Methodisten Philip A. Potter von der damals noch unter britischer Kolonialherrschaft stehenden Karibikinsel Dominica der erste „farbige" Generalsekretär gewählt. Seine Wahl galt weltweit als Symbol für die nun erreichte Gleichberechtigung der Kirchen des Südens gegenüber Europa und Nordamerika.

Theologisch brachte 1982 die Studie über Taufe, Eucharistie und Amt, die auch als *Lima-Papier* bezeichnet wird, einen ökumenischen Durchbruch. Sie wurde von der Kommission für Glauben und Kirchenverfassung erarbeitet und 1982 in Lima angenommen. In ihr sind erstmals umfassend Übereinstimmungen und Unterschiede unter den Kirchen im Verständnis von Taufe, Abendmahl und Amt herausgearbeitet. Eine besondere Lima-Liturgie ermöglicht Protestanten, Anglikanern und Orthodoxen trotz weiterhin bestehender Unterschiede, gemeinsam Gottesdienst mit Abendmahl (Eucharistie) zu feiern.

Auch außerhalb des Ökumenischen Rates der Kirchen machte das Bemühen um Kirchengemeinschaft bedeutende Fortschritte. Schon 1973 wurde auf dem Leuenberg bei Basel eine Erklärung angenommen, die die Kirchengemeinschaft in Wort und Sakrament, also inklusive Taufe und Abendmahl sowie der gegenseitigen Anerkennung der Ordination, für die lutherischen, reformierten und die aus ihnen hervorgegangenen unierten Kirchen in Europa festhielt. Diese Leuenberger Konkordie mit ihrer Leuenberger Kirchengemeinschaft beendete die jahrhundertelangen gegenseitigen Verwerfungen der unterschiedlichen reformatorischen Richtungen. Seit 2003 wird sie als *Gemeinschaft Evangelischer Kirchen in Europa (GEKE)* bezeichnet. Zwölf anglikanische und vornehmlich nordeuropäische lutherische Kirchen haben sich zu einer weiteren Kirchengemeinschaft in Europa zusammengeschlossen, der *Porvoo-Gemeinschaft*.

Nach wie vor erkennt die römisch-katholische Kirche das evangelische Abendmahl nicht an und sieht auch offiziell in den evangelischen Kirchen 500 Jahre nach der Reformation keine gleichwertigen Geschwister in Christus. Am 31. Oktober 1999 kam es zwar zu einer *Gemeinsamen Erklärung zur Rechtfertigungslehre*, die Vertreter des *Lutherischen Weltbundes*, der weltweiten Vertretung der Lutheraner, der römisch-katholischen Kirche und etwas später Vertreter des Weltrats der Methodisten unterzeichneten. In ihr werden einige Aussagen der Rechtfertigungslehre für alle Seiten annehmbar formuliert. Doch der Bannfluch, mit dem Papst Leo X. 1521 Martin Luther belegte, gilt noch immer.

Frauen bewegen Kirche und Gesellschaft

Die Reformation veränderte von Beginn an die Stellung der Frau in Kirche und Gesellschaft (vgl. S. 46). Doch trotz des neuen Frauenideals und der Priesterschaft aller Gläubigen: In der Praxis und in der Theologie Luthers und Calvins blieb die Frau dem Mann untergeordnet. Der Protestantismus trug insofern nicht weniger als der Katholizismus dazu bei, dass Frauen bis ins 19. Jahrhundert nahezu unsichtbar in Kirche und Gesellschaft blieben – und das, obwohl sie aktiver zur Kirche gingen und die religiösen Traditionsvermittlerinnen in der Familie waren. Erst im 19. Jahrhundert begann das Eis zu brechen. Evangelische Frauen traten allmählich deutlicher und organisierter in die Öffentlichkeit.

Das geschah zum einen im Kontext der Erweckungsbewegung und der bürgerlichen Vereinsbildungen, die einen bis dahin ungekannten Boom an weiblichen religiösen Organisationen hervor-

Elizabeth Cady Stanton und die erste Frauenbibel

Die Pionierin der amerikanischen Frauenbewegung wurde 1815 im US-Bundesstaat New York in die konservative, schottisch-presbyterianisch (calvinistisch) geprägte Familie Cady hineingeboren. Ihr Vater, ein im Staat New York bekannter Richter, ließ ihr eine gute Ausbildung am Troy Female Seminary zukommen. Dort durchlebte sie jedoch unter den Drohungen eines amerikanischen Erweckungspredigers eine große religiöse Krise. Sie entfernte sich von der Kirche und setzte stärker auf die Politik. Engagiert kämpfte sie in der Antisklavereibewegung, bis ihr bewusst wurde, dass eigentlich auch Frauen in einem Zustand der Sklaverei lebten. Nun wurde der Kampf für die Rechte der Frau ihr Lebensthema. Gemeinsam mit der Quäkerin Lucretia Mott war sie maßgeblich an der ersten Gleichheitserklärung für Frauen, der *Women's Rights Convention*, beteiligt, die 1848 in der methodistischen Kirche von Seneca Falls verkündigt wurde. Das war die Initialzündung für die amerikanische Frauenbewegung, die seitdem in zahlreichen Versammlungen Gleichberechtigung und das Wahlrecht für die Frauen forderte.
Anders als die meisten ihrer Mitstreiterinnen blieb die siebenfache Mutter Elizabeth Cady von der Kirche distanziert. Gott war für sie vor allem ungeschlechtlicher Schöpfergott und ein Mittler zwischen Mann und Frau. Die Kirche mit ihren männlichen Auslegern mache jedoch aus der Bibel ein Unterdrückungsinstrument für die Frauen, argumentierte sie mit der 1895 von ihr herausgegebenen Frauenbibel (*Woman's Bible*). Dieser Bibelkommentar ging zum ersten Mal allen Stellen in der Bibel nach, in denen Frauen vorkommen und fragte, inwiefern sie zur Emanzipation der Frauen beitrugen oder diese gerade verhinderten. Cady und ihr Revisionskomitee, ein Kreis von Frauenrechtlerinnen und Wissenschaftlerinnen, kritisierten die traditionellen Auslegungen und setzten sich für frauenfreundlichere Übersetzungen ein. Damit lösten sie in den bürgerlich-christlichen Kreisen Nordamerikas einen Schock aus. Trotzdem wurde die *Woman's Bible* ein Erfolg: Schon sechs Monate nach ihrem Erscheinen wurde die sechste Auflage gedruckt.

Elizabeth Cady Stanton (1815–1902) war eine Vorreiterin der Frauenrechtsbewegung.

brachten (vgl. S. 149). Dieses neue organisierte weibliche Engagement förderte Unabhängigkeit und Selbstständigkeit, schuf jedoch gleichzeitig ein neues konservativ-frommes Frauenbild, das die christliche Liebestätigkeit der Frau in den Mittelpunkt rückte.

Antoinette Louisa Brown Blackwell wurde 1853 in den USA als erste Frau Pfarrerin einer protestantischen Gemeinde.

Diesem Frauenbild widersprachen die Anhängerinnen der bürgerlichen Emanzipations- und Demokratiebewegung vehement. Sie verkörperten den anderen Pol des weiblichen Aufbruchs, waren von den Gedanken der Aufklärung und der Toleranz geprägt und setzten sich seit der amerikanischen Unabhängigkeitserklärung 1776 und der Französischen Revolution 1789 für die politische Gleichberechtigung von Mann und Frau ein. Auch protestantisch geprägte Frauen in Nordamerika und Europa gehörten dieser ersten Frauenbewegung im 19. Jahrhundert an. Eine ihrer wichtigsten Persönlichkeiten war die amerikanische Frauenrechtlerin Elizabeth Cady Stanton (1815–1902). Sie veröffentlichte 1895 die erste Frauenbibel *The Woman's Bible*.

Hand in Hand gingen überzeugter Glaube und politisches Engagement für die Frauenrechte auch bei der ersten ordinierten protestantischen Pfarrerin überhaupt, der Amerikanerin Antoinette Louisa Brown Blackwell (1825–1921). Sie wuchs in einer liberalen kongregationalistischen Familie auf und hatte von früh auf den großen Wunsch, Pfarrerin zu werden. Weil das nicht ging, wurde sie zunächst Lehrerin, erkämpfte sich aber schließlich Zugang zum Theologiestudium, das sie 1850 beendete. Anschließend durfte sie in einer kleinen Gemeinde der Congregational Church im Bundesstaat New York predigen und ließ sich davon auch nicht von sie niederschreienden Männern im Gottesdienst abbringen. Ein methodistischer Pfarrer ordinierte sie schließlich im September 1853 zur ersten Pfarrerin einer protestantischen Gemeinde Amerikas. Das sorgte quer durch das Land für Schlagzeilen. 1920 kam ihr mit 95 Jahren die Ehre zu, als einzige Frau, die bereits 1848 an der Women's Rights Convention teilgenommen hatte, das neugewonnene Frauenwahlrecht auszuüben. Ihre Ordination bedeutete einen historischen Dammbruch. Zehn Jahre später folgte die Ordination Olympia Browns (1835–1926) durch die Universalistische Kirche, 1880 die Ordination von Anna Howard Shaw (1847–1919) durch die Methodistische Kirche und schließlich 1889 die erste Ordination aus einer reformierten Kirche: Louisa Mariah Layman Woosley (1862–1952) in der Cumberland Presbyterian Church. So umstritten die Frauenordination bei vielen Männern und konservativen Protestantinnen war: Die Frau im

Talar, die den Gottesdienst hält, das Abendmahl austeilt, die Kinder tauft und die Verstorbenen beerdigt, wurde seit dem 20. Jahrhundert immer selbstverständlicher im protestantischen Gemeindeleben. Um 1900 gab es in den Vereinigten Staaten bereits ungefähr 3400 ordinierte Frauen unterschiedlichster, im weiten Sinne protestantischer, zum Teil freikirchlicher Bekenntnisse. 1917 wurde dann die erste Frau in Europa, in der Congregationalist Church von England und Wales, ordiniert. Von nun an eroberten Pfarrerinnen oder Pastorinnen weltweit die verschiedensten evangelischen Gemeinden und Kirchen, auch wenn es sich dabei zunächst erst einmal um scheinbare Ausnahmen in besonderen historischen Situationen handelte, wie etwa die Ordination von Berthe Bertsch 1930 in der Reformierten Kirche von Elsass und Lothringen oder die der chinesischen Theologin Florence Li Tim-Oi (1907–1992). Sie wurde, um die geistliche Betreuung chinesischer Flüchtlinge aus dem von den Japanern besetzten China gewährleisten zu können, im Januar 1944 zur ersten anglikanischen Priesterin geweiht. Zwar ließ sie wegen starker männlicher Proteste nach dem Krieg ihre Arbeit als Priesterin ruhen, wurde aber 1971, als in ihrer Diözese Hong Kong zwei weitere Frauen ordiniert wurden, als Priesterin rehabilitiert. Damit steht sie am Anfang der Reihe anglikanischer

Eine reformierte Pfarrerin predigt im Gottesdienst in der evangelisch-reformierten Kirche in Thalwil in der Schweiz.

Priesterinnen, die seit den 1970er-Jahren beginnend in den USA, in Kanada, Neuseeland und seit 1994 in England geweiht wurden.

Bei den Lutheranern fielen in der Mitte des 20. Jahrhundert die Schranken für Frauen. 1948 wurden in Dänemark offiziell die ersten drei lutherischen Pfarrerinnen, Johanne Andersen, Ruth Vermehren und Edith Petersen, ordiniert – obwohl zuvor 500 Pfarrer gedroht hatten, von ihrem Amt zurückzutreten. Proteste gegen die Frauenordination gab es freilich weiterhin unter den konservativen Lutheranern in Nordeuropa. Trotzdem werden seit 1960 in Schweden, seit 1961 in Norwegen und seit 1988 in Finnland Frauen ordiniert.

Elisabeth Haseloff wurde 1958 als erste Frau in Deutschland rechtskräftig als Pfarrerin ordiniert.

In Deutschland war die Frauenordination eine Sache der verschiedenen lutherischen, reformierten und unierten Landeskirchen. Entsprechend war der Weg deutscher Theologinnen ins Pfarramt von Region zu Region unterschiedlich und steinig. So konnten zwar seit 1908 in Preußen Frauen Theologie an der Universität studieren. Sie durften aber noch kein kirchliches Examen ablegen und konnten daher beispielsweise nur als Lehrerinnen, Gemeindehelferinnen in der Kirche oder in verschiedenen Bereichen in der Diakonie arbeiten. Es gab also weder einen eigenen Beruf in der Kirche für sie, noch war ihre rechtliche Situation geklärt. Obwohl sich dazu 1925 und 1930 zwei eigene Berufsverbände evangelischer Theologinnen gründeten, blieb die den Männern gleichgestellte Gemeindepfarrerin zunächst Vision. Seit 1927 konnten Frauen, die Theologie studiert hatten, Vikarinnen werden und Gottesdienste halten. Damit gab es zum ersten Mal ein eigenständiges Berufsbild für ausgebildete Theologinnen. Allerdings durften die Pfarrvikarinnen keine Sakramente verwalten und wurden (vor allem von den Männern) eher als eine Art Assistentin des Pfarrers angesehen. Außerdem durften sie nicht heiraten – was für die Pfarrer natürlich nicht galt. Als im Zweiten Weltkrieg jedoch kaum noch Pfarrer in den Gemeinden waren, übernahmen viele Pfarrvikarinnen ganz selbstverständlich die Rolle des Pfarrers und hielten die Gemeinde geistlich am Leben. So war es nach 1945, als die Männer zurückkehrten und ihre alten Stellen beanspruchten, schwerer geworden, den ungefähr 400 Pfarrvikarinnen, die in den Gemeinden die volle pfarramtliche Versorgung übernommen hatten, die Kompetenz abzusprechen. Trotzdem geschah zunächst genau das. Erst mit der Neuordnung der rechtlichen Lage

Feministische Theologie

Zur Frauenemanzipation seit den späten 1960er-Jahren gehörte ein neuer, kritischer Blick auf die bislang männerbeherrschte Theologie. Den Anstoß zu dieser feministischen Theologie gaben zunächst in den Vereinigten Staaten lehrende katholische Theologinnen wie Rosemary Radford Ruether, Elisabeth Schuessler Fiorenza oder Mary Daly, die sich mit ihrem 1968 erschienenen Buch „The Church and the Second Sex" als erste Theologin für die Abschaffung der gesellschaftlichen und kirchlichen Männerherrschaft (Patriarchat) aussprach. Ihre Impulse wurden von protestantischen Theologinnen auf der ganzen Welt aufgegriffen.
In den folgenden Jahrzehnten entstand so eine Vielzahl von feministischen theologischen Ansätzen. Sie umfassten verschiedene akademische Disziplinen wie die Bibelwissenschaften, die Systematische Theologie oder die Kirchengeschichte, beschränkten sich aber nicht nur auf diese, sondern versuchten, Theorie und Praxis ganzheitlich, ökumenisch und fachübergreifend zu verbinden. Leitendes Motiv ist, die Unterdrückung der Frau im Christentum aufzudecken und an ihrer Befreiung zu arbeiten, aber zugleich die besonderen weiblichen Beiträge zum Glauben und zum christlichen Lebensvollzug sichtbar zu machen. Bekannte protestantische feministische Theologinnen sind beispielsweise die Amerikanerinnen Letty Mandeville Russell (1929–2007) und Phyllis Trible (*1932), in Deutschland gehören vor allem Dorothee Sölle (1929–2003), Elisabeth Moltmann-Wendel (*1926) und Luise Schottroff (*1934) zu den prägenden Frauen der feministischen Theologie. Gegen diesen „weißen Feminismus" vertreten aber in jüngster Zeit schwarze Theologinnen, wie etwa Katie G. Cannon (*1950) eine eigene *Womanist Theology* (Frauentheologie).

Die feministische Theologin, Schriftstellerin und Pazifistin Dorothee Sölle provozierte viele ihrer Zeitgenossen.

und dem Gesetz über die Gleichberechtigung von Mann und Frau auf dem Gebiet des bürgerlichen Rechts, das am 1. Juli 1958 in Kraft trat, entschieden 1958 drei Landeskirchen, dass von nun an bei ihnen auch Theologinnen zur Pfarrerin oder Pastorin ordiniert werden können: die Evangelische Landeskirche Anhalts, die Evangelische Kirche der Pfalz und die Lutherische Kirche in Lübeck. Als erste, rechtskräftig ordinierte Pfarrerin erhielt die Theologin Elisabeth Haseloff (1914–1974) 1958 in Lübeck eine Planstelle. Seitdem zogen die anderen Landeskirchen Schritt um Schritt nach, als letzte 1991 die Evangelisch-Lutherische Landeskirche Schaumburg-Lippe. Freilich gibt es nach wie vor Theologen, Gemeinden und Kirchen innerhalb und außerhalb Deutschlands, die die Frauenordination als unbiblisch ablehnen. Dazu gehört beispielsweise in den Vereinigten Staaten der 2,4 Millionen umfassende lutherische Kirchenverbund Lutheran Church – Missouri Synod.

Mit der Frauenordination veränderte sich seit den 1960er-Jahren das öffentliche Bild des Protestantismus. Traditionelle evangelische Frauenberufe, wie die Diakonissen oder die Gemeindehelferin, starben allmählich aus. Heute sind fast 32 Prozent aller Pfarrer in der Evangelischen Kirche in Deutschland weiblich. Manche sprechen sogar von einer *Feminisierung* der Kirche. Die Pfarrerin im Talar gehört für viele Gemeindemitglieder und für Kirchenferne mittlerweile

Die erste Ministerin der Bundesrepublik Deutschland: die Protestantin Dr. Elisabeth Schwarzhaupt an ihrem Schreibtisch im Bundesgesundheitsministerium, das sie von 1961–1966 leitete.

zur evangelischen Kirche einfach dazu. Seit den 1970er-Jahren darf sie nun auch verheiratet sein und eine eigene Familie haben. Doch noch immer bestehen Ungerechtigkeiten: Pfarrerinnen sind im Durchschnitt länger arbeitslos als Pfarrer, sie haben seltener eine volle Stelle und im Vergleich zu ihren männlichen Kollegen weniger Verantwortungsbereiche – was zu geringeren Bezügen führt. Nicht zuletzt sind sie weniger in kirchlichen Leitungsämtern vertreten, obwohl auch hier seit dem Ende der 1980er-Jahre Frauen präsenter geworden sind. So wurden 1989/90 die ersten beiden anglikanischen Bischöfinnen in ihr Amt eingeführt: Barbara Clementine Harris (*1930) in den Vereinigten Staaten und Penelope Ann Bansall Jamieson (*1942) in Neuseeland. 1992 folgten die ersten beiden lutherischen Bischöfinnen weltweit: Maria Jepsen (*1945) aus der Nordelbischen Landeskirche und April Ulring Larson (*1950) von der Minnesota United Lutheran Church of America.

Neben den Theologinnen waren es evangelische Laiinnen, die seit der zweiten Hälfte des 20. Jahrhunderts in bis dahin männerdominierte Bereiche eindrangen und sich für ein neues Miteinander von Männern und Frauen in Politik und Gesellschaft einsetzten. Dass der Artikel 3, Absatz 2 „Männer und Frauen sind gleichberechtigt" überhaupt 1948 in das neue Grundgesetz der Bundesrepublik Deutschland aufgenommen wurde, ist den beiden Protestantinnen Elisabeth Selbert (1896–1986) und Friederike Nadig (1897–1970) zu verdanken. Sie setzten sich gegen heftigste Widerstände, auch ihrer eigenen Partei, der SPD, im Parlamentarischen Rat neben ihren 61 männlichen Kollegen für die Gleichberechtigung in der Verfassung ein.

Eine überzeugte Protestantin war die erste Bundesministerin in der Bundesrepublik Deutschland, die 1961 als neue Gesundheitsministerin für die CDU in das Kabinett von Konrad Adenauer einzog: Elisabeth Schwarzhaupt (1901–1986). Sie war eine der ersten Juristinnen in Deutschland. Nachdem sie 1933, wie alle Frauen, als Richterin aus dem Staatsdienst entlassen wurde, arbeitete die promovierte Juristin als Referentin bei der Deutschen Evangelischen Kirche in Berlin. Nach dem Krieg war sie dann Oberkirchenrätin im Bereich Frauenfragen im Kirchlichen Außenamt in Frankfurt. 1953 zog sie für die CDU in den Bundestag ein. Schon kurz darauf wurde sie einer breiteren Öffentlichkeit bekannt, als sie sich mit der katholischen Christdemokratin Helene Weber am 12. Februar 1954 ein leidenschaftliches Rededuell im Bundestag lieferte. Es ging um die vom Bundesverfassungsgericht angemahnte Reform des Familienrechts, nach der der dritte Artikel des Grundgesetztes „Männer und Frauen sind gleichberechtigt" uneingeschränkt rechtlich zu gelten habe und deshalb alle anderen rechtlichen Vorschriften, die dem entgegen standen, außer Kraft zu setzen seien.

Zur Diskussion stand deshalb das Letztentscheidungsrecht des Ehemannes in allen die Eheleute und Kinder betreffenden Fragen, der sogenannte „Stichentscheid". Während Helene Weber, die schon Mitglied der Weimarer Nationalversammlung gewesen war, mit den Worten „dem Vater müsse man als Haupt der Familie im Recht den Vorrang geben" für den Stichentscheid plädierte, kämpfte Elisabeth Schwarzhaupt vehement gegen den Stichentscheid, auch gegen ihre eigene Partei, die CDU. Sie hob hervor, dass eine gute Ehe fast immer voraussetze, dass die Frau „zu einem größeren Maß von Sicheinfügen, zu einem größeren Opfer an eigenständigem Leben" bereit sei. Doch verliere dieses seinen Sinn und seine Gemeinschaft erhaltende Kraft, so argumentierte sie weiter, „wenn es nicht aus der freiwilligen Bereitschaft, sondern aus gesetzlichem Zwang kommt."

Bei der Abstimmung am 3. Mai 1957 kam es schließlich zu einer Mehrheit gegen den Stichentscheid. Allerdings blieb es zunächst beim Letztentscheidungsrecht des Vaters, als am 18. Juni 1957 das „Gesetz über die Gleichberechtigung von Mann und Frau auf dem Gebiet des bürgerlichen Rechts" verkündet wurde. Erst im Juli 1959 erklärte das Bundesverfassungsgericht diese Bestimmung für verfassungswidrig.

Aber auch in andern Ländern stellten Protestantinnen neue politische Weichen in der Nachkriegszeit. In Dänemark wurde beispielsweise 1947 die lutherische Theologin Bodil Koch (1903–1972) für die Sozialdemokraten in das dänische Parlament, den Folketing, gewählt und drei Jahre später die weltweit erste Ministerin für Kirchenangelegenheiten; ein Amt, das sie bei der Wiederwahl der Sozialdemokraten 1956 erneut erhielt. Es war unter anderem ihrer klugen Kirchenpolitik zu verdanken, dass sich die 1948 eingeführte Frauenordination in Dänemark langsam auf breiter kirchlicher Ebene durchsetzte und akzeptiert wurde. Ebenso übernahmen in den anderen skandinavischen Ländern engagierte Lutheranerinnen Ministerien und politische Ämter. Zu den protestantischen Politikerinnen zählt weiterhin die erste weibliche Regierungschefin Großbritanniens, die 1979 gewählte Premierministerin Margaret Thatcher (*1925, regierte bis 1990). Die „Eiserne Lady", die zugleich von 1975 bis 1990 die Vorsitzende ihrer Conservative Party war, wuchs in einem streng methodistischen Elternhaus auf. Als Kind lernte sie von früh auf Ordnung und Disziplin kennen, ging drei Mal am Sonntag zur Kirche und musste sich von allen Vergnügungen fernhalten. Ihre Hochzeit fand sogar in der von John Wesley selbst gebauten Wesley's Chapel in London statt. Dann wechselte sie allerdings in die Church of England über. Nicht zuletzt sind zwei gegenwärtig einflussreiche Politikerinnen zu nennen, die beide bekennende Protestantinnen sind: Die deutsche Bundeskanzlerin Angela Merkel (*1954), die aus einem ostdeutschen Pfarrhaus stammt, und die amerikanische Außenministerin Hillary Rodham Clinton (*1947), die seit ihrer Kindheit der United Methodist Church angehört.

Der Berliner Theologe und Politiker Ernst Troeltsch war von 1919 bis 1921 Mitglied der Preußischen Nationalversammlung. Er machte sich für Demokratie und die Weimarer Republik stark.

Der dunkle Schatten: Nationalsozialismus und Holocaust

Die Niederlage im Ersten Weltkrieg und das Ende des Kaiserreiches erschütterten und schockierten die meisten Protestanten. Für die evangelische Kirche in Deutschland bedeuteten sie eine tiefe Zäsur. Eine Welt war untergegangen. Das jahrhundertelang den deutschen Protestantismus bestimmende landesherrliche Kirchenregiment mit dem Fürsten als oberstem Bischof war nun ebenso zu Ende wie die Vision vom christlichen Staat Preußen (vgl. S. 155).

Die Weimarer Reichsverfassung verankerte im Artikel 137 die Trennung von Kirche und Staat: „Es besteht keine Staatskirche." Doch die Kirchen fielen weich. Sie wurden als Religionsgemeinschaften und als Körperschaft öffentlichen Rechts anerkannt, was ihnen einige Vorteile sicherte. Dazu gehört bis heute das Recht, sich selbst zu verwalten und Steuern zu erheben. Ebenso blieben die Theologischen Fakultäten an den staatlichen Universitäten bestehen; wie auch der Religionsunterricht an den öffentlichen Schulen.

Trotzdem hatten viele Protestanten in Deutschland das Gefühl, in der neuen Republik nicht zu Hause zu sein. Existenzängste wurden durch die zunehmenden wirtschaftlichen und sozialen Spannungen, verschärft durch den New Yorker Börsenkrach von 1929, noch tiefer. Man begann, sich zurück in die alte Zeit zu sehnen, in die (scheinbar) klaren und überschaubaren Sozialordnungen, in der alles seinen gewohnten Platz hatte. Positionen wie die des Berliner Theologen und Politikers Ernst Troeltsch (1865–1923), der ausdrücklich die Republik und die Demokratie unterstützte und förderte, bildeten die absolute Ausnahme, die Mehrheit der Protestanten blieb national-konservativ eingestellt.

Die Idee des deutschen Volkes, das alle Verwirrungen der Moderne auffängt und gleichzeitig als eine Bewegung nach vorne drängt, zog viele Menschen an.

Bei den Reichstagswahlen 1930 kam die Nationalsozialistische Deutsche Arbeiterpartei (NSDAP) auf über 18 Prozent und wurde damit zweitstärkste Partei hinter der SPD. Ähnlich erfolgreich wurde dann auch die 1932 gegründete *Glaubensbewegung Deutsche Christen*, die als eine national-völkische Kirchenpartei bei den Kirchenwahlen der früheren preußischen Landeskirche, der Evangelischen Kirche der Altpreußischen Union, 1932 über ein Drittel aller Stimmen erhielt.

Die *Deutschen Christen* waren eine Gruppe aus Pfarrern, Gemeindemitgliedern und Theologen, die ursprünglich aus Thüringen kam. Sie wurden von der NSDAP als Reichsorganisation anerkannt. Hitler persönlich genehmigte ihren Namen. Sie

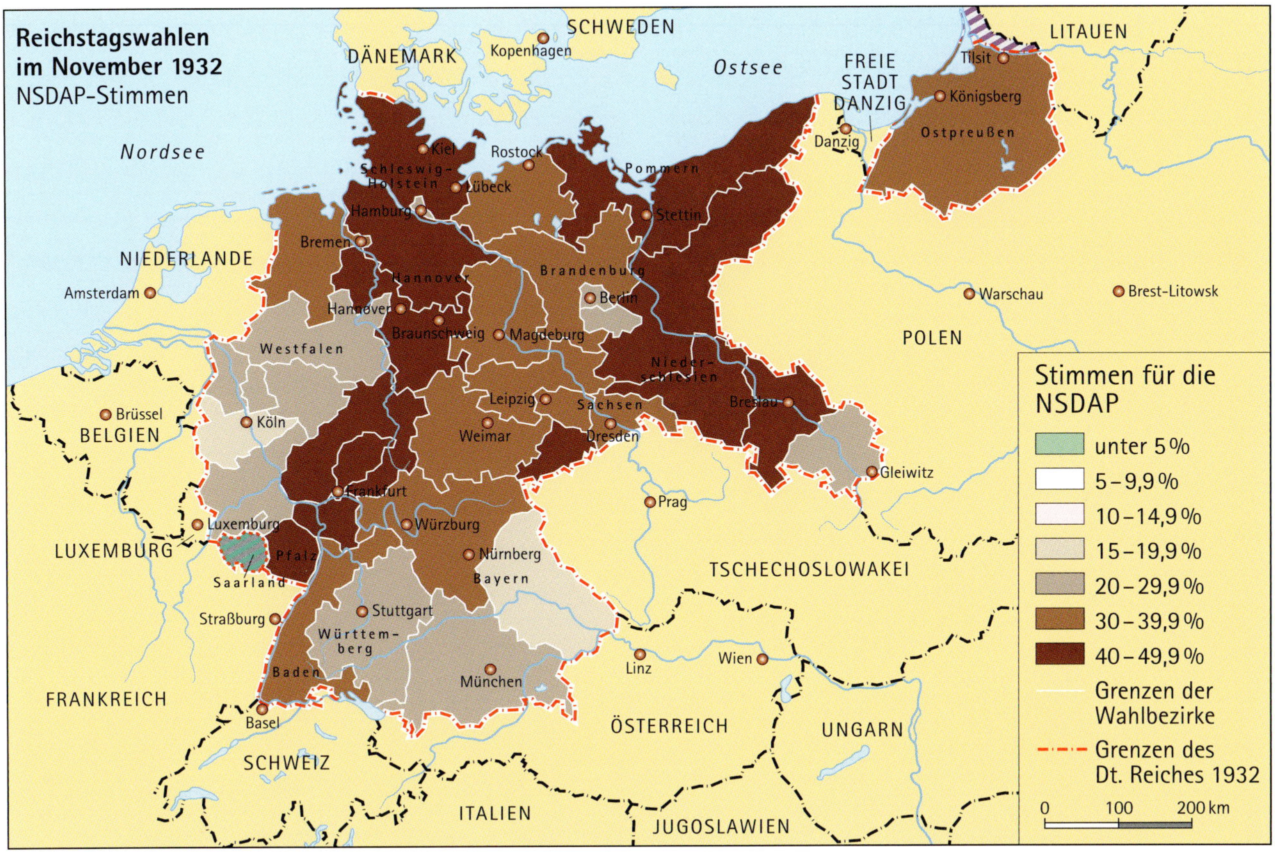

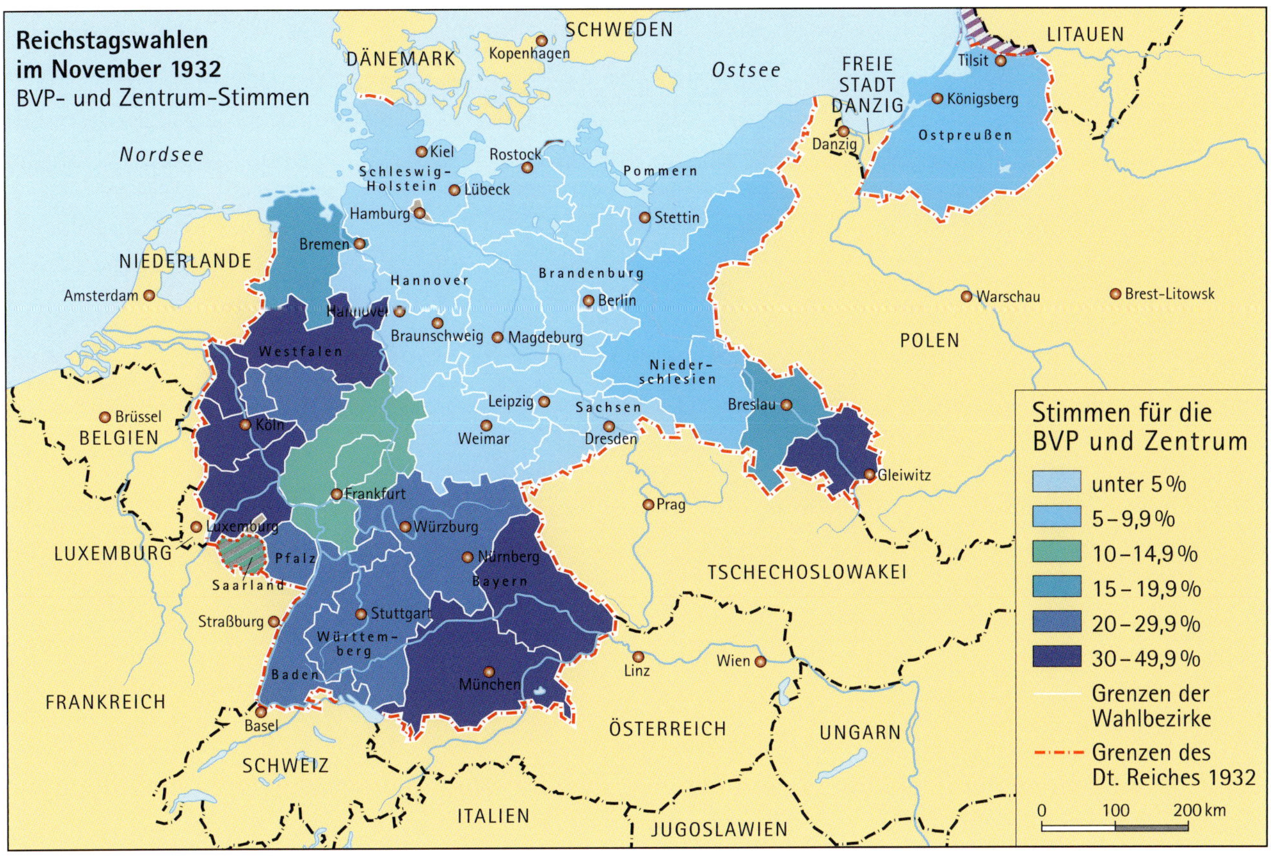

Die Wahlergebnisse für NSDAP und Zentrum vom November 1932 zeigen, dass in den protestantischen Landesteilen Deutschlands mehrheitlich für die Nazis gestimmt wurde.

standen der NSDAP nahe – viele ihrer Mitglieder waren NSDAP-Mitglieder – und vertraten deren Vorstellungen zu Rasse, Volk und Nation. So war die Kirchenpartei nach dem Führerprinzip organisiert und trat für ein „reinrassiges Christentum" ein, wozu beispielsweise die Abschaffung des Alten Testaments gehörte, weil es „jüdisch" sei.

Trotz solcher Forderungen begrüßten viele evangelische Gemeinden die Deutschen Christen. Den Nationalsozialismus nahmen sie nicht als bedrohlich wahr, was auch daran lag, dass seine Anhänger anfangs Wert darauf legten, von den Kirchen unterstützt zu werden – immerhin waren 1933 noch ungefähr 63 Prozent aller Deutschen evangelisch und ungefähr 33 Prozent katholisch. So verkündeten die Nazis zunächst ein „positives Christentum", das die „sittliche Grundlage des deutschen Volkes" bilden solle.

Protestanten sprach die neue nationale Bewegung außerordentlich an. Schon bei der Reichstagswahl von 1932 gehörten sie zu den überzeugten Wählern Hitlers, den sie doppelt so häufig wie Katholiken wählten. In typisch protestantischen Kreisen, wie etwa in Norddeutschland, Ostpreußen, Thüringen oder auch in Franken, lag der protestantische Stimmenanteil der NSDAP häufig über 60 Prozent. Entsprechend positiv nahmen die meisten Protestanten die Ernennung Hitlers zum Reichskanzler am 30. Januar 1933 auf. Darin sahen sie eine nationale Chance – und den von den Na-

Reichsbischof Ludwig Müller auf der ersten evangelischen Nationalsynode der Deutschen Christen in Wittenberg 1933.

20 000 Gläubige nahmen am 1. Mai 1933 an einem Feldgottesdienst in Bayreuth teil. Der überwiegende Teil der Protestanten in Deutschland begrüßt die Machtergreifung Hitlers und teilt auch dessen antisemitische Ansichten.

tionalsozialisten geäußerten Antisemitismus und Antikommunismus teilten sie im Wesentlichen. Nach dem Ermächtigungsgesetz vom 24. März 1933, mit dem die gesamte Staatsgewalt auf Hitler überging und das Parlament ausgeschaltet wurde, gewannen die Deutschen Christen die Kirchenwahlen am 23. Juli 1933 deutlich mit einer Zweidrittelmehrheit. Nur in zwei Gemeinden war das nicht der Fall: nämlich in der Gemeinde Berlin-Dahlem und in der Gemeinde Barmen-Gemarke. Beide Gemeinden gehörten zu den Keimzellen der Bekennenden Kirche.

Die Deutschen Christen, die auch „die SA Jesu" genannt wurden, besetzten nun alle wichtigen kirchlichen Ämter und begannen umgehend, die Kirche von innen heraus dem Nationalsozialismus anzupassen – also gleichzuschalten. An den Kirchen wehten Hakenkreuzfahnen, und Jesus wurde als der blonde arische Held verkündet. Außer in Hannover, Bayern und Württemberg übernahmen in allen Landeskirchen die Deutschen Christen die Leitung. Sie wollten nun aus den bisher nur lose zusammengehaltenen 28 Landeskirchen eine nach dem Führerprinzip organisierte Evangelische Reichskirche bilden und den sogenannten „Arierparagrafen" für alle Kirchen reichsweit einführen. Das bedeutete, dass Ämter in der Kirche von nun an nur noch von „reinen Ariern" übernommen werden durften und „Nichtarier" sofort aus der evangelischen Kirche entlassen werden sollten.

Diesem Vorhaben widersprach jedoch eine Gruppe junger Pfarrer und Theologen, die sich *Jungreformatorische Bewegung* nannte. Sie betonten, dass Entscheidungen allein aus dem Wesen der Kirche zu treffen seien, also nicht mit politischen Aussagen vermischt werden dürften. Außerdem protestierten sie dagegen, dass Christen jüdischer Abstammung aus dem kirchlichen Dienst entfernt werden sollten. Die Jungreformatoren erhielten viel Zulauf und Unterstützung. Auch der seit 1931 als Pfarrer in Berlin-Dahlem wirkende Martin Niemöller (1892–1984) schloss sich ihnen an. Sie boten nun eine Alternative zu den Deutschen Christen – und eröffneten damit ein innerkirchliches Ringen um den richtigen Weg der Kirche, der auch als Kirchenkampf bezeichnet wird. Hier standen auf der einen Seite die nazihörigen Deutschen Christen und auf der anderen Seite zunächst die Jungreformatoren sowie der im September 1933 gegründete *Pfarrernotbund*, dem bis Ende 1933 ungefähr 7 000 Pfarrer angehörten (das entsprach einem Drittel aller evangelischen Pfarrer). Martin Niemöller übernahm den Vorsitz. Im März 1934 ging aus diesen beiden Gruppen die Bekennende Kirche hervor.

Zuvor hatten die Deutschen Christen jedoch einen weiteren Punkt ihrer Agenda durchgesetzt. Nachdem der zunächst im Mai 1933 zum Reichsbischof ernannte Friedrich von Bodelschwingh (1877–1946) unter dem Druck der Nationalsozialisten zurücktreten musste, wurde auf der Nationalsynode in Wittenberg im September 1933 Ludwig Müller (1883–1945), der neue Landesbischof der

Martin Niemöller während einer Ansprache um 1934. Der Theologe stellte sich immer offener gegen die herrschenden Nationalsozialisten und wurde schließlich 1937 im KZ Sachsenhausen interniert.

preußischen Kirche, einstimmig als Reichsbischof gewählt. Müller war seit 1926 Wehrkreispfarrer in Königsberg und seit 1931 Mitglied der NSDAP. Er hatte in Ostpreußen die Deutschen Christen mitbegründet und diente seit Hitlers Amtsantritt als sein „Bevollmächtigter für Angelegenheiten der Evangelischen Kirche".

Doch gelang es den Deutschen Christen in der Folgezeit nicht mehr, ihre Machtposition weiter auszubauen. Die Nazis gingen immer mehr auf Distanz zu ihnen und begannen nun radikal, den gesellschaftlichen Einfluss der Kirchen zurückzudrängen. Eine gesteuerte Kirchenaustrittskampagne ließ 1937 allein 352 000 Menschen die evangelische Kirche verlassen. Kirchliche Schulen wurden geschlossen. Nach und nach gelang es den Nationalsozialisten, die christliche Deutungsmacht zu brechen und ihre eigene völkisch-heidnische Religion durchzusetzen. Statt der christlichen Taufe feierten die Nazis nun beispielsweise das Fest der Namensweihe (wie später auch in der DDR christliche Rituale umgewidmet wurden, als man die Jugendweihe in Konkurrenz zur evangelischen Konfirmation setzte). Statt Ostern wurde nun das Fest der altgermanischen Fruchtbarkeitsgöttin „Ostara" gefeiert, statt Weihnachten am 22. Dezember ein germanisch inspiriertes Wintersonnenwendfest, das „Julfest". Es fand 1935 erstmals im ganzen Reich statt, mit nächtlichen Feiern und großen Feuern. Doch auch innerhalb der Familie versuchten die Nationalsozialisten, das christliche Weihnachtsfest zu verdrängen und alle Gedanken und Symbole an Jesus Christus auszulöschen. Das Kreuz wurde durch das Hakenkreuz oder das Sonnenrad ersetzt, Märchen statt biblischer Geschichten vorgelesen, das Christkind wurde zum „Lichtkind" und der Adventskranz zum „Sonnenwendkranz". Die Krönung bestand in einem Hakenkreuz als Baumspitze auf der „Jultanne"

Elisabeth Schmitz und ihr vergessener Einsatz für die Juden

Geboren 1893 im hessischen Hanau, wuchs Elisabeth Schmitz in einer evangelischen Lehrerfamilie auf. Nach ihrem Studium arbeitete sie seit 1929 fest als Gymnasiallehrerin für Geschichte, Religion und Deutsch an einem Berliner Mädchengymnasium. Die Machtergreifung der Nationalsozialisten im Januar 1933 sah sie früh und klarer als viele andere als große Gefahr, vor allem für die deutschen Juden. Als ihre jüdische Freundin ihre Berufserlaubnis als Ärztin verlor, nahm sie sie in ihre Wohnung auf – wie sie später auch weitere Juden in ihrer Wohnung unterkommen ließ. Seit 1934 in der Bekennenden Kirche, setzte sie ihre ganze Kraft ein, um über die beginnende Ausrottung der Juden in Deutschland aufzuklären und die Bekennende Kirche zum öffentlichen Protest und einem klaren Wort gegen die Judenverfolgung zu bewegen. Doch ihre zahlreichen Briefe, etwa an Barth, blieben ohne Echo. Im September 1935 schloss sie eine Denkschrift mit dem Titel *Zur Lage der deutschen Nichtarier* ab, vervielfältigte sie in 200 Exemplaren und ließ sie anonym leitenden kirchlichen Gremien und Personen der Bekennenden Kirche zukommen. Hier dokumentierte sie an vielen erschütternden Beispielen aus dem Alltag, wie sich die Judenverfolgung zur Ausrottung entwickelte. Ihre Frage „Warum tut die Kirche nichts?" blieb jedoch unbeantwortet. Nach der Reichspogromnacht am 9. November 1938 stellte Elisabeth Schmitz einen Antrag auf Pensionierung vom Schuldienst. Später schrieb sie über diesen Entschluss: „Ich beschloss, den Schuldienst aufzugeben und nicht länger Beamtin einer Regierung zu sein, die die Synagogen ansteckt." Dem Gesuch wurde stattgegeben. In den kommenden Jahren bot sie immer wieder Juden Hilfe und Unterschlupf an, oft wochenlang. 1943 kehrte sie zu ihrer Familie nach Hanau zurück. Dort arbeitete sie seit 1946 wieder als Lehrerin, seit 1947 erneut als Beamtin.

Über ihre Denkschrift, eines der mutigsten und menschlichsten Dokumente aus der Zeit des Nationalsozialismus, sprach sie nicht mehr. Aber auch die großen Männer aus der Bekennenden Kirche, Barth oder Gollwitzer beispielsweise, schwiegen und erwähnten ihren Namen nach 1945 nicht. Die Denkschrift wurde einer anderen mutigen Protestantin, Marga Meusel, zugeschrieben. Erst nach Elisabeth Schmitz' Tod 1999 deckte eine ehemalige Schülerin ihre Autorenschaft auf. 2004 tauchte dann in einer Aktentasche im Keller ihrer Gemeinde in Hanau der handschriftliche Entwurf auf, der endgültig belegte, dass sie die Denkschrift geschrieben hatte.

Im Jahr 2005 wurde in Hanau ein Ehrengrab für Elisabeth Schmitz geweiht. Daneben steht ihre Schülerin Dietgard Meyer, die die Autorschaft Schmitz' für die Schrift *Zur Lage der deutschen Nichtarier* nachwies.

oder dem „Lichtbaum". Neben den Festen eroberten die Nationalsozialisten auch die Kirchengebäude. Zwischen 1933 und 1945 wurden über 1000 Gotteshäuser umgestaltet oder neu gebaut und als nationale Weihestätten eingerichtet.

Die Deutschen Christen profitierten von solchen Aktivitäten nicht. Ihr Aufbau der Reichskirche kam nicht voran. Zum Tiefpunkt für die Deutschen Christen wurde die Sportpalastkundgebung im November 1933 in Berlin. Vor 20 000 Zuhörern

Die Kirchen blieben stumm, als in Deutschland, wie hier in Bielefeld, die Synagogen brannten.

sprach der Berliner Gauobmann Reinhold Krause über die „Völkische Sendung Luthers" und rief dazu auf, die Reformation im „Dritten Reich" zu vollenden. Dazu forderte er einen arischen, heldenhaften Jesus und eine deutsche Volkskirche, die sich von allem „Undeutschen" befreie, inklusive dem Alten Testament. Dagegen erhob sich spontaner Protest, dem Massenaustritte folgten. Die Deutschen Christen verloren an Einfluss, Müller war geschwächt. Um seine Position zu stärken, integrierte er auf eigene Faust im Dezember 1933 das Evangelische Jugendwerk mit seinen 700 000 Jugendlichen in die Hitlerjugend. Das führte zu noch größeren Protesten.

Ganz verschiedene Gruppen sammelten sich jetzt in der innerkirchlichen Opposition, die allerdings nach wie vor nur eine Minderheit unter Deutschlands Protestanten darstellte. Sie wandten sich gegen die Theologie und Kirchenpolitik der Deutschen Christen, betrieben aber größtenteils keine politische Opposition. Neben Universitätstheologen wie Karl Barth oder Rudolf Bultmann (vgl. S. 204) gehörten leitende Geistliche aus den noch intakten Landeskirchen, Pfarrer und Gemeindemitglieder dazu. Unter dem Namen *Bekennende Kirche* kamen Vertreter dieser unterschiedlichen Kreise vom 29. bis zum 31. Mai 1934 zur ersten sogenannten Bekenntnissynode in Wuppertal-Barmen zusammen. Das wichtigste Ereignis bei dieser Barmer Synode wurde die einstimmig gefasste *Theologische Erklärung zur gegenwärtigen Lage der Deutschen Evangelischen Kirche*, die sich gegen die „Lehr- und Handlungsweise der herrschenden Kirchenpartei der Deutschen Christen und des von ihr getragenen Kirchenregiments" wandte. Sie formulierte in der ersten These: „Wir verwerfen die falsche Lehre, als könne und müsse die Kirche als Quelle ihrer Verkündigung außer und neben diesem einen Wort Gottes auch noch andere Ereignisse, Mächte, Gestalten und Wahrheiten als Gottes Offenbarung erkennen." Bis heute zählt die *Barmer Theologische Erklärung* zu den wesentlichen Bekenntnissen der Evangelischen Kirche in Deutschland. In einigen Landeskirchen werden Pfarrer bei ihrer Ordination auf diese Erklärung verpflichtet.

Die Barmer Theologische Erklärung brachte frischen Wind in die Gemeinden der Bekennenden Kirche, an deren Veranstaltungen nur Mitglieder der Bekennenden Kirche teilnehmen durften, die sich mit einem speziellen Mitgliedsausweis, der „Roten Karte", ausweisen konnten. Neue Bekenntnisgruppen bildeten sich, das Gemeindeleben wurde intensiver und die Lage der Bekennenden Kirche gründlich diskutiert. Doch auf Dauer gelang es der Bekennenden Kirche nicht, ihre Einheit zu wahren. Kirchenpolitische, konfessionelle und theologische Unterschiede bestimmten die Diskussionen. 1936 kam es auf der Synode in Bad Oeynhausen zur Spaltung in einen lutherischen und einen altpreußischen (stärker reformierten) Flügel. Von letzterem, der nun die alleinige Leitung in der Bekennenden Kirche innehatte, stammte dann eines der beeindruckendsten Zeugnisse gegen den Nationalsozialismus, die Denkschrift an Hitler vom Mai 1936. Sie nannte das Unrecht beim Namen: die Entchristlichung und die Zerstörung der kirchlichen Ordnung, den Bruch mit dem Rechtsstaat, die Existenz von Konzentrationslagern und die totalitäre Weltanschauung der Nationalsozialisten.

Unter anderem diese Denkschrift trug dazu bei, dass nun eine Welle von Verfolgungen gegen Mitglieder der Bekennenden Kirche einsetzte. Allein 1937 kamen fast 800 Mitglieder der Bekennenden Kirche wegen Landesverrat vor Gericht. Auch Niemöller gehörte zu den Verhafteten. Nach seiner Untersuchungshaft wurde er im Februar 1938 von der Gestapo als „persönlicher Gefangener des Führers" in das Konzentrationslager Sachsenhausen gebracht, wo er bis zum Kriegsende gefangen blieb.

Der evangelische Schriftsteller und Liederdichter Jochen Klepper (1903–1942) heiratete um 1931 die Jüdin Johanna Stein, die bereits zwei Töchter hatte. 1933 und 1935 verlor er deswegen jeweils seine Stellen beim Rundfunk und beim Ullstein-Verlag. Da er jedoch seine Frau und Kinder nicht im Stich lassen wollte, schieden er, seine Frau und die Tochter Renate kurz vor dem geplanten Abtransport im Dezember 1942 freiwillig aus dem Leben.

Dietrich Bonhoeffer und der deutsche Widerstand

Einer der wenigen, die den Schritt von der kirchlichen Opposition der Bekennenden Kirche in den politischen Widerstand machte, war Dietrich Bonhoeffer. Er hatte schon 1933 für sich erkannt, dass Christen zum Widerstand verpflichtet sind, wenn sie unter großem staatlichem Unrecht leben. Zunächst erstreckte sich seine Opposition auf die Bekennende Kirche, deren illegales Predigerseminar in Finkenwalde er leitete. Seit 1940 nahm er aktiv am politisch-militärischen Widerstand teil, wo bereits sein Bruder Klaus, seine Schwester Christine und sein Schwager Hans von Dohnanyi mit Planungen für einen Staatsstreich beschäftigt waren. Nachdem Bonhoeffer 1940 in das Amt Ausland/Abwehr des Oberkommandos der Wehrmacht eingezogen wurde, nutzte er seine ökumenischen Verbindungen, um durch sie bei den westlichen Regierungen Vertrauen für den deutschen Widerstand zu gewinnen. 1943 wurde er verhaftet, in das Militärgefängnis Berlin-Tegel gebracht und später ins KZ Buchenwald überführt. Im Februar 1945 verschleppte ihn die SS in das Konzentrationslager Flossenbürg, wo er am 9. April erhängt wurde.

Der Theologe Dietrich Bonhoeffer, hier auf einem Foto von 1935, hielt 1934 auf der Konferenz in Fanø das Einleitungsreferat „Die Kirche und die Völkerwelt". Das Referat ging als „Friedenspredigt" in die Kirchengeschichte ein.

Zur gleichen Zeit erreichte der Antisemitismus der Nationalsozialisten einen neuen Höhepunkt. Nach dem Arierparagrafen von 1933 und den Nürnberger Gesetzen vom September 1935, die Juden ihre staatsbürgerlichen Rechte nahmen, begann mit der Reichspogromnacht vom 9./10. November 1938 die systematische Judenverfolgung in Deutschland. Von den beiden Kirchen, der evangelischen ebenso wie der katholischen, kam kein offizielles Wort des Protestes. Der traditionelle christliche Antijudaismus wie auch der Antisemitismus waren viel zu tief im Denken der Christen in Deutschland verwurzelt. Diese Gleichgültigkeit betraf auch diejenigen evangelischen Christen, die jetzt nach den Nürnberger Gesetzen keinen „Ariernachweis" erbringen konnten und als „nichtarische Christen" galten. Das konnten getaufte Juden sein, sogenannte „Judenchristen", aber auch Christen, von denen ein Elternteil Jude gewesen war – sogenannte „Halbjuden". Trotz christlicher Taufe entzogen ihnen einzelne Landeskirchen wie Thüringen, Anhalt, Mecklenburg und Sachsen ihre Kirchenmitgliedschaft. Nur vereinzelte Stimmen machten sich für die „Judenchristen" stark. Die bekannteste ist wohl die des jungen Theologen Dietrich Bonhoeffer (1906–1945), der nach der Einführung des Arierparagrafen im April 1933 einen Vortrag zum Thema *Die Kirche vor der Judenfrage* hielt und sich darin klar gegen die Ausgrenzung der „Judenchristen" in der Kirche einsetzte. Aber auch ein Gutachten der Marburger Theologischen Fakultät zum Arierparagrafen 1933 hielt gegen die landläufige Meinung im deutschen Protestantismus fest, dass Kirche nur durch Glauben und Taufe entstehe und nicht durch „Rasse" oder Volkszugehörigkeit (vgl. S. 206).

Die Ausblendung des Schicksals der „nichtarischen" Christen hielt auch nach 1945 noch an. Erst seit den 1990er-Jahren begannen Kirchen und Gemeinden, nach den Namen der Opfer zu forschen und sich für deren Schicksale zu interessieren. So wirkte die nationalsozialistische Rassenpolitik noch lange in der evangelischen Kirche nach.

Nach dem Krieg blieb eine kritische Auseinandersetzung der evangelischen Kirche mit ihrem Versagen gegenüber den Juden zunächst aus. Die Stuttgarter Schulderklärung von 1945 erwähnte die Verbrechen an den Juden nicht. Nur langsam geriet die theologische und kirchliche Verantwortung gegenüber den Juden in den Blick. Im April 1950 nahm die in Berlin-Weißensee tagende EKD-Synode, also das Kirchenparlament der Evangelischen Kirche in Deutschland, das „Wort zur Judenfrage" an, in dem erstmals offiziell von Schuld gegenüber den Juden gesprochen wurde.

Parallel dazu entstanden einige weitere Initiativen. So gründete beispielsweise 1952 der hessische Pfarrer Adolf Freudenberg (1894–1977) den *Evangelischen Arbeitskreis für den Dienst an Israel in Hessen und Nassau*, der die Gemeinden für die Verwurzelung des christlichen Glaubens im Judentum sensibel machen wollte. Konkrete Versöhnungsarbeit leistete auch die *Aktion Sühnezeichen*, zu der der Jurist Lothar Kreyssig (1898–1986) 1958 auf der Synode der Evangelischen Kirche in Deutschland aufgerufen hatte: Junge Menschen aus der Bundesrepublik und der DDR sollten nach Israel und in Länder, die besonders unter den Deutschen gelitten hatten, gehen, um dort freiwillig zu arbeiten, etwa beim Aufbau von Gedenkstätten in ehemaligen Konzentrationslagern wie Auschwitz oder Majdanek. Eine andere niederländisch-schweizerisch-deutsche Basisinitiative entstand seit den 1960er-Jahren im Nordwesten Israels: das christliche Dorf Nes Ammim (deutsch: Zeichen für die Völker). Es ging auf den reformierten niederländischen Arzt Johan Pilon zurück, der seit 1950 in Israel arbeitete und davon überzeugt war, dass es nach dem Holocaust keine Mission mehr an Juden geben dürfe. Stattdessen müssten Christen den Dialog, die Solidarität und die Versöhnung suchen; mit dem jüdischen Volk, aber auch mit dem Staat Israel. Auf deutscher Seite setzte sich besonders der Duisburger Theologieprofessor Heinz Kremers (1926–1988) für Nes Ammim ein. Noch heute ist Nes Ammin ein internationales Begegnungszentrum, an dem von 1971 bis 2011 auch der deutsche Zivildienst geleistet werden konnte.

Seit 1961 widmete sich eine besondere Arbeitsgruppe beim Deutschen Evangelischen Kirchentag dem Verhältnis von evangelischer Kirche und Judentum. Ein Ergebnis dieses neuen jüdisch-christlichen Dialogs war, dass sich die in ihnen engagierten Kreise davon verabschiedeten, Juden zu missionieren. Außerdem wurde theologisch das besondere Verhältnis zu Juden und Israel auf eine neue Grundlage gestellt: Man sprach nun von der „bleibenden Erwählung Israels und dem bestehenden Bund Gottes mit Israel". Es war (und blieb) freilich nur eine kleine Gruppe innerhalb des deutschen Protestantismus, die sich in diesen Fragen engagierte. Zu ihnen gehörten beispielsweise die Theologen Helmut Gollwitzer (1908–1993), Friedrich Wilhelm Marquardt (1928–2002), Peter von der Osten-Sacken (*1940) aus Berlin sowie Martin Stöhr (*1932) oder Rolf Rendtorff (*1925).

Karl Barth – Schweizerischer Kirchenvater des 20. Jahrhunderts

Als Sohn eines Theologieprofessors am 10. Mai 1886 in Basel geboren, studierte Barth von 1904 bis 1909 in Bern, Berlin, Tübingen und Marburg Theologie. Anschließend war er ab 1911 mit einer vollen Pfarrstelle in Safenwil im Kanton Aargau tätig. Hier schrieb er neben der Gemeindearbeit an einem Kommentar zum Römerbrief. Er suchte einen anderen Gott als die liberale Theologie und fand ihn, indem er Gott als den ganz Anderen erkannte. Seine Gedanken waren so neu und radikal, dass er nach der Veröffentlichung seines Römerbriefkommentares (1918) als Theologieprofessor nach Göttingen berufen wurde – als einfacher Landpfarrer, ohne promoviert und habilitiert zu sein! 1925 wechselte er an die Universität Münster, 1930 an die Universität Bonn. Hier begann er an seinem großen theologischen Lebenswerk zu arbeiten, der *Kirchlichen Dogmatik*.

Karl Barth an seinem Schreibtisch, 1955.

Seit 1933 war er einer der führenden Theologen der nazikritischen Bekennenden Kirche, der großen Anteil an der Barmer Theologischen Erklärung von 1934 hatte (vgl. S. 201). Er verweigerte den Treueeid, den Beamte 1934 auf Hitler leisten mussten. Daraufhin verlor er seinen Lehrstuhl und wurde von der Gestapo mit Redeverbot belegt. Barth kehrte in die Schweiz zurück, wo er ab 1935 in Basel als Theologieprofessor lehrte. Von dort aus setzte er seine Arbeit gegen die Nazis fort und rief die Protestanten Europas zum Widerstand auf. Nach dem Krieg engagierte er sich in der Ökumenischen Bewegung, wo er für einen dritten Weg zwischen Ost und West plädierte. In der Nachkriegszeit positionierte sich der „rote Pfarrer", wie man Barth schon in Safenwil nannte (er war seit 1915 Mitglied in der schweizerischen und seit 1932 in der deutschen sozialdemokratischen Partei), unter anderem 1950 gegen die Wiederbewaffnung der Bundesrepublik. Die Entwicklung des Christentums in den kommunistischen Ländern verfolgte er durchaus mit Sympathie, wohl deshalb schwieg er auch zum Ungarn-Aufstand 1956.

Seit 1913 war Barth mit Nelly Barth-Hoffmann verheiratet; gemeinsam hatten sie fünf Kinder. 1924 lernte er Charlotte von Kirschbaum (1899–1975) kennen. Sie wurde zunächst seine Sekretärin, dann seine engste Mitarbeiterin und Lebenspartnerin und zog 1929 mit in das gemeinsame Haus der Barths. Hier lebten die drei von nun an eine offene, komplizierte Beziehung zu dritt. Barth starb am 10. Dezember 1968; seine beiden Frauen sieben bzw. acht Jahre nach ihm. Beide wurden mit ihm gemeinsam im Familiengrab bestattet.

Theologie und das Denken über Gott im Aufbruch

Das 20. Jahrhundert war reich an neuen theologischen Ansätzen und epochemachenden Werken. Dabei gab es immer wieder Theologen, die über den engen Kreis ihrer Universität hinaus wirkten, Kontroversen auslösten oder einen großen Schülerkreis um sich scharten. Sie wurden nicht nur im eigenen Land gelesen, sondern ihre Bücher erzielten hohe Auflagen, inspirierten international und regten zu Diskussionen in Kirche und Gesellschaft an.

Für den vielleicht berühmtesten evangelischen Theologen des 20. Jahrhunderts, den damals 28-jährigen Karl Barth (1886–1968), begann der theologische Aufbruch als Zusammenbruch einer alten Welt: Im September 1914 erschien in allen großen Zeitungen des Deutschen Reiches das Manifest *An die Kulturwelt! Ein Aufruf*, das 93 namhafte Vertreter aus Wissenschaft und Kultur unterzeichnet hatten. Es war in Anlehnung an Luthers 95 Thesen formuliert und bekannte sich, gewissermaßen mit dem intellektuellen Hammerschlag, nicht nur zum deutschen Militarismus und Nationalismus, sondern rechtfertigte auch den brutalen Überfall auf Belgien und leugnete seine Opfer im Namen der europäischen Zivilisation. Unterschrieben hatten die Erklärung unter anderem namhafte evangelische Theologen und Vertreter des liberalen Bildungsbürgertums wie Friedrich Naumann (vgl. S. 167), Adolf von Harnack (1851–1930) oder Reinhold Seeberg (1859–1935).

Dass mit Harnack einer seiner Professoren aus seiner Studienzeit in Berlin mitunterschrieben hatte, war für Barth der Bankrott der liberalen Theologie des 19. Jahrhunderts und das Ende des Kulturprotestantismus.

Überzeugt davon, dass die liberale Theologie Gott viel zu dicht am Menschen und zu ethisch gesehen habe, begann er, neben seiner Arbeit als Landpfarrer in der schweizerischen Gemeinde Safenwil, den Römerbrief zu studieren und seine Gedanken dazu als Kommentar zu notieren. Sein Schweizer Freund Eduard Thurneysen (1888-1974) wurde ihm dabei ein unentbehrlicher Dialogpartner, auch wenn diese Gespräche, wie eine Anekdote erzählt, nicht immer aus Worten bestanden: „Barth und Thurneysen sitzen sich einmal den ganzen Nachmittag rauchend gegenüber. Nach einer Stunde sagt Barth: ‚Vielleicht', und nach einer weiteren Stunde Schweigen sagte Thurneysen: ‚Vielleicht auch nicht!' Das war das ganze Gespräch und die Essenz des Systems."

Schon in der ersten Fassung seines Römerbriefkommentars, der im Dezember 1918 veröffentlicht wurde, arbeitete Barth den unendlich großen Graben zwischen der Botschaft von Gott und dem Menschen heraus. Noch radikaler entfaltete er diese Einsicht in seiner zweiten, überarbeiteten Version des Römerbriefes, die Ende 1921 erschien. Mit seinem Gedanken, dass Gott ganz und gar anders ist, und dass der Mensch, der immer Mensch bleibt, nicht an ihn herankommen kann, brach Barth mit allen Vermittlungsversuchen der modernen Theologie des 19. Jahrhunderts. Weder über den Menschen, die Ethik oder die Kultur lasse sich Gott erfahren. Diese komplette Andersartigkeit Gottes müsse der Mensch aushalten. Für Barth ging es um die Göttlichkeit Gottes und die göttliche Offenbarung, aber nicht

Der Theologe Rudolf Bultmann löste mit seiner Entmythologisierung des Neuen Testaments heftige Diskussionen aus.

Wie ein Kloster mutet die Theologische Fakultät der Universität Marburg an. Auch Rudolf Bultmann und Paul Tillich lehrten hier.

um eine von Menschen gemachte Religion. Dabei war ihm bewusst, dass sich all sein theologisches Ringen in einer unauflösbaren Spannung vollzog, oder wie er selbst 1922 in seinem Vortrag *Das Wort Gottes als Aufgabe der Theologie* formulierte: „Wir sollen als Theologen von Gott reden. Wir sind aber Menschen und können als solche nicht von Gott reden. Wir sollen beides, unser Sollen und unser Nicht-Können, wissen und damit Gott die Ehre geben." Theologie müsse, wolle sie Gott ehren, dieses Paradox aushalten, befand Barth. Barth wurde der Hauptvertreter einer neuen theologischen Richtung, die den Gegensatz zwischen Gott und Mensch oder auch Zeit und Ewigkeit betonte, und auch als „Theologie der Krise" oder „Dialektische Theologie" bezeichnet wurde. Zu ihren Vertretern zählten beispielsweise die deutschen Theologen Friedrich Gogarten (1887–1907) und Rudolf Bultmann (1884–1967), sowie der Schweizer Theologe Emil Brunner (1889–1966).

Bultmann, der vielen neben Karl Barth als der zweite große Theologe des 20. Jahrhunderts gilt, entstammte wie Barth einem Pfarrhaus. Nach seinem Theologiestudium in Tübingen, Berlin und Marburg wurde er Professor für Neues Testament, zunächst in Breslau, dann in Gießen und schließlich seit 1921 bis zu seiner Emeritierung 1951 in Marburg. Maßgeblich an einem Gutachten der Marburger Universität gegen den Arierparagrafen beteiligt, setzte sich Bultmann seit 1933 mutig gegen die zunehmende Ausgrenzung der Juden ein und unterstützte nach besten Kräften jüdische Kollegen und Freunde. Die Deutschen Christen, die Nazis und ihre Ideologie lehnte er grundsätzlich ab; seit 1933 war er Mitglied in der Bekennenden Kirche.

Theologisch kritisierte er mit Barth die liberale Theologie, die für ihn vom Menschen, aber nicht von Gott handelte, und versuchte sie zu überwinden. Dabei rückte er allerdings manchmal wieder stärker an sie heran. Zum Knall kam es am 4. Juni 1941, als Bultmann einen Vortrag zum Thema *Neues Testament und Mythologie* hielt. Darin skizzierte er sein Programm der „Entmythologisierung" und löste damit eine Debatte in Kirche und Theologie aus, die nach dem Zweiten Weltkrieg verbissen weitergeführt wurde und ihm von manchen Kreisen sogar den Vorwurf der Ketzerei einbrachte. Im Kern ging es Bultmann darum, die neutestamentlichen Texte als geschichtliche Texte und Mythen wahrzunehmen, die von der Lebenswelt des heutigen Menschen weit entfernt sind. Doch Bultmann war davon überzeugt, dass diese Mythen einen Kern an Wahrheit besitzen, den man entschlüsseln und neu verständlich machen kann, und der den modernen Menschen mitten in seiner Existenz anspricht – weil Jesus noch heute als ein Heilsereignis wirkt. Der Schlüssel zum Glauben lag für Bultmann also in der Interpretation; zum Glauben gehöre auch das Verstehen. Diesen Vorgang bezeichnete Bultmann als die „existentiale Interpretation" der neutestamentlichen Texte. Sein Programm entwarf er vor allem in seinen Hauptwerken *Die Geschichte der Synoptischen Tradition*, dem *Kommentar zum Johannesevangelium* und der *Theologie des Neuen Testaments*.

Das dritte große „B" der Liga der deutschen Theologen, die weit über die engen theologischen Kreise hinauswirkten, gehört dem 1945 im Alter von nur 39 Jahren von den Nazis hingerichteten Widerstandskämpfer Dietrich Bonhoeffer (1906–1945; vgl. S. 202). Im Gegensatz zum umfangreichen Werk Barths und Bultmanns blieb Bonhoeffers Theologie durch seinen frühen Tod Fragment. Sie entstand auch nicht nur im akademischen Milieu, sondern reflektierte auf einem hohen intellektuellen Niveau die Frage nach Gott in Bonhoeffers konkretem, praktischem Lebensvollzug und nahm viele Impulse aus der ökumenischen Bewegung auf. Zu seinen Lebzeiten war Bonhoeffer, anders als Barth und Bultmann, noch nicht in der Öffentlichkeit durch eine neue Theologie oder radikale neue Einsicht hervorgetreten, obwohl er nach seinem Theologiestudium in Tübingen und Berlin 1924 promoviert und 1927 habilitiert und danach Privatdozent für Evangelische Theologie an der Berliner Universität wurde. Sein Engagement im Widerstand verhinderte jedoch systematische Arbeit. Erst 1951 wurde Bonhoeffer sozusagen über Nacht als Theologe sichtbar und von da an auch mit seinen Werken weltweit bekannt.

Das war seinem Schüler und Freund Eberhard Bethge (1909–2000) zu verdanken. Bethge fasste die an ihn gerichteten Briefe und Notizen Bonhoeffers aus dem Gefängnis zusammen und veröffentlichte sie unter dem Titel *Widerstand und Ergebung. Briefe und Aufzeichnungen aus der Haft*. Danach gab er nach und nach die Werke Bonhoeffers heraus und setzte ihm mit seiner großen Biografie *Dietrich Bonhoeffer. Theologe – Christ – Zeitgenosse* 1967 ein literarisches Denkmal.

Der Theologe Paul Tillich war 1914, wie die meisten Protestanten, der Kriegsbegeisterung erlegen. Die Ernüchterung über die Geschehnisse ließ freilich nicht lange auf sich warten.

Widerstand und Ergebung wurde zu einem der meistgelesenen theologischen Bücher in der zweiten Hälfte des 20. Jahrhunderts und ist bis heute ein Klassiker. Der existentiell extremen Situation, in der sich Bonhoeffer im Gefängnis befindet, stehen sein beindruckender Glaube und seine Frömmigkeit gegenüber, sein tiefes und menschliches Nachdenken über Gott. Einsam in der Zelle des Tegeler Gefängnisses brach hier alles hervor, was Bonhoeffer zuvor gelesen, gehört und erfahren hatte und verdichtete sich zu neuen theologischen Fragen, Ansätzen und Antworten. Ausgehend von der zentralen Rolle der Bibel erkundete Bonhoeffer, wie man den Glauben im Diesseits und nicht nur in der Hoffnung auf das Jenseits leben könne. Man müsse von Gott weltlich reden und biblische Begriffe nicht religiös interpretieren, skizzierte er sein Programm. Denn ein Glaube, der sich nur auf Gott im Jenseits bezieht, sei nur Religion und gäbe keinen Halt mehr im Leben des mündigen Menschen. Stattdessen machte sich Bonhoeffer für das konkrete Handeln des Christen, für die Ethik, stark und betonte die Verantwortung für andere und die Kirche („Kirche für andere"). Das Fragen, aber auch die Unruhe und die Zweifel, die in Bonhoeffers Gefängnisbriefen zum Ausdruck kommen, beeindrucken noch heute und legen von einem tiefen Glauben Zeugnis ab.

Dass Glaube gerade dieses Zweifeln und Suchen nach dem Sinn und der Tiefe der menschlichen Existenz ist, betonte auch der deutsch-amerikanische Theologie Paul Tillich (1886–1965). Nach seinem Studium der Theologie und Philosophie in Berlin, Tübingen und Halle und seinen Promotionen 1910 und 1911 (Doktor der Philosophie und Doktor der Theologie) war er zunächst 1912/13 Hilfsprediger in der gerade neu gegründeten Erlösergemeinde in der Arbeitervorstadt Berlin-Moabit, meldete sich dann aber kurz nach Ausbruch des Ersten Weltkrieges im Oktober 1914 freiwillig als Militärpfarrer. An der französischen Front erlebte er im Oktober 1915 die schrecklichen Kämpfe von Sommepy-Tahure und 1916 die Schlacht um Verdun. Er kümmerte sich um frisch Verwundete, sprach Sterbenden zu und bestattete die toten Soldaten. In einem Brief berichtet er von der Front: „Körperlich und seelisch können wir nicht mehr das werden, was wir vorher waren. Und doch wollen wir diese Tage nicht missen. Es waren die größten und schwersten Stunden in unserem Feldprediger-Beruf". Anschließend habilitierte er sich an der Universität Halle und wurde 1924 außerordentlicher Professor in Marburg. Nach einer weiteren Station in Dresden wurde er schließlich 1929 Professor für Philosophie und Soziologie in Frankfurt am Main. Zudem engagierte sich Tillich in einem Kreis, der dem Sozialismus und der Sozialdemokratie positiv gegenüberstand, den religiösen Sozialisten. 1933 veröffentlichte er die Schrift *Die sozialistische Entscheidung*, in der er gegen den Nationalsozialismus Stellung bezog. Als er daraufhin aus dem Staatsdienst entlassen wurde, verließ er Deutschland und emigrierte in die Vereinigten Staaten. Dort wirkte er bis zu seinem Ruhestand 1955 am Union Theological Seminary in New York, blieb aber bis zu seinem Tod zehn Jahre später wissenschaftlich aktiv.

Tillichs theologische Arbeit war eine Art Gegenentwurf zu Barths Dogmatik. Er wollte Theologie und Philosophie systematisch in Verbindung setzten und dabei von Gott und dem Glauben in einer Sprache reden, die auch Außenstehende verstehen können. So entwarf er mit seinem Hauptwerk, der dreiteiligen *Systematic Theology* von 1951, ein anspruchsvolles religionsphiloso-

Der Theologe Josef Hromádka versuchte, Theologie und Sozialismus miteinander zu vereinbaren.

phisches Programm. In den Titeln seiner Systematischen Theologie wird bereits sein Denken an der Grenze deutlich: Es geht um „Vernunft und Offenbarung", um „Sein und Gott" sowie um „Die Existenz und der Christus". Zu einem Bestseller wurde 1952 sein Buch *The Courage to Be (Der Mut zu Sein)*. Darin führte er aus, wie der Glaube als Mut zu Sein verstanden werden könne, nämlich, wenn man trotz Tod und Konflikten zum Leben stehe: „Der Mut zum Sein gründet in dem Gott, der erscheint, wenn Gott in der Angst des Zweifels untergegangen ist".

Wie Tillich stand auch der Prager Theologe Josef Hromádka (1889–1969) für ein positives Verhältnis zwischen Christentum und Sozialismus. Hromádka war die prägende theologische Gestalt der demokratischen Zwischenkriegszeit und maßgeblich daran beteiligt, dass sich 1918 die tschechischen Reformierten und Lutheraner zu der *Evangelischen Kirche der Böhmischen Brüder* zusammenschlossen. Engagiert in der Ökumenischen Bewegung, unterstützte er die Bekennende Kirche. Sein eigenes Land unter deutscher Besatzung erlebte er allerdings nicht, weil er von 1939 bis 1946 eine Gastprofessur an der Princeton University wahrnahm. Als er 1947 zurück in die Tschechoslowakei kam, begrüßte er, wie viele, die russischen Besatzer und Stalin als Befreier vom deutschen Naziregime. Darüber hinaus sah Hromádka im Marxismus Potenzial für eine Revolution in der Kirche. Wenn sie sich aus ihrer feudalistischen und bürgerlichen Vergangenheit

Die Niederschlagung des Prager Frühlings 1968 beendete für viele Protestanten, auch in der DDR, den Traum von einem demokratischen Sozialismus.

befreien könne, könne sie in der säkularen Welt ernsthafter und aufrichtiger das Evangelium leben. Auch im Westen wurde sein Buch *Evangelium für Atheisten* von 1958 gelesen. Im gleichen Jahr gründete er als ein blockübergreifendes Friedensforum die *Prager Christliche Friedenskonferenz*, die freilich eine stark staatssozialistische Linie vertrat. Die von Bonhoeffer inspirierte Öffnung in die nichtreligiöse Welt ließ Hromádka zusammen mit dem tschechischen Philosophen Milan Machovec (1925–2003) dann zu einem der engagiertesten Vertreter des christlich-marxistischen Dialogs in den 1960er- und 1970er-Jahren werden, der für einige Jahre ein internationaler „Exportschlager" und auch etwa in den linksliberalen theologischen Kreisen der Bundesrepublik diskutiert wurde. Der Einmarsch von 300 000 Soldaten aus den Warschauer-Pakt-Staaten in die Tschechoslowakei am 21. August 1968 setzte den Träumen von einem reformorientierten christlichen Sozialismus jedoch ein jähes Ende. Tief erschüttert schrieb Hromádka kurz nach der Besatzung: „Mein innigstes Gefühl ist Enttäuschung, Leid und Scham. Es gibt in meinem Leben keine größere Tragödie als dieses Ereignis." Er trat als Präsident der Christlichen Friedenskonferenz zurück und starb kurze Zeit später.

Was Hromádka am Ende fehlte, formulierte der Buchtitel des deutschen Theologen Jürgen Moltmann (*1926) als *Theologie der Hoffnung*. Das wohl wichtigste Werk des Tübinger Professors erschien 1964 und wurde innerhalb kürzester Zeit ein theologischer Bestseller, der bereits kurz nach seinem Erscheinen in zahlreiche Sprachen übersetzt wurde. Moltmann knüpfte damit an das Werk *Das Prinzip Hoffnung* des Philosophen Ernst Bloch (1885–1977) an. Er wollte Blochs sozialutopisch und marxistisch inspirierte konkrete Utopien mit christlicher Hoffnung füllen. Dabei sprach er dem Glauben an Jesus Christus eine gesellschaftsverändernde, ja sogar revolutionäre Komponente zu. Wer glaubt, so meinte Moltmann, finde sich nicht mit Ungerechtigkeiten in der Welt ab, sondern setze darauf, dass er die Welt politisch verändern könne. Christen können also hier und jetzt schon am Reich Gottes mitarbeiten. Dazu müsse sich die Kirche freilich zur Welt und in die Welt und die Politik hinein öffnen. Dieser Ansatz machte Moltmanns *Theologie der Hoffnung* besonders in den folgenden Jahren der studentischen Proteste populär – aber auch darüber hinaus: Bis 2005 erlebte das Buch seine 14. Auflage in Deutschland.

Das Anliegen, Gott in der Weltlichkeit zu entdecken und weltlich von ihm zu reden, war kein deutscher theologischer Ansatz, sondern entsprach den veränderten gesellschaftlichen und politischen Realitäten, der zunehmenden Säkularisierung und dem zivilgesellschaftlichen Aufbruch der westlichen Länder seit den 1960er-Jahren. Bereits 1963 hatte das Buch des anglikanischen Theologen und früheren englischen Bischofs John A. T. Robinson (1919–1983) *Honest to God (Gott ist anders)* für Furore gesorgt. In ihm versuchte Robinson, Ansätze von Tillich und Bonhoeffer zusammenzufügen. Gott war für ihn nicht etwas Übernatürliches, außerhalb der Welt Liegendes, sondern er definierte Gott als Liebe. In ähnlicher Weise argumentierte der amerikanische baptistische Theologe Harvey Cox (*1929) in seinem Buch *The Secular City (Stadt ohne Gott)*, das 1965 erschien und von dem sich mehr als eine Million Exemplare verkauften. Im Zeitalter der Urbanisierung und Säkularisierung war Gott für ihn im

Der Theologe Jürgen Moltmann in seinem Arbeitszimmer im heimischen Tübingen.

säkularen Bereich genauso präsent wie im religiösen – weswegen man zunächst auch auf den Namen Gott verzichten könne. Das brachte seiner und Robinsons Theologie den Namen „Gott-ist-tot-Theologie“ ein. Doch beiden ging es nicht um den Atheismus, sondern um den Abschied von einem alten Gottesbild. Das galt auch für die Theologin Dorothee Sölle (1929–2003), die mit ihren vieldiskutierten Büchern *Stellvertretung. Ein Kapitel Theologie nach dem ‚Tode Gottes‘* von 1965 und *Atheistisch an Gott glauben. Beiträge zur Theologie* von 1968 diese Ansätze aufgriff. Für sie konnte Gott nach Auschwitz nicht mehr der Allmächtige sein, sondern nur noch der Ohnmächtige.

Versöhnung und Brückenbau

Es waren die Hände der Ökumene, die sich nach dem Krieg 1945 den politisch und moralisch isolierten deutschen Protestanten entgegenstreckten. Nachdem im August 1945 im hessischen Treysa die Evangelische Kirche in Deutschland (EKD) als ein Zusammenschluss der lutherischen, reformierten und unierten Landeskirchen gegründet worden war, machte sich im Oktober 1945 eine ökumenische Delegation aus Genf nach Stuttgart auf, wo der neue Rat der EKD tagte. Dort wurde ihr am 19. Oktober 1945 eine Erklärung überreicht, die die schon in Bekennenden Kirche enga-

Frère Roger 2003 in Taizé.

gierten Theologen Hans Asmussen (1898–1968), Otto Dibelius (1880–1967) und Martin Niemöller verfasst hatten. In ihr bekannten die drei zusammen mit neun weiteren Unterzeichnern ihre individuelle Schuld und ihr Versagen als Kirche im Nationalsozialismus mit den Anfangsworten: „Durch uns ist unendliches Leid über viele Völker und Länder gebracht worden". Diese *Stuttgarter Schulderklärung* wurde ein ökumenischer Türöffner und half, die deutschen Protestanten wieder in die internationale Gemeinschaft aufzunehmen.

Das Gebot der Stunde hieß nun Versöhnung – zwischen dem deutschen Protestantismus und seinen ehemaligen Kriegsgegnern, aber auch über die politischen und konfessionellen Gräben des Krieges hinweg. Gegen die tiefe öffentliche Ablehnung Deutschlands in Frankreich wurde beispielsweise 1950 der Deutsch-Französische Bruderrat ins Leben gerufen, und um Versöhnung ging es auch Martin Niemöller, als er 1952 auf Einladung des russisch-orthodoxen Patriarchen Alexius I. (1877–1970) nach Moskau reiste. Das brachte ihm freilich in der Bundesrepublik Beschimpfungen wie „Vaterlandsverräter" und „Agent Moskaus" ein. Ebenso diente der erste Besuch einer Delegation des Rates der Evangelischen Kirche in Deutschland bei den Kirchen in der Tschechoslowakei im März 1955 dazu, über die Verletzungen des Weltkrieges hinaus einen gemeinsamen neuen Weg in die Zukunft zu finden.

Eine von den offiziellen kirchlichen Kontakten ganz unabhängige ökumenische Versöhnungsinitiative entstand im französischen Taizé. Hier hatte der evangelische Theologiestudent Roger Louis Schutz-Masuche (1915–2005) aus der Schweiz im Krieg in einem gekauften Haus Flüchtlinge, vor allem Juden, untergebracht. Nach der Befreiung Taizés 1944 kümmerte er sich zunächst zusammen mit drei

Mitten auf Hoher See wurden die Delegierten aus der DDR an Bord genommen, damit sie an der Gründungstagung der Konferenz Europäischer Kirchen teilnehmen konnten.

Freunden um Kriegswaisen und deutsche Kriegsgefangene und gründete dann 1949 zusammen mit sechs weiteren Brüdern eine Kommunität. Aus Roger Schutz wurde Frère Roger. Weil dem Männerorden sowohl evangelische und anglikanische und seit 1972 auch katholische Brüder angehörten, wurde Taizé bald zum Symbol der konfessionellen Versöhnung. Mit seiner mönchisch-katholisch inspirierten, und zugleich sehr schlichten Frömmigkeit zog die internationale Gemeinschaft Taizé seit den 1960er-Jahren Jugendliche aus der ganzen Welt an.

Um konfessionelle Versöhnung und Völkerverständigung ging es auch einer anderen evangelischen Initiative, die von drei westdeutschen Kirchenführern und einem niederländischen Theologen ausging. Sie waren davon überzeugt, dass der christliche Glauben und das Evangelium über das getrennte Europa und den Eisernen Vorhang hinweg Gemeinschaft stiften könnten und wollten deshalb ein Forum für Begegnungen zwischen Ost- und Westeuropa schaffen. Damit vor allem die Kirchenvertreter aus der DDR ohne Visaprobleme teilnehmen konnten, fand das erste Treffen dieser Initiative 1959 in Dänemark, in Nyborg Strand, statt. 45 Delegierte aus 20 Ländern diskutierten über „Europäisches Christentum und die heutige Welt", engagiert und froh über die Kontakte zwischen Ost und West, die hier ermöglicht wurden. Auch die nächsten beiden Zusammenkünfte, die 1960 und 1962 ebenfalls in Nyborg stattfanden, verliefen erfolgreich, zumal jetzt auch russisch-orthodoxe Kirchenvertreter anwesend waren, was in der damaligen Zeit etwas sehr Besonderes war. Die offizielle Gründung als eine Institution mit dem Namen *Konferenz Europäischer Kirchen* (abgekürzt KEK; engl. *Conference of European Churches*, abgekürzt CEC) fand dann 1964 an Bord des dänischen Schiffes MS Bornholm statt. Visaschwierigkeiten hatten die Einreise der DDR-Kirchenvertreter in allerletzter Minute verhindert. So charterte die ganze Konferenz schließlich die MS Bornholm und fuhr bis zur internationalen Demarkationslinie zwischen Dänemark und Schweden, wo sie schließlich mitten auf

Die Konferenz Europäischer Kirchen nach dem Kalten Krieg 2011

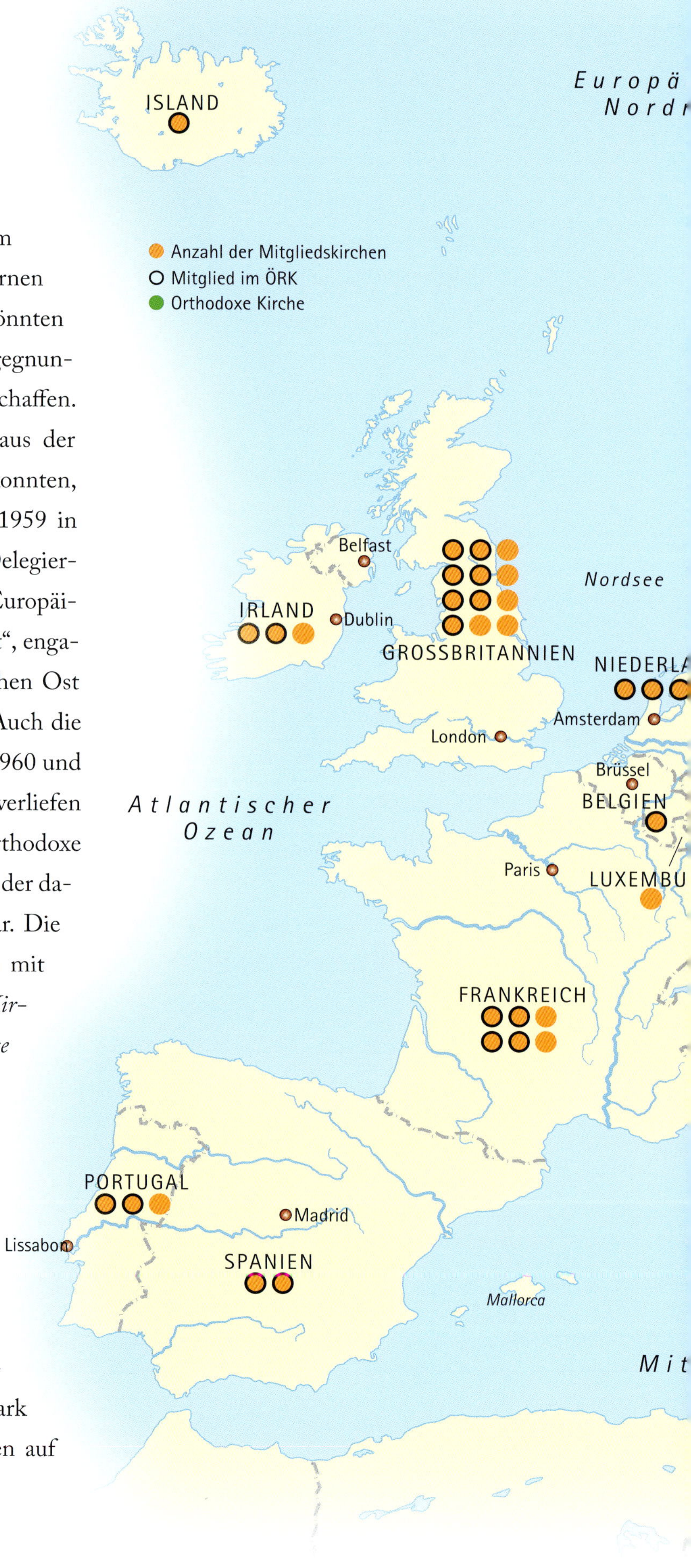

Internationale Kirchengemeinschaften
Ökumenisches Patriarchat von Konstantinopel (Türkei)
Herrnhuter Brüdergemeine (Moravian Church)
Heilsarmee – Internationaler Hauptsitz, Europa-Zone
Evangelisch-methodistische Kirche Mittel- und Südeuropa
Methodistische Kirche – Nord-Europa und Baltischer Raum
Evangelisch-Lutherische Kirche in Russland und anderen Staaten
FINNLAND
SCHWEDEN
Helsinki
RUSSLAND
Tallinn
Stockholm
ESTLAND
Moskau
LETTLAND
Riga
LITAUEN
Ostsee
Kopenhagen
Vilnius
Berlin
POLEN
Warschau
UKRAINE
TSCHECHISCHE REP.
Prag
SLOWAKEI
Wien
Bratislava
Budapest
ÖSTERREICH
UNGARN
RUMÄNIEN
GEORGIEN
Tiflis
ARMENIEN
Eriwan
Ljubljana
SLOWENIEN
Bukarest
Schwarzes Meer
KROATIEN
SERBIEN
BULGARIEN
MONTE-NEGRO
Sofia
Adria
Ankara
MAZEDONIEN
Rom
ITALIEN
ALBANIEN
GRIECHENLAND
Athen
Lefkosia
ZYPERN
Sizilien
Kreta
0
200
400
600km

dem Meer die Teilnehmer aus der DDR auflasen und an Bord der MS Bornholm holten. Dort hielten sie dann zusammen die Konferenz ab.

Wachsende Teilnehmerzahlen an den weiteren Tagungen und Vollversammlungen machten die KEK zu einem geistlichen Ort der Begegnung zwischen Ost und West, ganz so, wie es sich die Initiatoren gewünscht hatten. 1968 begann Glen Garfield Williams (1923–1994), ein baptistischer Pfarrer aus Wales, mit seiner Arbeit als Generalsekretär in Genf. Spätestens von da an war die KEK eine Institution der Genfer Ökumene. Eigene politische Akzente zu setzen gelang der KEK allerdings kaum. Zu unterschiedlich waren die konfessionellen Prägungen, zu kontrovers die politischen Ansichten und zu wenig frei häufig die osteuropäischen Kirchenvertreter. Wie Mehltau lag der Kalte Krieg über dem Protestantismus in Europa.

Neben den Initiativen von kirchenleitenden Protestanten gab es aber auch tiefe und enge Kontakte zwischen Ost- und Westeuropa an der kirchlichen Basis. Besonders engagiert waren hier die Protestanten in den Niederlanden. Ein niederländischer Lehrer begründete 1973 die erste Gemeindepartnerschaft zwischen einer Gemeinde in Oud Beijerland und Burg im Spreewald. Dieser folgten bald weitere, so dass eine Koordinierungsstelle für die DDR-Gemeindekontakte eingerichtet wurde. Schon 1979 waren 20, fünf Jahre später 140 Partnerschaften, 1989 schon 300 und 1989 schließlich 400 Gemeindekontakte eingerichtet. Mit den regelmäßigen Besuchen, der gegenseitigen Anteilnahme am Alltag und Leben des anderen wie auch den Gesprächsrunden und zusammen gefeierten Gottesdiensten bedeuteten die Gemeindekontakte gelebte ökumenische Solidarität und öffneten ein kleines Fenster in den Westen.

Menschenrechte

Die Menschenrechtserklärung von 1948 setzte einen neuen völkerrechtlichen Maßstab für die zweite Hälfte des 20. Jahrhunderts. Obwohl an ihr, und besonders dem Recht auf Gewissens- und Religionsfreiheit im Artikel 18, amerikanisch-englische Protestanten aus dem Umfeld des Ökumenischen Rates der Kirchen mitgewirkt hatten, wurde die Idee, dass Menschenrechte überall universell gültig sind, zu einer neuen, globalen Herausforderung für den Protestantismus. So mussten sich etwa evangelische Kirchen und Christen, die bislang ein individuell orientiertes, säkulares und modernes Menschenrechtsverständnis abgelehnt hatten, schrittweise gegenüber dem Menschenrechtsverständnis der Vereinten Nationen öffnen – wollten sie nicht als völlig antimodern, repressiv oder unmenschlich gelten. Im deutschen Protestantismus vertraten beispielsweise bis in die 1960er-Jahre hinein profilierte Theologen und Juristen die Ansicht, die Menschenrechte seien säkular und daher nichts für den Protestantismus. Prominente konservative Theologen wie Paul Althaus oder Walter Künneth waren sogar gegen die Abschaffung der Todesstrafe – das zeige sittliche Schwäche und sei Kennzeichen eines säkularen Staates. Erst in den 1970er-Jahren begann sich in der Evangelischen Kirche in Deutschland allmählich eine positive Haltung gegenüber den Menschenrechten durchzusetzen.

Auf der anderen Seite konnten sich nun auch Protestanten auf der ganzen Welt auf den neuen rechtlich-politischen Standard der Menschenrechte, die 1966 durch den internationalen Pakt über die bürgerlichen und politischen Rechte ergänzt wurden, berufen. Während das für einige evangelische Kirchen Neuland bedeutete, konnten andere

Das protestantische Amerika: Die Baptisten Jimmy Carter, Bill Clinton sowie George H. Bush bei einer Konferenz, mit der Freiwillige für soziale Aufgaben mobilisiert werden sollen.

schon auf eine längere menschenrechtliche Tradition zurückblicken. Dazu gehörten beispielsweise seit Roger Williams die amerikanischen Baptisten (vgl. S. 110), die sich zudem im 18. Jahrhundert im Norden eindeutig gegen die Sklaverei positioniert hatten. Doch auch im 20. Jahrhundert gehörten die Menschenrechte, verbunden mit einer besonderen sozialen Verantwortung, für viele amerikanische Baptisten zum Fundament ihres Glaubens. Es verwundert daher nicht, dass es baptistische Theologen wie Walter Rauschenbuch (1861–1918) und Shailer Mathews (1863–1941) waren, die die Bewegung des *Social Gospel* begründeten (vgl. S. 147). Auch der ehemalige US-Präsident Jimmy Carter (*1924), der 2002 den Friedensnobelpreis erhielt, war Zeit seines politischen Lebens bekennender Baptist und betonte immer wieder, dass ihn sein Glaube zu seinem vielfältigen Menschenrechtsengagement inspirierte. Er gehörte bis zum Jahr 2000 dem Verband der südlichen Baptisten in den Vereinigten Staaten, der *Southern Baptist Convention* an, die mit 16 Millionen Mitgliedern zugleich die größte protestantische Vereinigung ist. Wegen der zunehmend konservativen Ausrichtung und ihrer diskriminierenden Haltung gegenüber Frauen (Ablehnung der Frauenordination) und Homosexuellen brach Carter allerdings offiziell mit den *Southern Baptists.* 2006 initiierte er, unter anderem gemeinsam mit dem zweiten Präsidenten der jüngsten Zeit, der sich als *Born Again Christian* (wiedergeborener Christ) be-

„I Have a Dream" – Martin Luther King

1929 in Atlanta im US-Bundesstaat Georgia geboren, wuchs Martin Luther King in eine richtige Pfarrersfamilie hinein. Sowohl sein Vater als auch schon sein Großvater waren Pfarrer an der Ebenezer Baptist Church in Atlanta gewesen. So trat er nach dem Theologiestudium und seiner Doktorarbeit an der Universität von Boston in die väterlichen Fußstapfen und wurde 1954 Pfarrer an der Dexter Avenue Baptist Church in Montgomery (US-Bundesstaat Alabama). 1955 führte er den 382 Tage lang dauernden gewaltlosen Busboykott in Montgomery an. Er war entstanden, als sich Rosa Parks weigerte, ihren Sitzplatz für einen weißen Fahrgast frei zu machen und daraufhin verhaftet wurde. Obwohl King in dieser Zeit mehrfach verhaftet und verleumdet wurde und Bombenattentaten ausgesetzt war, endete der Streik mit einem Erfolg: 1956 entschied der Oberste Gerichtshof, dass es von nun an keine Rassentrennung mehr in Montgomery geben dürfe.
Martin Luther King wurde damit zur zentralen Führungspersönlichkeit der entstehenden schwarzen Bürgerrechtsbewegung. Von nun an reiste er im ganzen Land umher, hielt über 200 Reden und zahllose Ansprachen, schrieb fünf Bücher und viele Artikel. Im aufgeheizten Klima der Rassentrennung predigte und lebte er Gewaltlosigkeit, kam aber trotzdem über 30-mal ins Gefängnis. Seine Stelle als Pfarrer gab er 1960 auf und assistierte nun nur noch bei seinem Vater in Atlanta, um sich der Bürgerrechtsbewegung ganz widmen zu können. Weltberühmt wurde er mit der Rede, die er am 28. August 1963 nach dem Marsch durch Washington vor den 250000 Menschen am Lincoln-Denkmal hielt. Predigend beschwor er hier mit den Worten der Bibel, der protestantischen Pilger- und Gründerväter und der amerikanischen Verfassung den amerikanischen Traum von Gerechtigkeit und Freiheit. Wegen ihrer letzten Abschnitte ging die Rede in die Geschichte ein: „I Have a Dream". Sie hatte großen Anteil daran, dass 1964 die Rassentrennung in allen Staaten der USA offiziell beendet und 1965 alle Schwarzen endlich dasselbe Wahlrecht wie Weiße erhielten.
1964 wurde King im Alter von 35 Jahren der Friedensnobelpreis verliehen. Vier Jahre später, am 4. April 1968, wurde er auf dem Balkon des Motels Lorraine in Memphis (Tennessee) erschossen. Bis heute wird er von vielen fast als Heiliger verehrt. Doch eine katholische Mentalität besaß Martin Luther King

Christiaan Frederick Beyers Naudé, Generalsekretär des südafrikanischen Kirchenrats, 1986.

zeichnet, dem ebenfalls in der Tradition der *Southern Baptists* aufgewachsenen Bill Clinton (*1946), einen neuen baptistischen Verband, den *New Baptist Covenant*. Er repräsentiert mittlerweile 20 Millionen Baptisten und versteht sich als eine alternative Bewegung zu den *Southern Baptists.* In liberaler Tradition gehören Evangelisierung zusammen mit dem sozialen Einsatz für Menschenrechte, Frieden und Gerechtigkeit zum Programm. Vermutlich wäre Martin Luther King, ein weiterer prominenter Kämpfer für die Menschenrechte, der aus dem *Southern Baptist Covenant* kam, unter den heutigen Umständen ebenfalls in den *New Baptist Covenant* gewechselt. Denn auch er vertrat die liberale Richtung des *Social Gospel*, war von Howard Thurman

Martin Luther King während einer Rede im Jahr 1966.

nicht. Denn mit dem deutschen Reformator verband ihn mehr als nur der Name: Oft zweifelte er an sich selbst, rang um eigene und Gottes Ansprüche und lebte in der protestantischen Spannung zwischen der Existenz als Sünder und als Gerechtfertigter. Doch seine Hoffnung machte ihn handlungsfähig, oder, wie er es selbst ausdrückte: „Everything that is done in the world is done by hope."

(1899–1981) beeinflusst, einem der wichtigsten afro-amerikanischen Theologen des 20. Jahrhunderts. Thurman war mit Martin Luther Kings Vater zur Schule gegangen und hatte sich, nach einem ihn tief beeindruckenden Treffen mit Mahatma Gandhi 1935, dem gewaltlosen Einsatz für die Bürgerrechte der afroamerikanischen Bevölkerung verschrieben. Er gründete die erste amerikanische Kirche ohne Rassentrennung und wurde eine Art Mentor für Martin Luther King – nicht nur durch sein 1949 erschienenes Buch *Jesus and the Disinherited*, das King angeblich immer mit sich trug.

Rassentrennung war aber nicht nur in den Vereinigten Staaten das beherrschende Thema der zweiten Hälfte des 20. Jahrhunderts. Seit den 1940er-Jahren herrschte in Südafrika eine Politik der Rassentrennung, die 1948 offiziell gesetzlich verankert unter dem Namen Apartheid bekannt wurde. Die Nationale Partei, die Partei der ehemaligen niederländischen, aber auch deutsch- und französischsprachigen Siedler, der Buren, verweigerte nun den rund 13 Millionen schwarzen Südafrikanern sowie den weiteren 2,7 Millionen nichteuropäischen Ethnien grundlegende Menschenrechte. Verschiedene Gesetze legten die räumliche Trennung von Schwarzen und Weißen fest, verboten „Mischehen" und verweigerten Schwarzen Arbeits-, Ausbildungs- und staatsbürgerliche Rechte. Da die mehr als drei Millionen Buren überwiegend der neocalvinistischen niederländischen Kirche *(Nederduits Gereformeerde*

Kerk) angehörten, prägte dieser konservativ ausgerichtete Protestantismus die Identität der Buren mit und galt als die offizielle Religion der Nationalen Partei. Darüber hinaus rechtfertigte er die Apartheid biblisch und theologisch, indem er etwa die Buren in den Rang des von Gott auserwählten Volkes hob und damit ihre Überlegenheit biblisch gegenüber den anderen südafrikanischen Ethnien begründete. Bis 1986 hielten die Nederduits Gereformeerde Kerk und ihre Synode offiziell an der Apartheid fest. Trotzdem gab es auch in dieser Kirche Protestanten, die damit nicht einverstanden waren. Einer der bekanntesten war der Pfarrer Christiaan Frederick Beyers Naudé (1915–2004), der 1940 als jüngstes Mitglied dem calvinistisch-rassistischen Männergeheimbund *Afrikaner Broederbond* beitrat.

Erzbischof Desmond Tutu war einer der pointiertesten Gegner des Apartheidregimes in Südafrika.

Nach dem Massaker 1960 im Township (Wohnsiedlung für Schwarze) Sharpeville, bei dem die Polizei 69 Schwarze auf einer friedlichen Demonstration erschoss, begann er jedoch umzudenken und entwickelte sich zum Gegner des Apartheidregimes. 1963 war er bei einer Konsultation des Ökumenischen Rates der Kirche (vgl. S. 183) in Johannesburg dabei und schloss sich als einziges Mitglied seiner Kirche einer Resolution des Ökumenischen Rates der Kirchen an, die sich gegen die Rassentrennung wandte. Während daraufhin die Nederduits Gereformeerde Kerk den Ökumenischen Rat verließ, arbeitete Naudé weiter gegen die Apartheid und für die Ökumene. Nachdem er als Versöhnungsinitiative 1963 das Christliche Institut Südafrikas gegründet hatte, musste er sein Amt als Pfarrer niederlegen. Er verließ den *Broederbond* und warb um Unterstützung für die Initiative des Ökumenischen Rates der Kirchen gegen den Rassismus. Für diese Entscheidung musste er büßen. Die Regierung stellte ihn als ersten Weißen von 1977 bis 1985 unter Bann. Er durfte nun keine Gottesdienste und öffentliche Veranstaltungen mehr besuchen. 1985 wurde er Generalsekretär des überkonfessionellen Südafrikanischen Kirchenbundes. Das war eine christliche, überkonfessionelle Initiative, die Gewaltlosigkeit auf ihre Fahnen schrieb, sich gegen Apartheid und unter anderem für politische Gefangene einsetzte. Darin wurde sie auch vom Ökumenischen Rat der Kirchen in Genf und vielen kirchlichen Südafrika-

Eine große Menschenmenge jubelt am 29. Dezember 1989 in Prag ihrem neuen Präsidenten Václav Havel zu.

initiativen aus West- und Nordeuropa unterstützt. Naudé trat damit die Nachfolge des anglikanischen Bischofs Desmond Tutu (*1931) an. Tutu ist der vielleicht bekannteste kirchliche Apartheidsgegner. 1984 erhielt er dafür den Friedensnobelpreis. Nach dem Fall des Apartheidregimes 1995 wurde er Vorsitzender der überparteilichen Wahrheitskommission, die die Menschenrechtsverletzungen der Vergangenheit aufklären sollte.

Die breite Unterstützung, die die christlichen Apartheidgegner durch die Ökumene erhielten, fehlte dagegen häufig den evangelischen Christen und Kirchen, die sich in der Zeit des Kommunismus in Mittel- und Osteuropa für Menschenrechte und friedlichen Wandel einsetzten. Das lag zum einen daran, dass die protestantischen Kirchen als besonders kleine Minderheitskirchen in ihren Ländern nur wenige Personen mit Sprachkompetenzen und einem internationalen Profil besaßen und somit nur wenig internationale Aufmerksamkeit für ihre Situation erreichen konnten. Zum anderen wirkte sich ein spezielles Dilemma der Ökumene im Kalten Krieg nachteilig für kritische kirchliche Stimmen aus: Die offiziellen kirchlichen Delegierten, die ihre Kirchen im Ausland und auf internationalen Foren nach außen hin repräsentierten durften, standen meist unter starkem staatlichen Druck und konnten im Ausland nichts Kritisches über ihre eigenen Länder sagen. Dass es daneben auch kritische Stimmen und andere Vorstellungen zur Kirche gab, blieb daher im Westen häufig unbemerkt. Trotzdem arbeiteten protestantische Laien und Pfarrer in Mittel- und Osteuropa aktiv in oppositionellen Gruppen und Bürgerrechtsbewegungen mit. Viele verloren wegen dieses Engagements ihre staatliche Berufserlaubnis, auch als Pfarrer, und katapultierten

Mit dem Symbol der DDR-Friedensbewegung wurde in der Wendezeit 1989 auf die Montagsgebete in der Leipziger Nikolaikirche hingewiesen.

sich damit in das existentielle Aus. Das gilt etwa für die Pfarrer und Laien, die der Evangelischen Kirche der Böhmischen Brüder angehörten und der tschechischen Bürgerrechtsbewegung *Charta 77* beitraten. Diese „Dissidenten" meldeten sich ab 1977 regelmäßig bis zum Ende des kommunistischen Regimes 1989 mit kritischen Stellungnahmen zu den Menschenrechten und der Religionsfreiheit und der Lage der Kirchen und Christen in der Tschechoslowakei zu Wort. Damit sorgten sie dafür, dass die Idee einer freien und unabhängigen Gesellschaft mitten in der Diktatur am Leben blieb. Direkten öffentlichen Einfluss erhielt die Charta 77 am 19. November 1989, als sie sich mit elf weiteren Oppositionsgruppen zum *Bürgerforum* zusammenschloss. Eine Million Menschen folgten der Kundgebung des Bürgerforums am 29. November 1989 und forderten den Rücktritt Gustav Husáks als Staatspräsident und freie Wahlen. Die gewaltlose „Samtene Revolution" fand schließlich am 29. Dezember 1989 mit der Wahl des ehemaligen Dissidenten und Charta-77-Unterzeichners Václav Havel (*1936) zum Staatspräsidenten ihr Ende. Damit leuchtete zugleich ein Stück Protestantismus als Zivilreligion auf: Denn obwohl sich Václav Havel zuvorderst als Humanist versteht und betont, dass Gott für ihn vor allem Verantwortung übernehmen bedeutet, wuchs er doch in einer sehr protestantischen Familie auf. Sein Vater, Václav M. Havel (1897–1979), zählte als Gründungsmitglied 1921 zu den prägenden Gestalten des tschechischen YMCA.

Neben den Gruppen und oppositionellen Bewegungen stellten einzelne Protestanten mit couragierten Handlungen den alleinigen Herrschaftsanspruch des Kommunismus in Frage, und ebneten damit dem demokratischen Wandel Ende der 1980er-Jahre den Weg. So sorgte beispielsweise der lutherische Pfarrer Gábor Roszik aus dem ungarischen Wahlkreis Gödöllő am 23. Juli 1989 für eine politische Sensation, weil er für eine oppositionelle Liste kandidierte und den kommunistischen Gegenkandidaten mit einer Zwei-Drittel-Mehrheit besiegte. Roszik wurde daraufhin das erste frei gewählte Mitglied des ungarischen Parlaments.

Zu nennen ist auch der in Rumänien wirkende ungarisch reformierte Pfarrer László Tőkés (*1952). Er organisierte im Sommer 1988 den Widerstand von ungarisch-reformierten Pfarrern gegen das staatliche Dorfzerstörungsprogramm des rumänischen Diktators Nicolae Ceauşescu (1918–1989) und wurde daraufhin von der Securitate verfolgt. Trotzdem blieb Tőkes bei seinen regimekritischen Äußerungen und weigerte sich, unterstützt von seiner Gemeinde, einem Befehl seines Bischofs zur Zwangsumsiedlung aus Timişoara nachzukommen. Das war der unmittelbare Anlass zum Aufstand vom Dezember 1989, der schließlich mit der Hinrichtung Ceauşescus am 25. Dezember 1989 endete.

Einen besonderen Beitrag zur friedlichen Revolution von 1989 in der DDR leisteten schließlich die ostdeutschen evangelischen Kirchen und Christen. Sie teilten mit ihren Brüdern und Schwestern in den anderen sozialistischen Staaten die Erfahrung, dass Religion in der marxistischen Lehre und Praxis grundsätzlich als Bedrohung wahrgenommen wurde. Der Staat drängte die Kirchen daher systematisch aus Gesellschaft und Öffentlichkeit. Für ihre Entscheidung, Christ zu bleiben und zur Kirche zu gehen, mussten viele massive Einschränkungen in Beruf und Alltag hinnehmen. Doch obwohl die kirchenfeindliche Religionspolitik des SED-Staates zunehmend erfolgreich war und die Anzahl der Protestanten Jahr für Jahr abnahm, befand sich die evangelische Kirche in der DDR im Vergleich zu ihren osteuropäischen Glaubensbrüdern und -schwestern in einer relativ komfortablen Lage: Sie konnte ihre Pfarrer selbst einstellen, war strukturell und materiell besser ausgerüstet und zählte doch immerhin noch ein Drittel der Bevölkerung, also rund fünf Millionen Menschen, zu ihren Mitgliedern (während etwa die Kirche der Böhmischen Brüder in der Tschechoslowakei nur etwas mehr als zwei Prozent der Bevölkerung umfasste).

Seit den 1980er-Jahren mehrten sich staatskritische Stimmen von alternativen Gruppen, die unter dem schützenden Dach der evangelischen Kirche zusammenfanden. Sie waren gegen die zunehmende Militarisierung der DDR, für ein atomwaffenfreies Europa und für internationale Abrüstung im Kontext des NATO-Doppelbeschlusses. Diese Gruppen und Kreise bildeten die Basis der sogenannten „unabhängigen Friedensbewegung“, der einzigen politischen Alternative zur staatlich-ideologischen Friedensbewegung der DDR. Sehr bekannt wurden beispielsweise 1982 der *Berliner Appell – Frieden schaffen ohne Waffen* des Jugendpfarrers Rainer Eppelmann (*1943) und des Oppositionellen Robert Havemann (1910–1982), und die Bewegung *Schwerter zu Pflugscharen.*

Die „Umweltbibliothek“ in der Ost-Berliner Zionsgemeinde war ein Zentrum der DDR-Opposition, die in kirchlichen Räumen Unterschlupf fand.

Der Staat und die Partei reagierten mit starken Repressionen, Verfolgungen, Verhaftungen und Abschiebungen in die Bundesrepublik auf die anwachsenden Gruppen. Das brachte die evangelischen Kirchen in ein Dilemma, denn die meisten offiziellen Kirchenvertreter wollten keine Konflikte mit dem Staat. Sie wollten deshalb kritische Themen wie die Menschenrechte aus der Debatte heraushalten und die oppositionellen Kreise und Initiativen disziplinieren. Die SED wiederum setzte genau an diesem Punkt an und versuchte, die leitenden Kirchenfunktionäre auf ihre Seite zu bringen und sie zu einem systemstabilisierenden Faktor zu machen. In weiten Feldern hatte sie damit Erfolg. Doch blieb der Kirche ein Handlungsspielraum. 1987 spitzte sich die Situation zu, nachdem ein Kommando der Staatsicherheit („Stasi") die Gemeinderäume der Zionskirche in Ostberlin überfallen hatte. Dort hatten Oppositionelle die „Umweltbibliothek" gegründet, wo sie „verbotene" oder in der DDR nicht zugängliche Literatur zur Verfügung gestellt hatten. Es kam zu Verhaftungen, aber auch zu landesweiten Solidaritätskundgebungen. In einem Grundsatzgespräch zwischen dem obersten kirchlichen Repräsentanten, Bischof Werner Leich (*1927), und dem DDR-Staatsratsvorsitzenden Erich Honecker (1912–1994) im März 1988 betonte Leich, dass sich die Kirche stellvertretend in gesellschaftliche Probleme einmischen müsse, und stellte sich da-

Viele Menschen nahmen 1987 am Olof-Palme-Gedächtnismarsch und an Friedensgebeten in vier Ostberliner Kirchen teil.

Die Nikolaikirche – Symbol der Friedlichen Revolution 1989

Die spätgotische Kirche mit ihren klassizistischen Palmensäulen ist inzwischen das Symbol der Friedlichen Revolution von 1989 geworden. Mit seinem Roman „Nikolaikirche" hat ihr der Schriftsteller Erich Loest (*1926) ein literarisches Denkmal gesetzt. Angefangen hatte aber alles viel kleiner und bescheidener. Nur wenige besuchten anfangs die Friedensgebete am Montag, die hier seit 1980 stattfanden und zunächst von Pfarrer Christoph Wonneberger (*1944) von der Lukasgemeinde koordiniert wurden. 1986 ließ Christian Führer (*1943), der damalige Pfarrer der Nikolaikirche, Schilder mit der Aufschrift *Nikolaikirche – offen für alle* anbringen. Das wurde zum neuen Motto. Junge Leute, die aus der DDR ausreisen wollten, fanden hier ebenso Gehör wie kritische Stimmen aus der Opposition. Aus den Friedensgebeten entwickelten sich die großen Montagsdemonstrationen. Vor allem die Demonstration am 9. Oktober 1989, der sich 70.000 Menschen anschlossen und die ohne Gewalt vonstatten ging, erlangte historische Bedeutung. Heute erinnert vor der Nikolaikirche eine Palmensäule daran, wie sich der Protest gegen das DDR-Regime von der Kirche aus auf die Straßen ausbreitete.

Die Leipziger Nikolaikirche war einer der Ausgangspunkte für die friedliche Revolution 1989.

mit erstmals direkt an die Seite der Bevölkerung. Als sich dann im Herbst 1989 aus den ehemaligen Gruppen neue demokratische Vereinigungen und Bürgerrechtsbewegungen gründeten und freie Wahlen forderten, waren hier überall Protestanten zu finden, die nun bewusst den kirchlichen Raum verließen, um sich politisch zu engagieren. Auch bei den Runden Tischen, die zwischen verschiedenen politischen und staatlichen Richtungen, von der SED-Regierung bis hin zu den Oppositionsgruppen, vermitteln sollten, übernahmen Kirchenvertreter die Moderation. Sie waren durch Synodal- und kirchliche Gremienarbeit im öffentlichen Reden geschult und galten in dieser schwierigen Situation als vertrauenswürdig.

Auf der lokalen Ebene spielten die Kirchen ebenfalls eine wichtige Rolle. Viele Kirchen standen im Herbst 1989 offen, Friedensgebete, Mahnwachen und gemeinsame Gottesdienste wurden veranstaltet, gaben Kraft und stifteten Zusammengehörigkeitsgefühl. In der westlichen Öffentlichkeit am bekanntesten wurde dabei die Leipziger Nikolaikirche, doch auch viele andere evangelische Kirchen in der ganzen DDR gehörten zum Aufbruch im Herbst 1989. Er wurde zu einer „friedlichen Revolution", die einen gewalt-

Gliedkirchen der Evangelischen Kirche in Deutschland (EKD) heute

freien Übergang von der Diktatur in die Demokratie ermöglichte.

Kirche der Freiheit

Mit dem Ende der kommunistischen Regime veränderte sich die Stellung der evangelischen Kirchen in Mittel- und Osteuropa völlig. Kirchen und Gemeindehäuser wurden wieder instand gesetzt, und rechtlich geschützt begann an vielen Orten neues protestantisches Gemeindeleben – nun mitten in der Europäischen Union. Doch die Freiheit zeigte auch ihre Schattenseiten. Nicht allen Kirchen gelang es, Vergangenheit, Demokratie und Pluralismus in konstruktiver Balance zu halten und ihren neuen Ort auf einem Markt der Möglichkeiten zu bestimmen. Strittige Themen wie die Frauenordination oder Homosexualität errichteten neue Barrieren – zwischen West und Ost, aber auch zwischen Nord und Süd. Zugleich wurde in den Kirchen Westeuropas der dramatische Bedeutungsrückgang des Christentums immer deutlicher.

Wie sich der Protestantismus in einer modernen, aber zunehmend säkularen Gesellschaft behaupten kann, wurde seit den 1990er-Jahren ein vieldiskutiertes Thema. Transparentere, kostensparende und effizientere Strukturen lautete eine der Antworten, die seitdem zu zahlreichen neuen Kirchenzusammenschlüssen führte. So haben sich im Bereich der EKD mittlerweile mehrere Landeskirchen zusammengeschlossen. Aber auch in den Niederlanden ist mit der Protestantischen Kirche ein neuer Zusammenschluss von Reformierten und Lutheranern entstanden. Neu sind zugleich die vielfältigen innovativen missionarischen Angebote der letzten Jahre, die sich beispielsweise speziell an gut ausgebildete jüngere städtische Schichten wenden. Inwiefern diese allerdings im Land der Reformation zu einer Renaissance des Protestantismus führen können, wird die Zukunft zeigen.

Protestanten in der Welt, 2010

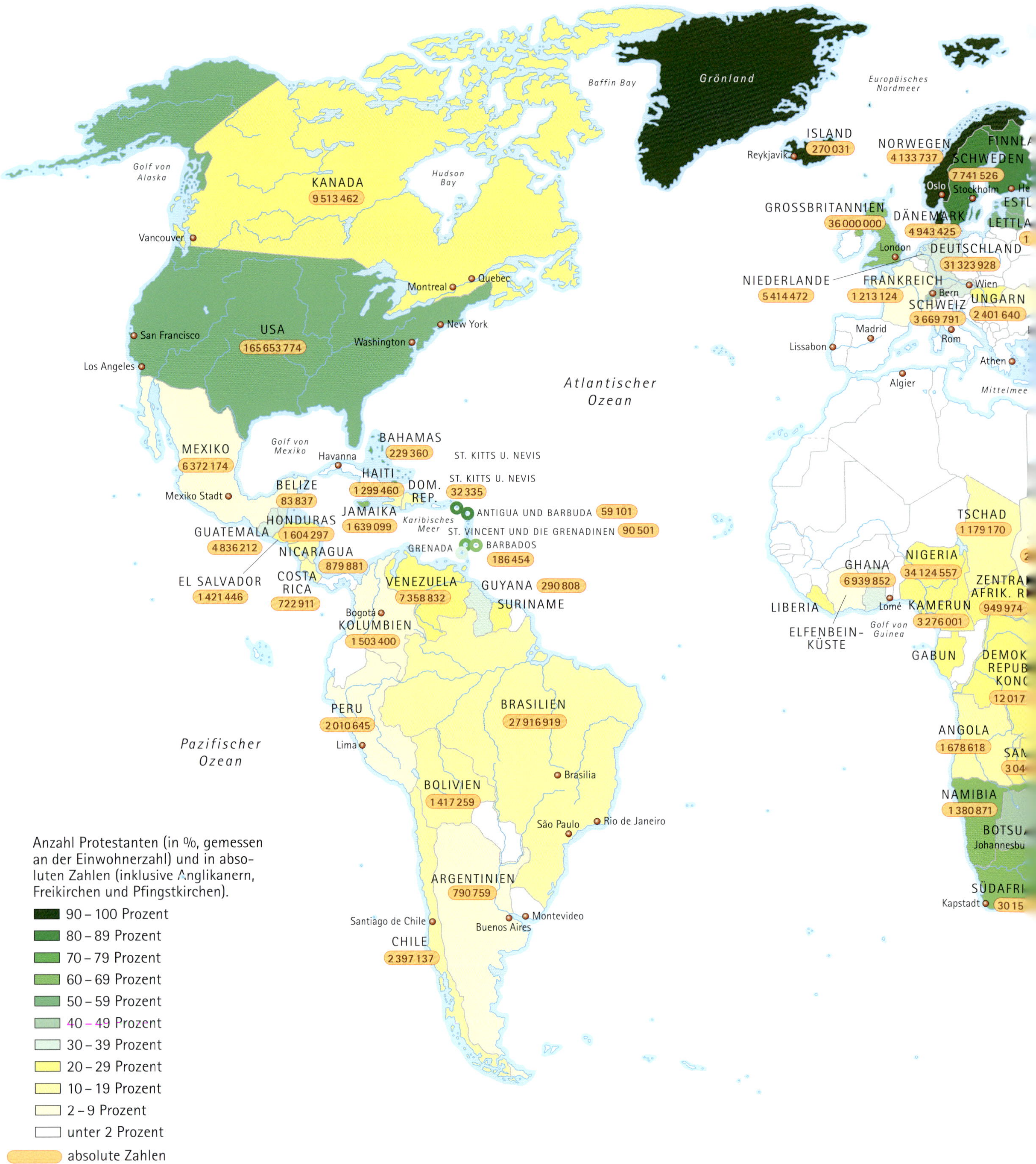

Bering-
meer
Ochotskisches
Meer
skau
IEN
99
Aralsee
Kaspisches
Meer
Japanisches
Meer
Peking
Tokio
Teheran
Bagdad
CHINA
15 675 766
SÜDKOREA
8 760 000
Schanghai
PAKISTAN
1 400 000
Delhi
INDIEN
7 561 851
Kalkutta
MYANMAR
1 287 284
Hongkong
Pazifischer
Ozean
Rotes
Meer
Arabisches
Meer
Bombay
Golf von
Bengalen
VIETNAM
835 355
Manila
PHILIPPINEN
8 785 747
IOPIEN
05 328
Addis Abeba
Colombo
MIKRONESIEN
50 833
KENIA
2 855 244
Nairobi
Singapur
INDONESIEN
14 276 459
NIA
5 147 290
Jakarta
PAPUA-
NEUGUINEA
3 410 340
TUVALU
11 450
NI
8
IOSAMBIK
4 269 475
MADAGASKAR
4 510 085
AND
774 774
Indischer
Ozean
AUSTRALIEN
7 634 366
FIDSCHI
379 676
TONGA
82 068
Sydney
Adelaide
Canberra
Melbourne
NEUSEELAND
1 896 667

Ausblick

Wohin wird die Reise des Protestantismus gehen? Sind seine Frömmigkeit, seine Grundprinzipien und seine Kultur, so wie sie sich in den letzten 500 Jahren herausgebildet haben, zukunftsfähig?

Wer heute auf die alten europäischen Länder der Reformation blickt, wird sich dieser Frage mit einer gewissen Skepsis nähern. Angesichts der breiten Entkirchlichung ganzer Regionen, beispielsweise in Ostdeutschland, scheint es sich beim lutherisch und reformiert geprägten Protestantismus um ein Auslaufmodell zu handeln. Doch das ist nur die eine Blickrichtung.

Ganz anders sieht die Lage aus, wenn man sich die Wachstumsraten des Christentums und des Protestantismus weltweit anschaut. Denn trotz steigender Weltbevölkerung ist der Prozentsatz an Christen in den letzten 100 Jahren insgesamt ungefähr gleich geblieben. Weltweit und in absoluten Zahlen gibt es also heute mehr Protestanten als noch um 1800 oder 1900. Zugleich haben sich jedoch seit der zweiten Hälfte des 20. Jahrhunderts dramatische Umbrüche ereignet. Die neuen Zentren des Protestantismus liegen in Asien, Afrika und Lateinamerika. Hier wachsen Christentum und Protestantismus rasant, jedoch in einer völlig anderen Form, nämlich durch die pfingstlich-charismatischen Bewegungen, durch Evangelikale und durch unabhängige afrikanische Kirchen.

In Südafrika beispielsweise sind heute etwa 80 Prozent der Bevölkerung christlich. Davon entfallen ungefähr drei Millionen auf die afrikaans-sprachige *Nederduits Gereformerde Kerk* (vgl. S. 219f.), 2,3 Millionen auf die römisch-katholische Kirche, ungefähr 1,8 Millionen auf die Methodisten und 1,2 Millionen auf die anglikanische Kirche. Neben diesen traditionellen Kirchen gehören jedoch rund ein Viertel der Christen in Südafrika einer der etwa 4000 unabhängigen schwarzen Kirchen an – zum Beispiel der Zion Christian Church. Zehn Prozent sind Mitglieder einer der Pfingstkirchen. Hier vermitteln Gottesdienste eine ganz andere Glaubenserfahrung. Sie sind fröhlich, lebendig und dynamisch, es gibt keine Liturgien und festgelegten Formen. Kurze spontane Predigten mit eingängigen moralischen Botschaften wechseln sich ab mit Gebeten, Liedern oder Musik – mit kräftigem Gesang, Keyboard, Schlagzeug oder Trommeln. Aber auch Zungenreden, Heilungen und Trance-Sessions können dazugehören. Es geht nicht nur um den Kopf und das Wort, sondern um den ganzen Menschen mit seinen Gefühlen – ein Gottesdienst kann also auch durch Tanz zu einem spirituellen Erlebnis werden. Wer glaubt, wird durchströmt von einer tiefen und aufwühlenden Kraft, die dann auch den Körper verändert. Heilungen, Visionen, Ekstase und Wunder können buchstäblich hervorbrechen.

Es liegt auf der Hand, dass diese unmittelbare Glaubenserfahrung für viele Menschen des 21. Jahrhunderts eine Alternative zum wortkonzentrierten nüchternen Rationalismus des alten, westlichen Protestantismus darstellt. Zugleich stellt der charismatische Glaubenszugang die Moderne grundsätzlich in Frage. Doch die Wachstumszahlen weisen darauf hin, dass dieser pfingstlerisch-charismatische Glaube einer der wesentlichen Frömmigkeitsstile der Zukunft sein wird. Denn die Pfingstkirchen, wie auch etwa die unabhängigen afrikanischen Kirchen in der europäischen Diaspora, sind längst nicht mehr nur ein

Frömmigkeit der Zukunft? Ein Gläubiger in einem Gottesdienst in Harare, Simbabwe, 1998.

Phänomen des Südens, sondern haben sich zu einer globalen Bewegung entwickelt.

Das lässt nach der Zukunftsfähigkeit einer anderen, im weiten Sinne protestantischen Bewegung fragen, dem konservativen Protestantismus. Er hat sich vor allem seit den 1950er-Jahren in den Vereinigten Staaten als evangelikale Bewegung mit einem breiten Spektrum bis hin zu fundamentalistischen Strömungen durchgesetzt. Auch hier gibt es im Gottesdienst nicht mehr die traditionellen Liturgien, Gebete und Lieder. Kurze und einfache Ansprachen, eingängige Lieder und persönliche Gebete sowie viel Eigeninitiative beim Gemeindeaufbau und im Gemeindeleben sind typisch. Christliche Symbole fehlen, auch der Talar. Moralisch lehnen Evangelikale in der Regel alles ab, was mit liberalen Sichtweisen in Verbindung steht – Frauenemanzipation und Schwangerschaftsabbruch, Homosexualität oder die Evolutionslehre. Vor allem im Süden der Vereinigten Staaten entwickelten sich ihre Gottesdienste zu Massenevents. In Kirchen so groß wie Einkaufszentren, mit Besucherzahlen wie bei Fußballspielen und einer Stimmung wie bei Popkonzerten entstand in den letzten Jahrzehnten der neue Kirchen- und Frömmigkeitsstil der Megakirchen (Megachurches). Weit über tausend solcher Gemeinden gibt es schon. Ihre Gottesdienste besuchen Tausende, in ihren Kirchenchören singen

Eine amerikanische Megachurch in Lithonia, Georgia.

Protestantismus postmodern: Zwischen Cafe Church und Network Church

Als eine spirituelle Antwort auf die postmoderne westliche Gesellschaft und das rasante Wachstum der Pfingstbewegung haben sich seit dem Ende der 1980er-Jahre vor allem in Großbritannien, Australien, Neuseeland, Kanada und den Vereinigten Staaten neue Formen von Kirchlichkeit entwickelt. Sie verstehen sich als christlich und überkonfessionell, wollen Jesus Christus und das rettende Evangelium verkünden und erinnern in manchen Zügen durchaus an die Erweckungsbewegung des 19. Jahrhunderts oder den YMCA in der ersten Hälfte des 20. Jahrhunderts. Häufig entstammen sie dem freikirchlichen oder evangelikalen Spektrum. Ihre Namen variieren von *alternative worship-Bewegung, Cafe Church, Network Church* oder bis hin zu den vor allem in Vereinigten Staaten so genannten *Emerging Churches.* Gemeinsam ist ihnen allen eine radikale Umsetzung des protestantischen Prinzips der Priesterschaft aller Gläubigen, denn sie funktionieren nach dem System des Netzwerkes: ohne Zentrum, Führung und Leittheologie (also auch ohne Pfarrer oder förmliche Amtskleidung), dezentral, ohne Einbindung in kirchliche Strukturen, informell und miteinander vernetzt. Ihr Medium ist das Internet und die City; ihre Vision die vor Ort kleinen und unscheinbaren Gruppen, die – von den traditionellen christlichen Kirchen verkannt – in Wirklichkeit längst eine globale Verkündigungsbewegung bilden.

Hunderte und die von ihren eigenen Fernseh- und Radiostationen produzierten Gottesdienste werden von einem Millionenpublikum empfangen. Einige Fernsehprediger, die sich auch Tele-Evangelisten nennen, sind besonders bekannt geworden, wie etwa Billy Graham oder Pat Robertson – und auch politisch und wirtschaftlich eine Größe.

Ob in dieser Massenevangelisierung die Zukunft eines modernen Protestantismus liegt, bleibt jedoch trotz der beeindruckenden Zahlen an Gottesdienstbesuchern fraglich. Im Oktober 2010 meldete eine der größten und ältesten Megakirchen in den Vereinigten Staaten, die 10000 Gemeindemitglieder umfassende *Chrystal Cathedral* Insolvenz an, weil die Finanzkrise ihre Erlöse einbrechen ließ und die Gemeinde ihre Schulden nicht mehr rechtzeitig zurückzahlen konnte. Angesichts der anhaltenden Rezession in den Vereinigten Staaten, aber auch in anderen Ländern der Megakirchen, könnte es daher sein, dass diese gigantischen Kirchen des Marktes wie die amerikanische Investmentbank Lehman Brothers nach und nach zusammenfallen.

Die Zukunft des Protestantismus ist also offen, aber nicht hoffnungslos.

vor 1500

- 1330–1384: Leben und Wirken John Wyclifs
- 1340–1384: Leben und Wirken Geert Grotes
- 1378–1417: Großes Abendländisches Schisma. Gregor XII. (1335–1417), Benedikt XIII. (1342/3–1423) und Johannes XXIII. (1370–1419) beanspruchen jeweils den Heiligen Stuhl für sich
- 1414–1418: Konzil von Konstanz
- 1415: Der Kirchenreformator Jan Hus wird auf dem Konzil von Konstanz dem Scheiterhaufen übergeben
- 1453: Eroberung Konstantinopels durch die Osmanen, Ende des Byzantinischen Reichs
- 1466/69–1536: Der niederländische Theologe Erasmus von Rotterdam ist der bekannteste Vertreter des christlichen Humanismus in Europa
- 1483–1546: Leben und Wirken Martin Luthers
- 1484–1531: Leben und Wirken Ulrich Zwinglis
- 1486–1541: Leben und Wirken Andreas Karlstadts
- 1492: Ankunft Christoph Kolumbus in Amerika
- 1497–1560: Leben und Wirken Philipp Melanchthons

1500–1550

- 1509–1564: Leben und Wirken Johannes Calvins
- 1517: Am 31. Oktober veröffentlicht Luther seine 95 Thesen
- 1519–1556: Herrschaft Kaiser Karls V.
- 1521: Auf dem Reichstag zu Worms wird Luther als Ketzer verurteilt, exkommuniziert und die Reichsacht über ihn verhängt
- 1521/22: Luther befindet sich in Schutzhaft auf der Wartburg und übersetzt das Neue Testament ins Deutsche
- 1521: Zu Weihnachten feiert Andreas Karlstadt in Wittenberg den ersten evangelischen Gottesdienst in deutscher Sprache
- 1524–1526: Deutscher Bauernkrieg
- 1525: Erste Wiedertaufe nahe Zürich
- 1527: König Gustav Wasa setzt in Schweden die Reformation durch
- 1529: 2. Reichstag zu Speyer: Protestation
- 1530: Auf dem Augsburger Reichstag wird Kaiser Karl V. das Augsburger Bekenntnis übergeben
- 1534: Mit der Suprematsakte macht sich Heinrich VIII. zum Oberhaupt der Kirche von England
- 1534/35: Täuferreich zu Münster
- 1536: Wittenberger Konkordie
- 1536: Genf führt die Reformation ein und ruft die Republik aus. Fünf Jahre später wird die Calvinistische Kirchenordnung eingeführt
- 1539: Die Reformation wird in Dänemark, Norwegen und Island eingeführt
- 1542: Gründung der Römischen Inquisition

1550–1600

- 1558–1603: Herrschaft Königin Elisabeths I. von England
- 1555: Der Augsburger Religionsfrieden stellt den Landesfürsten die Wahl der Konfession in ihrem Territorium frei
- 1560: In Schottland wird das Schottische Bekenntnis (Confessio Scotica) verfasst und eine calvinistische Staatskirche errichtet
- 1561: Der reformierte Prediger Guido de Brès verfasst die calvinistische Bekenntnisschrift Confession de foy (Confessio Belgica)
- 1562: Der Theologe Bullinger verfasst das Zweite Helvetische Bekenntnis
- 1567: In Debrezin (Ungarn) wird das Zweite Helvetische Bekenntnis angenommen
- 1571: Auf der siebten Nationalsynode in La Rochelle wird das Glaubensbekenntnis der Hugenotten, die Confessio Gallicana, angenommen
- 1572: In der Bartholomäusnacht sterben Tausende französische Hugenotten
- 1572: Die Mennoniten erhalten in den Niederlanden die Glaubensfreiheit
- 1575: Das Böhmische Bekenntnis (Confessio Bohemica) wird verfasst
- 1577: Formula Concordiae
- 1581: Die calvinistische Republik der nördlichen Niederlande sagt sich von Spanien los
- 1598: Das Edikt von Nantes sichert den Hugenotten Gewissensfreiheit und bürgerliche Freiheiten zu

1600–1650

- 1608/09: Gründung der Evangelischen Union und der Katholischen Liga
- 1611: Die englischsprachige King-James-Bibel wird offiziell anerkannt
- 1618/19: Synode von Dordrecht
- 1618–1648: Dreißigjähriger Krieg
- 1620: Englische Puritaner erreichen an Bord der Mayflower die Küste Neuenglands
- 1638: Roger Williams gründet in Rhode Island die erste Gemeinde von Baptisten. Sie wurde für ihre religiöse Toleranz bekannt
- 1642–1660: Große Revolution in England unter Oliver Cromwell
- 1648: Der Westfälische Friede beendet den Dreißigjährigen Krieg und führt das landesherrliche Kirchenregiment ein

1650–1700

- 1661–1715: Herrschaft Ludwigs XIV. in Frankreich
- 1675: Der Theologe und Pietist Philipp Jakob Spener verfasst die Schrift Pia Desideria oder Hertzliches Verlangen nach gottgefälliger Besserung der wahren Evangelischen Kirchen
- 1682: Der Quäker William Penn gründet die Kolonie Pennsylvania
- 1682: Gallikanische Artikel
- 1683: Vor allem Mennoniten aus dem süddeutschen Raum lassen sich in Pennsylvania nieder
- 1685: Aufhebung des Edikts von Nantes
- 1688: Glorious Revolution Wilhelms III. von England
- 1693: Die Amischen spalten sich von den Mennoniten ab
- 1695: Der Theologe August Hermann Francke gründet eine Armenschule in Glaucha, aus der sich die Franckeschen Stiftungen entwickeln

1700–1750

- 1706: Der Missionar und Religionsforscher Bartholomäus Ziegenbalg gründet in Südindien die erste evangelische Mission
- 1722: Reichsgraf Nikolaus Ludwig von Zinzendorf und Pottendorf gründet auf seinem Gut die Herrnhuter Brüdergemeine
- 1730: Die Verfolgung der Hugenotten in Frankreich endet
- 1738: Bekehrung John Wesleys, Entstehung des Methodismus
- 1740–1786: Herrschaft König Friedrichs II. von Preußen

1750–1800

- 1776: Unabhängigkeitserklärung der USA
- 1781: Immanuel Kant veröffentlicht seine Kritik der reinen Vernunft
- 1784: In Baltimore wird die erste unabhängige methodistische Kirche gegründet
- 1788: Englische Quäker gründen im heutigen Liberia die Siedlung Freetown für freigelassene Sklaven. Von hier aus breitete sich der Protestantismus über Westafrika aus
- 1789: Am 14. Juli beginnt mit dem Sturm auf die Bastille die Französische Revolution
- 1791: Am 22. Mai 1791 findet in Paris der erste evangelische Gottesdienst statt
- 1792: Mit der Baptist Missionary Society wird die erste evangelische Missionsgemeinschaft gegründet. In den kommenden Jahren folgen viele weitere in der ganzen Welt

1800–1850

- 1806: Untergang des Heiligen Römischen Reichs Deutscher Nation
- 1811: Der bodenlange schwarze Talar wird in Preußen als Amtstracht der Pfarrer eingeführt
- 1814/15: Der Wiener Kongress beschließt in wesentlichen Teilen die Restauration der vorrevolutionären politischen und gesellschaftlichen Verhältnisse
- 1817: Gründung der Preußischen Union
- 1822: Der Theologe Friedrich Daniel Ernst Schleiermacher verfasst die erste gesamtprotestantische Dogmatik
- 1836: Theodor Fliedner eröffnet in Düsseldorf das erste Diakonissenhaus
- 1844: Der englische Geschäftsmann George Williams gründet den YMCA. 1855 folgt der YWCA
- 1848: In der Methodistischen Kirche von Seneca Falls wird die Women's Rights Convention verkündet
- 1848: Die Paulskirchenverfassung garantiert die Versammlungsfreiheit. Das legt den Grundstein für das Entstehen des evangelischen Vereinswesens
- 1849: Gründung des Zentralausschusses für die Innere Mission der deutschen evangelischen Kirche

1850–1900

- 1853: Mit der Methodistin Antoinette Louisa Brown Blackwell wird die erste Frau in den USA als Priesterin ordiniert
- 1859: Charles Darwin veröffentlicht On the Origins of Species
- 1861: Der dänische Theologe Nicolai Fredrick Severin Grundtvig wird zum Bischof von Seeland ernannt
- 1867: In Bielefeld gründet Bodelschwingh die Epileptischen Anstalten, aus denen die Bodelschwinghschen Anstalten für Behinderte hervorgehen
- 1871: Wilhelm I. wird in Versailles zum Deutschen Kaiser gekrönt
- 1871–1887: Kulturkampf in Deutschland
- 1872: Die staatliche Schulaufsicht wird eingeführt
- 1874: Die Zivilehe wird eingeführt
- 1890: Gründung des Evangelisch-Sozialen Kongresses
- 1895: Gründung des Christlichen Studentenweltbundes
- 1895: Elizabeth Cady Stanton veröffentlicht 1895 die erste Frauenbibel The Woman´s Bible

1900–1950

- 1905: Der Berliner Dom wird geweiht
- 1908: Preußen lässt Frauen zum Theologiestudium zu
- 1910: Im schottischen Edinburgh findet die erste Weltmissionskonferenz statt
- 1917: Die Congregationalist Church von England und Wales ordiniert die erste Frau in Europa
- 1919: Die Weimarer Reichsverfassung lässt das kirchliche Selbstbestimmungsrecht zu
- 1921: Gründung des Internationalen Missionsrats
- 1927: Studierte Theologinnen dürfen Vikarin werden
- 1932: Die Deutschen Christen konstituieren sich als die NS-Politik unterstützende Glaubensbewegung
- 1933: Machtergreifung Hitlers in Deutschland
- 1934: Die Bekennende Kirche wendet sich auf der Barmer Synode gegen die Deutschen Christen (Barmer Theologische Erklärung)
- 1938: In der Reichskristallnacht vom 9. auf den 10. November werden überall in Deutschland jüdische Einrichtungen und Synagogen zerstört
- 1941: Die erste Frau wird zur anglikanischen Priesterin geweiht
- 1945: In Treysa wird vom 27.–31. August die Evangelische Kirche in Deutschland gegründet und das Stuttgarter Schuldbekenntnis verfasst
- 1948: Der Ökumenische Rat der Kirchen wird offiziell gegründet
- 1948: In Dänemark werden die ersten drei lutherischen Pfarrerinnen ordiniert
- 1948: Am 10. Dezember verkünden die Vereinten Nationen die Menschenrechte
- 1949: Der Protestant Roger Schutz gründet die ökumenische Gemeinschaft Taizé

1950–2000

- 1950: Die Synode der Evangelischen Kirche in Deutschland räumt die Mitschuld der Kirche an der Judenverfolgung der Nazi-Zeit ein
- 1958: Elisabeth Haseloff wird die erste rechtskräftig ordinierte Pfarrerin in Deutschland
- 1958: Lothar Kreyssig ruft zur Aktion Sühnezeichen auf
- 1961: Die Russisch-Orthodoxe Kirche und weitere kleinere orthodoxe Kirchen aus den kommunistischen Ländern treten dem Ökumenischen Rat der Kirchen bei
- 1963: Martin Luther King hält seine berühmte Rede I have a dream
- 1964: Die Konferenz Europäischer Kirchen wird ins Leben gerufen
- 1969: Papst Paul VI. besucht den Ökumenischen Rat der Kirchen
- 1969: Gründung des Bundes der Evangelischen Kirchen in der DDR
- 1971–1973: Die Leuenberger Konkordie beendet jahrhundertealte Verwerfungen zwischen den reformatorischen Richtungen
- 1982: Die als Lima-Papier bekannte Studie über Taufe, Eucharistie und Amt bedeutet einen ökumenischen Durchbruch
- 1982: Pfarrer Rainer Eppelmann verfasst den oppositionellen Berliner Appell – Frieden schaffen ohne Waffen
- 1989: Überall in Mittel- und Osteuropa arbeiten Protestanten in oppositionellen Gruppen und Bürgerrechtsbewegungen mit und tragen so zum Sturz der kommunistischen Regime bei
- 1989: Die anglikanische Kirche ernennt ihre ersten beiden Bischöfinnen
- 1991: Rechtliche Wiederherstellung der Evangelischen Kirche in Deutschland
- 1992: Die ersten lutherischen Bischöfinnen werden in ihr Amt eingeführt
- 1995: Sturz des Apartheidregimes in Südafrika
- 1999: Lutheraner, Katholiken und Methodisten verabschieden die Gemeinsame Erklärung zur Rechtfertigungslehre

ab 2000

- 2003: Der erste Ökumenische Kirchentag findet in Berlin statt
- 2004: In den Niederlanden schließen sich die liberalen und orthodoxen Reformierten sowie die Lutheraner zur neuen Protestantischen Kirche in den Niederlanden zusammen
- 2006: Mit dem Impulspapier Kirche der Freiheit eröffnet die Evangelische Kirche in Deutschland einen Reformprozess zu Perspektiven des Protestantismus im 21. Jahrhundert
- 2008: Die Luther-Dekade, die auf das 500. Jubiläum von Luthers Thesenanschlag vorbereitet, wird eröffnet
- 2010: Die Vollversammlung des Lutherischen Weltbundes entschuldigt sich bei den Mennoniten für die im 16. und 17. Jahrhundert begangenen Verfolgungen

Literaturempfehlungen

Überblicke und allgemeine Darstellungen

Zur Einführung:

Friedrich Wilhelm Graf, Der Protestantismus. Geschichte und Gegenwart, München 2006. *Knappe, präzise Einführung in Wesen und Geschichte des Protestantismus aus internationaler Perspektive (126 S.)*

Martin Greschat, Christentumsgeschichte II. Von der Reformation bis zur Gegenwart, Stuttgart 1997. *Vergleichender Überblick über wesentliche politik- und kirchengeschichtliche Entwicklungen des deutschen Protestantismus und Katholizismus sowie der Ökumene von der Reformation bis in die Gegenwart (314 S.)*

Lucian Hölscher, Geschichte der protestantischen Frömmigkeit in Deutschland, München 2005. *Historische Darstellung von Mentalitäten, kulturellen Prägungen und sozialen Besonderheiten des deutschen Protestantismus bis 1914 (466 S.).*

Zur Vertiefung:

Randall Balmer/Lauren F. Winner, Protestantism in America, New York 2003.

Ute Gause, Kirchengeschichte und Genderforschung. Eine Einführung in protestantischer Perspektive, Tübingen 2006.

Martin Greschat, Protestantismus in Europa. Geschichte – Gegenwart – Zukunft, Darmstadt 2005.

Kaspar von Greyerz, Religion und Kultur. Europa 1500–1800, Göttingen 2000.

Alister E. McGrath, Christianity's Dangerous Idea. The Protestant Revolution – A History from the Sixteenth Century to the Twenty First, New York 2007.

Alister E. McGrath/Darren C. Marks (Hg.), The Blackwell Companion to Protestantism, Padstow 2007.

Bernd Moeller, Geschichte des Christentums in Grundzügen, Stuttgart 2008.

William G. Naphy, The Protestant Revolution. From Martin Luther to Martin Luther King jr., St. Yves 2007.

Johannes Wallmann, Kirchengeschichte Deutschlands seit der Reformation, Stuttgart 2006.

I. und II. Die Reformation in Deutschland und ihre Vorgeschichte

Zur Einführung:

Thomas Kaufmann, Martin Luther, München 2006. *Leben und theologische Existenz des deutschen Reformators; kurz, aber mit Tiefe (128 S.)*

Volker Leppin, Das Zeitalter der Reformation. Eine Welt im Übergang, Darmstadt 2009. *Schöner Text-Bildband zur Reformation als Wendepunkt und Welterеignis (160 S.)*

Luise Schorn-Schütte, Die Reformation. Vorgeschichte – Verlauf – Wirkung, München 2006. *Sozial- und kirchengeschichtlicher Überblick über die Reformation bis zum Augsburger Religionsfrieden 1555 (123 S.)*

Zur Vertiefung:

Sonja Domröse, Frauen der Reformationszeit: Gelehrt, mutig und glaubensfest, Göttingen 2010.

Martin Greschat, Philipp Melanchthon. Theologe, Pädagoge und Humanist, Gütersloh 2010.

Martin H. Jung, Die Reformation: Theologen, Politiker, Künstler, Göttingen 2008.

Thomas Kaufmann, Geschichte der Reformation, Frankfurt 2009.

Thomas Kaufmann/Raymund Kottje/Bernd Moeller/Hubert Wolf (Hg.), Ökumenische Kirchengeschichte, Band 2: Vom Hochmittelalter bis zur frühen Neuzeit, Darmstadt 2007.

Volker Leppin, Martin Luther, Darmstadt 2006.

Bernhard Lohse, Martin Luther. Leben und Werk, München 1983.

Gerhard Markert, Menschen um Luther. Eine Geschichte der Reformation in Lebensbildern, Ostfildern 2008.

Olaf Mörke, Die Reformation. Voraussetzungen und Durchsetzung, München 2005.

Jan Rohls, Protestantische Theologie der Neuzeit, Band 1: Die Voraussetzungen und das 19. Jahrhundert, Tübingen 1997.

Lyndal Roper, Das fromme Haus. Frauen und Moral in der Reformation, Frankfurt 1998.

Heinz Scheible, Melanchthon, München 1997.

Helga Schnabel-Schüle, Die Reformation 1495–1555, Stuttgart 2006.

Robert Stupperich, Geschichte der Reformation in Deutschland, München 1967.

III. Vielfältig, radikal und alternativ: Die Reformationen in Europa

Zur Einführung:

Thomas Kaufmann, Reformatoren, Göttingen 1998. *Präzise Kurzbiographien über die wichtigsten europäischen Reformatoren mit einer historischen Einordnung (112 S.)*

Ansgar Reis/Sabine Witt (Hg.), Calvinismus. Die Reformierten in Deutschland und Europa, Dresden 2009. *Katalog zur gleichnamigen Ausstellung im Deutschen Historischen Museum in Berlin mit vielen Erläuterungen und Abbildungen (444 S.)*

Christoph Strohm, Johannes Calvin: Leben und Werk des Reformators, München 2009. *Allgemeingeschichtlicher und theologischer Überblick über den wichtigsten Reformator nach Luther (129 S.)*

Zur Vertiefung:

Barbara Dölemeyer, Die Hugenotten, Stuttgart 2006.

Joris van Eynatten/Fred van Lieburg, Niederländische Religionsgeschichte, Göttingen 2011.

Ulrich Gäbler, Huldrych Zwingli: Leben und Werk, Zürich 2004.

Eberhard Gresch, Die Hugenotten: Geschichte, Theologie und Wirkung, Leipzig 2006.

Christopher Haigh, English Reformations: Religion, Politics, and Society under the Tudors, Oxford 1993.

Claire Kellar, Scotland, England, and the Reformation 1534–1561, Oxford 2003.

Poul G. Lindhardt, Skandinavische Kirchengeschichte seit dem 16. Jahrhundert, Göttingen 1997.

Gottfried W. Locher, Zwingli und die schweizerische Reformation, Göttingen 1997.

Diarmaid MacCulloch, Die Reformation 1490–1700, München 2003.

Diarmaid MacCulloch, Thomas Cranmer: A Life, Bath 1996.

Olaf Mörke, Wilhelm von Oranien (1533–1584). Fürst und „Vater" der Republik, Stuttgart 2007.

Volker Reinhardt, Die Tyrannei der Tugend: Calvin und die Reformation in Genf, München 2009.

Ulinka Rublack, Die Reformation in Europa, Frankfurt 2006.

Paul F. M. Zahl, Five Women of the English Reformation, Grand Rapids 2001.

IV. Der Protestantismus gewinnt Profil. Das 17. und 18. Jahrhundert

Zur Einführung:

Peter Ester, Die Amish-People. Überlebenskünstler in der modernen Welt, Düsseldorf 2001. *Sehr gut lesbarer historischer Überblick und Einführung in die besondere Ordnung und Lebensweise der Amisch-Gemeinschaften (200 S.)*

Michael Holzach, Das vergessene Volk. Ein Jahr bei den deutschen Hutteren in Kanada, München 1992. *Ein Journalist in einer fremden, religiösen Welt – persönlich und faszinierend (280 S.)*

Dietrich Meyer, Zinzendorf und die Herrnhuter Brüdergemeine: 1700 bis 2000, Göttingen 2009. *Kompakte Übersicht von der Entstehung in der Oberlausitz bis hin zur globalen Ausbreitung (179 S.)*

Zur Vertiefung:

Rudolf Beck/Konrad Schröder, Handbuch der britischen Kulturgeschichte. Daten, Fakten, Hintergründe, Paderborn 2006.

Martin Brecht/Klaus Deppermann/Ulrich Gäbler/Hartmut Lehmann, Geschichte des Pietismus, Band 1: Der Pietismus vom siebzehnten bis zum frühen achtzehnten Jahrhundert und Band 2: Der Pietismus im achtzehnten Jahrhundert, Göttingen 1993 und 1995.

Rolf W. Brendich, Die Hutterer, Freiburg 1998.

Frances J. Bremer, Puritanism, Oxford 2009.

Christian Brunners, Paul Gerhardt. Weg – Werk – Wirkung, Göttingen 2006.

Martin Geck, Johann Sebastian Bach: Mit Selbstzeugnissen und Bilddokumenten, Hamburg 2000.

Hans-Jürgen Goertz, Die Mennoniten, Leipzig 1971.

Ernst H. Gombrich, Die Geschichte der Kunst, Berlin 1995.

Richard P. Heitzenrather, John Wesely und der frühe Methodismus, Göttingen 2006.

Eva Heller-Karneth, Konfession und Demographie – Plädoyer für eine differenzierte Betrachtung, in: Michael Matheus/Walter Gerd Rödel, Landesgeschichte und historische Demographie, Stuttgart 2000, S. 69–80.

Thomas Kaufmann, Dreißigjähriger Krieg und Westfälischer Friede: kirchengeschichtliche Studien zur lutherischen Konfessionskultur, Tübingen 1998.

Thomas Kaufmann/Raymund Kottje/Bernd Moeller/Hubert Wolf (Hg.), Ökumenische Kirchengeschichte, Band 2: Vom Hochmittelalter bis zur frühen Neuzeit, Darmstadt 2007.

Helmut Kiesel, Geschichte der literarischen Moderne, Sprache, Ästhetik Dichtung im 20. Jahrhundert München 2004 (v.a. S. 64–74).

Brian P. Levack, Hexenjagd: Die Geschichte der Hexenverfolgungen in Europa, München 2002.

Helmut Obst, August Hermann Francke und die Franckeschen Stiftungen in Halle, Göttingen 2002.

Elizabeth Reis, Damned Women. Sinners and Witches in Puritan New England, Ithaca 1997.

Jan Rohls/Gunter Wenz (Hg.), Protestantismus und deutsche Literatur, Göttingen 2004.

Christian Tümpel, Rembrandt, Hamburg 2006.

Steve Turner, Amazing Grace: John Newton und die bewegende Geschichte seines weltbekannten Liedes, Gießen 2009.

Johannes Wallmann, Der Pietismus, Stuttgart 2005.

V. An der Seite der Macht – an der Seite der Machtlosen: Das 19. Jahrhundert

Zur Einführung:

Eberhard Bethge, Kirche in Preußen. Gestalten und Geschichte, Stuttgart 1983. *Nicht ganz neu, aber ein gut ausgewählter und schön lesbarer Sammelband mit biographischen Profilen aus dem protestantischen Preußen (212 S.)*

Ursula Röper/Carola Jüllig (Hg.), Die Macht der Nächstenliebe. Einhundertfünfzig Jahre Innere Mission und Diakonie 1848–1998, Berlin 1998. *Ausstellungskatalog zur gleichnamigen Aussstellung im Deutschen Historischen Museum mit vielen Überblicksdarstellungen und zahlreichen Abbildungen (384 S.)*

Dietrich Sattler, Anwalt der Armen-Missionar der Kirche: Johann Hinrich Wichern, Hamburg 2007. *Eine kleine und kirchlich orientierte Einführung (152 Seiten)*

Zur Vertiefung:

Gerhard Besier, Kirche, Politik und Gesellschaft im 19. Jahrhundert, Oldenbourg 1998

Albrecht Beutel, Kirchengeschichte im Zeitalter der Aufklärung, Stuttgart 2009.

Martin Brecht/Klaus Deppermann/Ulrich Gäbler/Hartmut Lehmann, Geschichte des Pietismus, Band 3: Der Pietismus vom neunzehnten und zwanzigsten Jahrhundert, Göttingen 2000.

Christopher Clark, Preußen. Aufstieg und Niedergang 1600–1947, München 2008.

Hermann Fischer, Friedrich Daniel Ernst Schleiermacher, München 2001.

Helga Nora Franze-Duhme/Ursula Röper-Vogt, Schinkels Vorstadtkirchen. Kirchenbau und Gemeindegründung unter Friedrich Wilhelm III. in Berlin, Berlin 1991.

Martin Greschat (Hg.), Theologen des Protestantismus im 19. und 20. Jahrhundert, Stuttgart 1978.

Martin Greschat, Die Nachwirkungen des Stoeckerschen Antisemitismus in der Weimarer Republik, in: Ders., Protestanten in der Zeit. Kirche und Gesellschaft in Deutschland vom Kaiserreich bis zur Gegenwart, Stuttgart 1994, S. 67–98.

Ulrich van der Heyden/Heike Liebau (Hg.), Missionsgeschichte, Kirchengeschichte, Weltgeschichte. Christliche Missionen im Kontext nationaler Entwicklungen in Afrika, Asien und Ozeanien, Stuttgart 1996.

Oliver Janz, Zwischen Bürgerlichkeit und kirchlichem Milieu. Zum Selbstverständnis und sozialem Verhalten der evangelischen Pfarrer in Preußen in der zweiten Hälfte des 19. Jahrhunderts, in: Olaf Blaschke/Frank-Michael Kuhlemann (Hg.), Religion im Kaiserreich. Milieus – Mentalitäten – Krisen, Gütersloh 1996, S. 382–406.

Jochen-Christoph Kaiser, Evangelische Kirche und Sozialer Staat. Diakonie im 19. und 20. Jahrhundert, Stuttgart 2008.

Thomas Kaufmann/Raymund Kottje/Bernd Moeller/Hubert Wolf (Hg.), Ökumenische Kirchengeschichte, Band 3: Von der Französischen Revolution bis 1989, Darmstadt 2006.

Jürgen Kocka, Das lange 19. Jahrhundert. Arbeit, Nation und bürgerliche Gesellschaft, Stuttgart 2001.

Dagmar Konrad, Missionsbräute. Pietistinnen des 19. Jahrhunderts in der Basler Misson, Münster 2001.

Karl Kupisch, Die deutschen Landeskirchen im 19. und 20. Jahrhundert, Göttingen 1966.

Hartmut Lehmann, Max Webers „Protestantische Ethik", Göttingen 1996.

Rudolf Mau (Hg.), Protestantismus in Preußen. Vom Unionsaufruf 1817 bis zur Mitte des 19. Jahrhunderts, Frankfurt 2009.

Stephen C. Neill, Geschichte der christlichen Missionen, Erlangen 1990.

Thomas Nipperdey, Deutsche Geschichte. Bürgerwelt und starker Staat 1800–1866. München 1983.

Kurt Nowak, Schleiermacher. Leben, Werk und Wirkung, Stuttgart 2002.

Jürgen Osterhammel, Die Verwandlung der Welt. Eine Geschichte des 19. Jahrhunderts, München 2009.

Annemarie Pieper, Sören Kierkegaard, München 2000.

Timothy Yates, Christian Mission in the Twentieth Century, Cambridge 1994.

VI. Protestantismus in einer Welt der Möglichkeiten: Das 20. Jahrhundert

Zur Einführung:

Martin Greschat, Der Protestantismus in der Bundesrepublik Deutschland (1945–2005), Leipzig 2010. *Überblick über die evangelische Kirche im Westen Deutschlands und nach der Wiedervereinigung (221 S.)*

Rudolf Mau, Der Protestantismus im Osten Deutschlands (1945–1990), Leipzig 2005. *Überblick über wesentliche Entwicklungsetappen der evangelischen Kirche in der DDR (248 S.)*

Willem Visser 't Hooft, Die Welt war meine Gemeinde, Stuttgart 1974. *Umfangreiche Autobiographie des ersten, niederländischen Generalsekretärs des Weltrates der Kirchen, ein Stück lebendige Zeitgeschichte (452 S.)*

Zur Vertiefung:

Ursula Baumann, Protestantismus und Frauenemanzipation in Deutschland 1850–1920, Frankfurt 1992.

Margaret Lamberts Bendroth/Virginia Lieson Brereton (Hg.), Women and Twentieth-Century Protestantism, Illinois 2002.

Eberhard Bethge, Dietrich Bonhoeffer. Eine Biographie, Gütersloh 2001.

Günter Brakelmann, Evangelische Kirche und Judenverfolgung. Drei Einblicke, Waltrop 2001.

Ursula Büttner/Martin Greschat, Die verlassenen Kinder der Kirche, Göttingen 1998.

Manfred Gailus (Hg.), Elisabeth Schmitz und ihre Denkschrift gegen die Judenverfolgung. Konturen einer vergessenen Biographie (1893–1977), Berlin 2008.

Joachim Garstecki (Hg.), Die Ökumene und der Widerstand gegen Diktaturen. Nationalsozialismus und Kommunismus als Herausforderung an die Kirchen, Stuttgart 2007.

Siegfried Hermle, Evangelische Kirche und Judentum – Stationen nach 1945, Göttingen 1990.

Siegfried Hermle/Jörg Thierfelder: Herausgefordert: Dokumente zur Geschichte der Evangelischen Kirche in der Zeit des Nationalsozialismus, Stuttgart 2008.

Günther Heydemann/Lothar Kettenacker (Hg.), Kirchen in der Diktatur. Drittes Reich und SED-Staat, Göttingen 1993.

Claudia Lepp/Kurt Nowak, Evangelische Kirche im geteilten Deutschland (1945–1989/90), Göttingen 2001.

Anton Liedhegener/Ines-Jacqueline Werkner (Hg.), Religion, Menschenrechte und Menschenrechtspolitik, Köln 2010.

Katharina Kunter, Erfüllte Hoffnungen und zerbrochene Träume. Evangelische Kirchen in Deutschland im Spannungsfeld von Demokratie und Sozialismus, Göttingen 2006.

Peter Maser/Jens Holger Schjørring (Hg.), Wie die Träumenden? Protestantische Kirchen in der Phase des Zusammenbruchs der kommunistischen Herrschaft im östlichen Europa, Erlangen 2003.

Kurt Meier, Kreuz und Hakenkreuz: Die evangelische Kirche im Dritten Reich, München 2001.

Ursula I. Meyer, Stantons Frauenbibel / Elizabeth Cady Stanton, Aachen 2007.

Christian Möller/Christoph Schwöbel/Christoph Markschies/Klaus von Zedwitz (Hg.), Wegbereiter der Ökumene, Göttingen 2005.

Gerd Presler, Martin Luther King, Hamburg 1984.

Rolf Rendtorff, Hat denn Gott sein Volk verstoßen? Die evangelische Kirche und das Judentum seit 1945, München 1986.

Jan Rohls, Protestantische Theologie der Neuzeit, Band 2: Das 20. Jahrhundert, Tübingen 1997.

Paul Tillich, Ein Lebensbild in Dokumenten, Briefe, Tagebuch-Auszüge, Berichte, Frankfurt 1980.

Heinz Zahrnt, Die Sache mit Gott. Die protestantische Theologie im 20. Jahrhundert, München 1988.

Peter Zimmerling (Hg.), Evangelische Seelsorgerinnen, Göttingen 2005.

Evangelische Nachschlagewerke:

TRE – Theologische Realenzyklopädie, Berlin/New York, 36 Bände, 1977–2004.

RGG-Religion in Geschichte und Gegenwart, Handwörterbuch für Theologie und Religionswissenschaft, Stuttgart 2008.

Ausgewählte Internetquellen:

Wikipedia (deutsch, englisch, niederländisch und französisch)

Biographisch-Bibliographisches Kirchenlexikon: *www.kirchenlexikon.de*

Ökumenisches Heiligenlexikon: *www.heiligenlexikon.de*

Museen zum französischen Protestantismus/Hugenotten: *www.museeprotestant.org; www.hugenottenmuseum.de*

www.reformiert-online.net: mit Grundkurs Reformierte Geschichte und Zugriff zu zahlreichen Quellen und Bekenntnissen

Bildnachweise

akg-images: Seiten 2, 10, 12, 14 (Erich Lessing), 15 (Erich Lessing), 18 (André Held), 20, 24, 28, 32 (Kunstsammlung Böttcherst, Museum im Roselius-Haus), 35, 37, 38, 40, 43, 45, 47, 50, 54 (DEA PICTURE LIBRARY/akg/De Ago), 60, 61, 63, 64, 65, 66, 67, 68 (Erich Lessing), 69 (Erich Lessing), 70, 72, 73, 74, 75, 76, 77, 78, 81 (Erich Lessing), 84 (Sotheby's/akg-images), 85, 87 (A.F. Kersting), 91 (IAM/akg/World History Archive), 92 (DEA PICTURE LIBRARY/akg/De Ago), 93 (Erich Lessing), 96, 100, 102, 103, 104, 105 (Erich Lessing), 106 (akg/North Wind Picture Archives), 109 (akg/North Wind Picture Archives), 111, 112 (IAM/akg/World History Archive), 114 (World History Archive/IAM/akg), 116 (IAM/akg/World History Archive), 118, 119 (Schütze/Rodemann), 120 (Erich Lessing), 124 (Erich Lessing), 125 (André Held), 126, 127, 128 (Schütze/Rodemann/www.bildarchiv.de), 129, 131 (Heiner Heine), 136, 140 (Erich Lessing), 141, 142, 143, 144, 145, 146, 147, 148, 149, 150, 152, 153, 154, 155, 156, 157, 159, 160 (li.), 160 (re.), 162, 163, 164, 165, 166, 168 (Peter Weiss), 171 (akg/North Wind Picture Archives), 179 (u. re.; IAM/akg/World History Archive), 187, 194, 196, 198, 200 (Hans Asemissen), 201, 202, 204 (Franz Hubmann/akg/Imagno), 206, 212 (Michael Zapf), 219, 225 (akg-images/Bildarchiv Monheim)

akg-images/epd: Seite 199 (© epd-bild / epd Hessen / Hartmut Schmidt)

akg-images/picture-alliance: Seiten 9 (picture-alliance/Helga Lade Fotoagentur GmbH), 16, 80 (picture alliance/Bildarchiv Monheim/Markus Hilbich), 83 (picture-alliance/HB Verlag), 89 (picture-alliance/Mary Evans Picture Library), 94 (picture-alliance/Mary Evans Picture Library), 108 (picture-alliance/allOver), 121, 122 (picture alliance/Bildarchiv Monheim/Markus Hilbich), 130 (picture-alliance/ZB), 134 (Bruce Coleman/Photoshot), 135 (picture-alliance/Newscom), 173 (picture-alliance/Mary Evans Picture Library), 175, 176 (picture-alliance/PAP), 178 (picture-alliance/Mary Evans Picture Library), 179 (o.re.), 182, 183, 189 (Picture-Alliance/KEYSTONE), 191 (picture-alliance/epd), 192, 197 (picture-alliance/epd), 205, 207, 210, 211, 217, 218, 220 (picture-alliance/imagestate/HIP), 221 (picture alliance/CTK), 222 (picture-alliance/bifab), 223, 224 (picture-alliance/epd), 230 (picture-alliance/epd), 232

Ev. Frauenwerk Lübeck-Lauenburg: Seite 190

fotolia: Seiten 26, 30

Katharina Kunter: Seiten 17, 39, 44, 101, 158

Palmedia: Seite 34

WCC Photo: Seiten 179 (li.), 181, 209, 213